Viento del Sur

Colección Novela
Editorial Almuzara
Director editorial: Antonio E. Cuesta López
Editor adjunto: Javier Ortega
www.editorialalmuzara.com
pedidos@editorialalmuzara.com - info@editorialalmuzara.com

Diseño y preimpresión: Talenbook
Imprime: Taller de libros, s.l. [www.tallerdelibros.com]

I.S.B.N: 978-84-96710-67-2
Depósito Legal: CO-494-07
Hecho e impreso en España - *Made and printed in Spain*.

Ian Gibson

Viento del Sur

ALMUZARA

2007

Para Josué, que insistió mucho

Prólogo

Acabo de releer estas memorias, que abarcan desde mi infancia en Inglaterra hasta finales de 1980. Son los primeros cuarenta años de una vida que, pase lo que pase, ya se va extinguiendo.

Están redactadas en castellano no sólo porque me habría sido demasiado doloroso escribir en inglés sobre mi juventud —y tal vez demasiado doloroso para otros leer lo escrito—, sino porque quería que aquellos lectores españoles que han seguido, con un interés que no sabría agradecer suficientemente, mi trayectoria de hispanista empedernido, pudieran tener la seguridad de estar ante mis propias palabras y no ante una traducción hecha por otra persona. Sé que no soy el Samuel Beckett de las letras españolas. Mi dominio del idioma aprendido es mucho más modesto que el suyo. Pero digo en español lo que quiero decir, con más o menos elegancia.

¿Lograré terminar el segundo tomo de mis recuerdos, cuya redacción está a medias? Me temo que lo he demorado demasiado. El cirujano me asegura que la intervención será un éxito. Pero aunque así fuera, dudo que tenga ya las fuerzas necesarias para llevar a buen puerto una tarea que se me hace cada vez más onerosa. Ello se verá.

Anoche volvieron los primeros ánsares. Me había dormido con la lámpara puesta y las *Poesías completas* de Machado entre las manos. A la una de la madrugada me despertaron sus graznidos. Volaban muy bajo, a unos pocos metros encima de la casa. Tan emocionado como cuando iba con mi padre a las marismas de Tregawny, traté de saltar de la cama para verlos desde la ventana. El dolor me lo impidió. Iba a llamar a la enfermera pero desistí. Sus voces se mezclaban con el ulular del viento que llegaba desde el Coto. Me invadió un sentimiento de profunda gratitud. Se repetía el ciclo. Habían regresado. Ya no sentía miedo.

John Hill
Villamanrique de la Condesa (Huelva)
4 de octubre de 2015

Familia, infancia y más pesadumbres

Nací en 1942 en una pequeña ciudad del norte de Cornualles llamada Bridgetown, que significa «Población del Puente». Quizá por tal circunstancia siempre me han gustado los puentes. Un puente permite pasar al otro lado, cambiar de sitio y de aire, irse. Es una incitación al viaje. Y a mí nunca me ha gustado quedarme demasiado tiempo en el mismo lugar.

No elegí —como es evidente— ser inglés, venir al mundo en Bridgetown ni ser segundo hijo del matrimonio formado por Cyril Hill, impresor, y Gertrudis Smith, ex secretaria. No pude remediar nada de ello. Anticiparé que no comparto la sentencia de lord Nelson, para quien nacer inglés era «ganar el mejor premio en la lotería de la vida». Él tenía motivos —muchos— para verlo así. Yo más bien no.

Nuestro círculo familiar era reducidísimo. Mi abuela materna había muerto al poco tiempo de traer a mi madre al mundo, en Hull, y su viudo, después de encomendar a la niña a una hermana soltera de la difunta, se había ido corriendo a Estados Unidos. Nunca más se supo de él. Mi madre, por tanto, tuvo la desgracia de ser prácticamente huérfana. Idolatraba a su madre adoptiva, que vino a vernos varias veces a Cornualles. Se llamaba Marian. Luego la visitamos en Hull. Era enferma crónica y no abandonaba la cama. La recuerdo muy amarilla, muy demacrada, con una sonrisa simpatiquísima. Tenía cáncer y murió poco tiempo después. Nunca conocí a otro pariente de mi madre.

La familia de mi padre tampoco era numerosa. Mi abuela paterna falleció antes de mi nacimiento, y mi abuelo cuando yo tenía cuatro años. Recuerdo a un hombre de aspecto severo, alto, con el pelo blanquísimo... y nada más. Mi padre tenía un hermano soltero, mi tío Ernest, que dirigía con él la imprenta, y una hermana, mi tía Matilde, casada con un ex militar llamado Arthur Wagstaff. Arthur y Matilde tenían dos hijos, mis primos George —que tenía un año más que yo— y Phillip, que me llevaba ocho. Vivían en la misma calle que nosotros, un poco más abajo. Y no había más parientes.

De niño yo tenía un pelo rizado, rebelde y castaño que hacía las delicias de Louise, la chacha que me cuidó durante mis tres primeros años, que lo dejaba crecer excesivamente. Una noche, cuando Louise libraba —todo esto me lo contó años después mi madre—, mi padre, escandalizado por lo que estimaba mi aspecto afeminado, entró sigilosamente en mi habitación y, sin despertarme, me segó brutalmente aquella «excesiva» cabellera con unas tijeras. Cuando a la mañana siguiente Louise vio lo que me habían hecho durante su ausencia, se enfureció, y sólo se quedó con nosotros porque me adoraba con locura. Nunca he podido recuperar la memoria de aquel acontecimiento, muy sonado en los anales de la familia, pero mi madre me aseguraba que amanecí casi calvo. Desde luego mi pelo no tardó en recobrar su lozanía.

Mi madre recordaba que, además de adorar mi pelo, a Louise también le volvía loca mi risa, que por lo visto era tremendamente contagiosa, tanto que una vez yendo con ella en autobús, parece ser que, sin pretenderlo, provoqué un carcajeo general entre los pasajeros. Después perdí aquella aptitud. Nunca había pensado en ello hasta ahora, al empezar estas memorias.

Cuando iba a cumplir los cuatro años Louise nos dejó para casarse y se fue a Londres. No la volvería a ver nunca. Según mi madre, lloré desconsoladamente durante semanas al darme cuenta de que ya no estaba aquella chica que tanto me quería. Tenía con ella una relación muy estrecha, resultado del hecho de que mi hermana Emilia, un año menor que yo, había padecido un amago de tuberculosis poco después de nacer, ocupándose de ella exclusivamente mi madre. Cuando Louise se fue me imagino que me sentía cruelmente abandonado.

Hay recuerdos que se destacan sobre los demás. Un día, cuando tenía cuatro años y medio, mis padres anunciaron que se nos iba a vacunar a todos contra una grave enfermedad, que entonces hacía estragos. Nos reunimos en casa de los tíos Arthur y Matilde para que el médico nos pusiera las inyecciones correspondientes. La habitación estaba llena de gente: mis primos, mi hermano Bill, que me llevaba cinco años, mi hermana Emilia, mis tíos, mi madre, el doctor y otras personas que no logro identificar ahora en mis recuerdos. La inyección se ponía en el brazo. Cuando llega mi turno digo que no, que no quiero, que me niego. A la vista de la aguja me ha entrado un miedo atroz. Se irrita el médico, viendo dificultada así su tarea. Ante mi tozuda negación a que me pinche, me coge abruptamente la tía Matilde, me baja el pantalón, me coloca sobre las rodillas, y el médico, cuyo aspecto displicente estoy viendo mientras escribo, me pone la inyección en el culo. Lucho, lloro y me retuerzo. La vergüenza me invade. Todo el mundo se está riendo.

Años después le pregunté a mi madre si se acordaba de aquel episodio mortificante. Me dijo que no, consultó con Matilde y luego me escribió: «Tu tía recuerda las inyecciones perfectamente. George, tu primo, tendió el brazo sin problemas para que le pusiesen la suya. Pero tú rabiabas tanto que tu tía no tuvo más remedio que ponerte sobre las rodillas para que el médico te la pusiera en el trasero. ¡Qué interesante, verdad!»

Otro día estoy sentado en la cama de mi madre por la mañana. Ella lleva un camisón de noche que deja ver el profundo canal que divide las turgideces de sus abultados senos. No puedo quitar los ojos del escote. Me parece de repente que aquella división debe conducir a algún sitio, que allí dentro, oculto a mis ojos, tiene que haber un agujero. Inicio una exploración con el dedo índice. «¿Adónde conduce esto, mamá?», le pregunto. No recuerdo qué me contestó. Pero sí que apartó bruscamente el dedo entrometedor —dedo que mucho tiempo después reconocería con asombro en varios cuadros de Salvador Dalí.

Cuando tengo seis años nace mi segunda hermana, Clarissa. Una mañana voy a verla en su cuna. Abro la puerta. Mi madre está sentada en una silla cerca de la ventana. Tiene la blusa desabrochada. Pegada a sus pechos enormes y blanquísimos está la recién nacida. La visión sólo dura un segundo porque, de repente, alguien me coge por la espalda y me arranca de la puerta para impedir que vea más. Siento rabia. Quiero seguir mirando. ¿Por qué no me dejan?

Decido destruir cuanto antes a la intrusa.

Unos días después entro en acción. Mi hermana está dormida en su carrito en el jardín. Es verano. Hace sol. Para que yo no pueda llegar hasta ella, mis padres —que algo de mis intenciones deben haber barruntado— han improvisado una barrera formidable compuesta de mesas, sillas y tableros, bloqueando con ella el único acceso al jardín menos una puerta acristalada trasera, que mantienen cerrada. Pero soy fuerte, y la barrera no me hace desistir de mi propósito, sino todo lo contrario. Aparto algunas sillas, alguna tabla de madera, y logro deslizarme. No me ha visto nadie. Voy flechado al carrito, quito las correas, bajo a mi víctima, la coloco sobre el césped, y, cogiendo algún instrumento, supongo que una pala, empiezo a abrir un hoyo en el arriate donde mi padre tiene sus flores y la tierra está blanda. El trabajo me resulta fácil. Cojo a la criatura y la dispongo cabeza abajo en el hoyo. No recuerdo más. ¿Lo sueño todo? No. Décadas después mi madre me confirmó que las cosas pasaron más o menos como las estoy contando y que había sonado la voz de alarma justo cuando empezaba a echar tierra encima de la pobre Clarissa —que me imagino ya protestaba enérgicamente.

No es sorprendente, pues, que cuando yo era niño temiera tanto a la policía. ¡Era un asesino en potencia!

Ya para entonces, los senos maternales habían adquirido para mí carácter de objetos rigurosamente tabúes. Y muy pronto sería capaz de sacarme los colores la mera mención del sustantivo colectivo *bosom*, la única manera decente de referirse entonces en inglés a los pechos —nunca, nunca, se decía, como ahora, *breasts*, enfatizando el hecho de ser dos—. Con sólo pensar en los senos, con sólo mirarlos en la imaginación, me sentía abrumado de vergüenza. Tardaría mucho tiempo en enterarme de que existía un término psiquiátrico para describir aquella condición: *escopofobia*, «miedo o pánico a mirar». También tardaría en saber que tal fobia, muy extendida en Inglaterra, era una de las secuelas de la época victoriana, cuando toda mirada directamente «sexual» estaba proscrita en público.

Otro episodio imborrable de mi infancia ocurre cuando tengo siete años.

La familia se ha visto súbitamente aquejada de lombrices. Inspecciono cada mañana mis deyecciones, y me provocan asco las docenas de pequeños bichos blancos y filiformes que allí se revuelcan. El espectáculo es repugnante. Así las cosas, mi madre anuncia un día que va a venir a casa una enfermera amiga suya para ponernos a todos una lavativa. ¿Una lavativa? No sé qué puede ser tal cosa. Tampoco mi madre nos lo explica claramente. Al enterarme luego por mi hermano Bill de que nos van a meter algo en el culo, se apodera de mí una profunda angustia.

Llega el temido día. La enfermera resulta ser una persona ya mayor, muy pequeña, vestida de blanco de los pies a la cabeza, con las mejillas rojas y una bulbosa nariz de Polichinela. La marioneta almidonada se instala con su parafernalia en uno los dormitorios de arriba. No soy la primera víctima. En el curso de la mañana, impelido por una irrefrenable curiosidad, abro lentamente la puerta del teatro de operaciones. Quiero ver qué diablos es lo que ocurre dentro. Y se me presenta una escena tremenda. Extendida sobre la cama, vientre abajo, está mi madre ¡con el culo desnudo al aire! ¡Y qué trasero, Dios mío, qué trasero! ¡Qué inmensa luna redonda de carne blanca! De entre aquellas ingentes nalgas emerge una larga goma naranja que está manipulando Polichinela. Mientras con ojos atónitos y conmocionados contemplo aquel insólito panorama, haciéndolo mío para siempre, alguien me tira fuertemente por los hombros hacia atrás y cierra la puerta, exactamente como ocurriera unos tres años antes cuando mi madre daba de mamar a mi hermana y yo quería seguir mirando.

De mi propio turno a manos de la vieja enfermera recuerdo el sentimiento de humillación y de ultraje que me produjo. Era como si me hubiesen robado mi más profunda intimidad, como si me hubiesen violado. Cuando todo hubo terminado y la enfermera limpiaba abajo en la pila los instrumentos de su profesión, pasó algo que ni yo ni ella esperábamos. Y es que, cogiendo la goma que yacía, serpiente naranja, en un cubo de agua, se la introduje debajo de las faldas e hice como si fuera a aplicarle a ella el tratamiento que me acababa de infligir a mí. Creo recordar que se rió estrepitosamente.

Conocedor ya tanto de las orondas glándulas mamarias de mi madre, como de sus imponentes nalgas, me comía la curiosidad por saber dónde tenía su *útero*. En los himnos que cantábamos por Navidad —luego hablaré de la religión de mis padres— se decía que Jesús había nacido del útero (*womb*) de María. Para mí la Navidad llegó a ser inseparable del tal *womb*. Deduje que, si Jesús salió de él, yo vine al mundo a través del de mi madre. Pero ¿dónde tenía el *womb*? ¿Detrás del escote, con su agujero escondido? ¿Más abajo? Era un misterio.

En cuanto al pene, no se le reconocía por nombre alguno en mi familia y nunca se aludía a él. Era como si no existiera tal apéndice. Jamás vi el de mi padre, no recuerdo haber visto el de mi hermano y, en cuanto al mío, me sorprendió mucho cuando un día noté, en la bañera, que la parte que utilizaba para mear flotaba allí como un pequeño pez, con personalidad propia.

No me cabe duda de que tenía entonces tendencias marcadamente anales. Cuando sentía la necesidad de «ir» —«ir» en mi casa era defecar—, me gustaba aguantar las ganas e inclinarme contra el borde de una mesa que había en el jardín, dando golpes con la barriga contra la madera. Ello me producía un cierto placer. Un día, cuando hacía esto, descubrí, mortificado, que me miraban mi madre y mi hermano desde la sala de estar, a través de la puerta acristalada. Tuve la sensación de que se reían de mí y me puse tan furioso que, levantándome, rompí uno de los cristales a puñetazo limpio, sangrando abundantemente a continuación. Parece increíble, pero estoy seguro de que sucedió así.

«Tu hermano tiene manos preciosas, manos de artista», me solía asegurar mi madre, radiante de orgullo y de satisfacción ante la evidencia, diariamente constatada, de que Bill —que a mí me llevaba cinco años, como ya he dicho— había nacido para ser algo especial en el mundo.

Yo no tenía más remedio que reconocer que, efectivamente, las manos de Bill eran muy bellas, con sus dedos largos y elegantes y sus uñas perfectas. Cada vez que miraba las mías, se me venía el alma al suelo: pequeñas, con dedos cortos y abultados y uñas irregulares, eran un desastre en comparación con las de mi hermano. Era evidente que yo no había venido al mundo para cosechar la admiración de las mujeres, empezando con mamá.

Al principio no entendía la necesidad de que un «artista» tuviera las manos bellas. ¿Por qué? Luego, reflexionando, vi que tenía razón mi madre, pues ¿cómo iba a crear hermosas obras de arte una persona con manos toscas? Además, era verdad que Bill elaboraba con las suyas cosas preciosas —dibujos, maquetas, aviones de cartón, etc.— muy celebradas por mamá, mientras que yo no hacía nada comparable. O sea que ella tenía razón: las exquisitas manos de mi hermano eran la expresión tangible y evidente de su innata y superior condición de artista.

Al tener que reconocer esta obviedad, a mí se me caló hasta el fondo del alma la convicción de que nunca podría ser creador de nada que valiera la pena. Y fue entonces cuando, de pura rabia, empecé a comerme las uñas, cosa que por supuesto no hacía nunca Bill. No me abandonaría el hábito hasta muchos años después.

Creo que mis manos fueron la causa principal del sentimiento de vergüenza que se apoderó de mí a partir de los seis o siete años —aunque ya lo había experimentado antes, como he contado—, y que dominaría mi vida durante décadas. Las manos de Bill eran elegantes y «artísticas». Las mías eran feas. Las de mi padre (creo que nunca aludidas directamente por mamá, como tampoco las mías) caían dentro de la categoría de banales. Fue por ello, razoné, por lo que mi padre no era artista sino dueño de una imprenta. En realidad, mi madre —tardé en darme cuenta de ello— despreciaba a mi padre, que además de no poseer unas manos en condiciones, tenía entre otros graves inconvenientes la desventaja de ser más bajo que ella.

Otro miembro de la familia con la suerte de poseer manos elegantes —y no dejaba nunca de comentarlo mi madre— era mi tío Arthur Wagstaff, que trabajaba para mi padre y su hermano Ernest en la imprenta —algo que indudablemente le creó un resentimiento nunca declarado—. Arthur había sido militar en África y era un tipo pomposo, gordinflón y presumido que hablaba con acento muy de clase alta inglesa, aunque él procedía de la pequeña burguesía. Aquel coñazo de ex soldado, a quien pronto llegué a temer y a detestar, se las daba de hombre galante. Vestía bien, cuidaba mucho sus dichosas manos y llevaba una sortija de oro. Un día me confió mi madre que, si ella «adoraba» a los hombres con manos hermosas, le chiflaban sobre todo cuando llevaban, por añadidura, como Arthur, sortija de oro. Mi padre, desde luego, no llevaba ninguna. Tampoco un reloj. Tal vez en ambos casos porque estaba avergonzado, como yo, de sus manos, y no quería que nadie se fijara en ellas. Creo también que llevar un anillo le parecía cosa de maricones —aunque de maricón no tenía nada mi tío Arthur.

Si sólo hubiera sido cuestión de manos, la cosa tal vez no habría pasado a mayores. Lo jodido era que el resto de la persona de Bill también era atractiva, empezando por sus facciones muy regulares, mientras que yo no era nada agraciado, habiendo heredado los ojos pequeños y la nariz abultada de mi madre. Cuando solía abrir el armario donde Bill guardaba la ropa, la olía y la tocaba. Me parecía mucho más elegante que la mía. Bill tenía clase, no había duda.

Supongo que desde el momento de venir al mundo constituí una decepción para mi madre, al ver que había dado a luz a una criatura tan poco atrayente.

Mi madre no era ninguna belleza, y me daría cuenta después de que tal desgracia le roía las entrañas. Guardo una fotografía suya de cuando tenía unos cuarenta años, sacada en verano cerca del mar. Mi progenitora es francamente gorda, maciza. Puebla su pierna derecha un feo bosque de varices, mientras la izquierda se conserva incólume. Solía decir, nostálgicamente, que tenía unas piernas muy bonitas cuando era joven y me imagino que era verdad. Con todo, lo que más llama la atención es la expresión de la cara, que rezuma amargura. Es el retrato de una mujer convencida de que para ella todo se ha acabado.

A los siete años mi falta de atractivo físico me deprimía tanto que un día, llorando, se lo dije a mi madre. Trató de consolarme diciendo: «Tu primo George tiene una cara insulsa, tú tienes una cara interesante, lo cual es mucho mejor». Pero yo no quería una cara interesante. Quería que la gente me dijera que me encontraba guapísimo. Además, estaba convencido de que mi madre había dicho lo de «interesante» porque era la única salida que se le ocurriera en aquel difícil trance.

También tengo delante una fotografía de mi padre sacada en la misma época. La cara es la de un hombre bueno y simpático —se nota enseguida—, pero los ojos expresan una profunda tristeza que no desmiente la leve sonrisa que esbozan sus labios.

Mi madre, en el fondo, hubiera querido pertenecer a la alta sociedad, rodeada de gente hermosa y mimada por los hombres.

Admiraba mucho a los famosos, sobre todo a las estrellas de cine. «¡Qué apuesto es Laurence Olivier!», suspiraba, o «¡Errol Flynn es maravilloso!». Aquellos encomios me hacían rabiar, sobre todo cuando los pronunciaba delante de mi padre, a quien también ponían muy incómodo, aunque nunca decía nada.

También admiraba mi madre a la gente con talento. «Fulano es una lumbrera», decía, embelesada, o «Mengano es genial, ha aprobado todos sus exámenes con sobresaliente». Una tarde vino a nuestra casa una amiga de mi hermana Emilia que tenía fama de cantar muy bien. Se sentó al piano y, acompañándose, demostró que era verdad. Después, mi madre la puso por las nubes, elogiando su compostura y su falta de timidez, y repitiendo una y otra vez: «¡Qué talento tiene! ¡Qué aplomo!» Al escucharla sentía una envidia atroz.

Habría dado todo por poseer algún don. Pero no me encontraba ninguno. Un día tropecé con un cuento en que una niña padecía el mismo problema que yo. ¡No tenía ninguna aptitud, ningún don! Lo leí ávidamente para conocer el desenlace de la historia. Resultó que la salvación de la criatura fue descubrir que, después de todo, sí tenía un talento, un gran talento... ¡sabía hacer felices a los demás! ¡Qué decepción! Yo no quería hacer felices a los demás. No quería ser buena persona. ¡Ya que no era guapo, quería tener un don maravilloso que la gente admirara!

Soy consciente de que es bastante patético empezar un libro autobiográfico evocando parecidas tristezas. La autocompasión es una actitud despreciada por los ingleses, tan duchos en ocultar lo que realmente sienten, y he tratado toda mi vida de no sucumbir ante los embates de tal debilidad. Sin éxito, muchas veces. ¡Qué le vamos a hacer! Pero ahora que he decidido dar cuenta de mi vida antes de que sea demasiado tarde, ¿cómo no lamentar haber nacido donde nací? ¿Cómo no tener la sensación de haber sido una víctima, atrapada en circunstancias adversas imposibles de superar? Sobre todo, ¿cómo no despreciar la dura versión del protestantismo que se me impuso en aquella población de Cornualles, y que envenenó el manantial de mi ser?

Busco en el *Diccionario de la lengua española*, sin mucha esperanza de encontrarla, la palabra «metodismo». ¿Figura? Sí. Leo: «Doctrina de una secta de protestantes que preconiza una gran rigidez de principios». Aunque la definición es muy incompleta, no se equivoca la Docta Casa en lo de la *gran rigidez de principios* de una secta en cuyo seno tuve la malísima suerte de nacer. ¡Porque mis padres eran metodistas y, en consecuencia, yo también!

El metodismo nació en el siglo XVIII como corriente disidente dentro de la Iglesia de Inglaterra. O sea, dentro de la Iglesia Anglicana, la estatal, que, como se sabe, se separó de Roma bajo Enrique VIII, y cuya cabeza es el monarca británico de turno, o *la* monarca. El fundador del metodismo fue un estudiante de Christ Church, llamado Charles Wesley. Como ocurriría después con el impresionismo, y con otros tantos «ismos», la palabra «metodismo» era en su origen un término peyorativo, inventado por los adversarios de la flamante secta.

El «método» de los metodistas consistía ante todo en poner el énfasis sobre la relación individual con Dios, sin intermediarios y, naturalmente, sin el confesionario —tan querido por el catolicismo—, que ellos consideraban una abominación. ¡Qué inteligente la Iglesia Católica, al imponer, como las demás versiones del cristianismo, la noción del pecado, de la culpa, y luego proporcionar la solución, aunque provisional, al problema! Para nosotros los metodistas, imbuidos del mismo sentimiento del pecado que los católicos, no había más salida que la confesión directa ante Dios. No funcionaba, por supuesto, pues ¿cómo te ibas a confesar ante un ser lejano e invisible? Nunca tenías la seguridad de haber sido perdonado, ni recibías el alivio emocional que proporciona sin lugar a dudas el confesionario católico.

Para los metodistas la lista de prohibiciones, de lo que no se podía hacer, era larguísima.

Su enemigo número uno era el alcohol, que les producía auténtico horror, y muchos de ellos firmaban, desde jóvenes y con gran solemnidad, un juramento en el cual le prometían a Dios que nunca, nunca, nunca beberían una gota del proterbo líquido responsable de tanta infelicidad en el mundo. Aquel papel —se llamaba *the pledge*— lo había firmado a los quince años mi padre, que se encargó de infundirme desde mi misma infancia un terror al alcohol tan profundo que a la sola mención de la palabra, me ruborizaba como si me hubiesen pillado en el acto de empinar el codo. Oigo todavía su voz, perentoria: «Hay personas que pueden tomar una copa y no pasa nada; pero otras, si empiezan, están perdidas. Nadie puede saber, al empezar a beber, si tiene potencial de alcohólico o no. Además de nuestra propia perdición, nosotros no podemos ser responsables de arruinar, con nuestro ejemplo, al prójimo, que podría imitarnos. De modo que no hay que probar jamás el alcohol».

Detrás de la «Ley Seca» particular de los metodistas había un terror a perder el control, a que bajo el efecto de los efluvios etílicos pasara algo atroz. Al hablarme de las familias destrozadas por el alcohol, mi padre aludía a veces a un antepasado nuestro que, víctima de la bebida, se había arruinado en Londres entre actrices y otras gentes del malvivir. Nunca supe más acerca de aquella oveja negra de la familia, ni cómo se llamaba. Era nuestro «muerto en el armario».

Mi miedo al alcohol llegó a ser tan tremendo que a veces me despertaba por la noche, cubierto de sudor, después de una pesadilla en la que empezaba a recurrir a la botella. En la familia sabíamos exactamente quiénes, entre nuestros conocidos, eran bebedores y quiénes no. «Fulano bebe —decía mi padre con una expresión de asco en la cara—. El otro día topé con él en la calle y apestaba».

Cerca de nuestra casa vivía un médico irlandés jubilado muy dado al whisky. Se llamaba O'Reilly. Muchas veces le vi subir por la calle tambaleándose. Mis padres comentaban con frecuencia el caso, y la infelicidad de su mujer. Después llegué a tener cierta amistad con él. Era una persona estupenda, de una gran sensibilidad.

Como buen metodista, mi padre era muy devoto de la Biblia, sobre todo del Nuevo Testamento, que conocía como su propia mano. A menudo me leía sus pasajes favoritos. Uno de ellos era el episodio de las bodas de Caná. Yo no entendía por qué Cristo, si el alcohol era tan nocivo, se había encargado de convertir el agua en vino en aquellas nupcias. Acuciaba a mi padre al respecto y siempre repetía, irritado, lo mismo: que estaba demostrado científicamente que, en tiempos de Cristo, el vino palestino no contenía alcohol. Supongo que se lo creía sinceramente.

De acuerdo con sus principios, los metodistas utilizaban en la eucaristía un «vino» que de vino no tenía nada, un repugnante líquido azucarado que procedía de... sólo Dios sabe dónde. Se trataba de la suprema expresión de la renuncia de la secta a los placeres terrenales. Hasta al vino de la Última Cena había que quitarle su razón de ser.

El enemigo número dos de los metodistas eran los juegos de azar. Estaban tan prohibidos como el alcohol, pues, como éste, podían llevar a las familias a la ruina económica y moral. La palabra *gambler* (jugador) tenía para mí la misma nefasta resonancia que *drinker* (bebedor). «Fulano juega y bebe»: era la peor condición a la cual se podía rebajar un ser humano; era caer en el pozo más negro del pecado y de la miseria. En Cornualles había, y supongo que hay todavía, magníficas carreras de caballos, en las cuales se apostaba generosamente. Mis padres por nada del mundo habrían ido allí, y yo jamás vi durante mi niñez una carrera. Andando los tiempos, sin embargo, mi padre decidiría que se podía asistir a los caballos sin apostar, por el espectáculo en sí, y, por ende, sin pecar. Y empezaría a tomarles cierto cariño.

Los establecimientos donde se hacían las apuestas eran lugares que nosotros teníamos por tan infernales como los *pubs*. Sólo décadas después pondría yo los pies en uno de ellos, acompañando a un amigo en Londres. Hasta hoy mismo comprar un billete de lotería me cuesta trabajo, y eso después de tantos años en España, tal vez el país del mundo más dado a los juegos de azar. En esto, sin querer, seré un redomado metodista hasta el último momento, pese a todos mis esfuerzos en sentido contrario.

Existía también el problema de los tacos. En mi familia no se soltaba ni uno, y todos teníamos miedo de que algún día, relajando la vigilancia, se escapara en la mesa una palabra malsonante. Yo me enteré muy pronto de que la peor palabra del idioma, la más nefasta, era *fuck*, o sea «joder». No sabía lo que significaba pero sí que tenía algo que ver con lo que hacían las parejas que a veces pasaban abrazadas delante de nuestra casa camino del parque municipal. La expresión, que a menudo oía pronunciar enfáticamente en la calle, me producía horror.

Tampoco faltaba el inconveniente de los pedos. La palabra pedo, en inglés *fart*, casi tan nefasto como *fuck*, no se pronunciaba nunca en mi familia, y tardé mucho en descubrir que existía tal vocablo. Sí sabía lo que era un pedo, naturalmente, y recuerdo que cuando alguien soltaba uno en mi casa —por supuesto involuntariamente— todo el mundo se avergonzaba. Meditando sobre todo ello después, llegué al convencimiento de que mi padre era una persona muy anal. Salía del retrete como si fuera un furtivo, o como si acabara de cometer una felonía.

¡Cuánto miedo! ¡Cuántos terrores! El Viejo Padre iracundo y adusto del Antiguo Testamento, muy displicente con su barba

23

larga y blanca, y, por supuesto, carente de sentido del humor, el Dios de las batallas y de las retribuciones, de las plagas de langostas, de ranas y de almorranas... había formulado, para doblegarnos, sus lúgubres Diez Mandamientos. Pesaban sobre mi alma como losas. Aquellas terribles leyes frías e implacables, que imponían lo que había y no había que hacer, venían acompañadas de una atroz amenaza de lo que ocurriría en el caso de no cumplirlas. La separación de Dios. ¡El Infierno!

No me preocupaban las consignas relacionadas con imágenes falsas e ídolos, ya que los metodistas no permitían ni un solo crucifijo, estatua o cuadro religioso en sus templos. Por aquel lado no había tentación alguna. Pero me consternaba lo de «no tomar en falso el nombre de Dios». ¿Qué quería decir? Sin saberlo, ¿tomaba yo en falso el nombre del Padre? En cuanto a robar, el asunto era peliagudo, pues de vez en cuando yo hurtaba algún artículo, provisionalmente, a su legítimo propietario —un juguete, por ejemplo, extraído de casa de mis primos—. Pero el «no cometerás adulterio» era el peor. Nadie me explicaba exactamente qué quería decir y tampoco me atrevía a preguntar, pero no tardé en colegir que algo tenía que ver con aquel otro mandamiento acerca de no desear a la mujer del prójimo. Sabía que Dios era omnisciente, que veía todo, absolutamente todo, y que leía nuestros pensamientos más secretos. Sin duda estaba al tanto de que yo espiaba a las parejas que pasaban delante de nuestra casa antes de internarse en el parque. ¿Iban ellos a adulterar? ¿Lo habían hecho ya? ¿Y tenía que ver el adulterio con el verbo *fuck*? Sospechaba que sí.

Dios estaba enterado de todo lo que yo pensaba, y probablemente Cristo también. No había manera de escapar. Era espantoso. En cuanto al Espíritu Santo, me preocupaba mucho menos porque no podía formarme idea alguna acerca de tal entelequia.

De niño, tenía una pesadilla recurrente en la cual me amenazaba un fantasma. Nunca le veía la cara, pero sabía que estaba allí, acechándome. A veces, ante estas apariciones, me despertaba con un sudor aún más frío que el de las pesadillas «alcohólicas», gritando de terror. Mi padre entonces venía a mi habitación y se arrodillaba al lado de la cama, para tranquilizarme. Me decía siempre lo mismo: que no existían los fantasmas, que Dios, siendo tan bueno, no los permitiría, de modo que sólo eran vanas imaginaciones. Y me dormía otra vez, convencido de que mi padre tenía razón. Pero al cabo de unas noches después se repetía la misma pesadilla.

También me despertaba a veces, sobrecogido, pensando en la Vida Eterna. ¡La Vida Eterna! Ésta se me aparecía como una galería larguísima que no terminaba nunca. Me horrorizaba pensar que después de muerto iba a tener que transitar para siempre por ella, andando, andando y nunca llegando. Y siempre solo, sin el calor de nadie, ni siquiera de otro condenado. Al esbozar estas palabras siento una vez más aquel pavor.

Mi padre era buena persona, ya lo he dicho, y sinceramente creyente. Por eso nunca he llegado a entender por qué, mientras por un lado me confortaba asegurándome que Dios era bondadoso y que jamás permitiría que hubiera fantasmas, por otro dejaba caer a veces que el negocio de la imprenta iba mal y que, si no se recuperaba, todos terminaríamos en una «casa de pobres». Dichas «casas» —me enteré después— habían desaparecido en la época victoriana. ¿Por qué entonces se refería a ellas mi padre como instituciones vigentes? Nunca lo sabré. Tal vez sería por algún pertinaz recuerdo transmitido por sus propios padres, gente bastante humilde. Por las noches, como si no fuera suficiente tener que esperar la llegada del fantasma o de encontrarme otra vez caminando solo por las galerías de la Vida Eterna, me hostigaba el temor a que mi padre pudiera perder su imprenta y que todos fuésemos recluidos por indigentes en uno de aquellos terribles caserones.

No encuentro nada que decir a favor de una religión basada en el miedo y la ignorancia, sin apenas ternura que la mitigara, sin belleza y, sobre todo, sin presencia femenina. Años después, superada la hostilidad que me provocaba el catolicismo, llegaría a sentir cariño por María, la madre amorosa, cuya divinidad negaban tan tajantemente nuestros predicadores. ¡Malditos puritanos! Todavía siento en mis entrañas el terror con el que me amargasteis mi infancia y mi juventud.

El domingo, nuestro larguísimo y aburridísimo domingo, era el gran día de las interdicciones. Los metodistas interpretaban el mandato bíblico de descansar el sábado —tampoco comprendía por qué lo hacíamos al día siguiente— como prohibición tajante de pasarlo bien. El domingo no se podía ir al cine, al teatro o a un concierto, practicar deportes —nuestro club de tenis estaba cerrado— o bailar, ¡bailar el domingo!, asistir a un partido de fútbol, cortar el césped del jardín —por lo menos del jardín delantero, expuesto a la vista de los demás— o entrar en una tienda para comprar un helado o unos caramelos. Hasta estaban prohibidos los periódicos domingueros.

En realidad, nuestro domingo era una copia al pie de la letra del sábado judío del Viejo Testamento.

Me viene a la memoria un ejemplo notable de cómo eran aquellos domingos de mi infancia. Cada verano mis padres alquilaban una casa en un puertecito pesquero situado a unos treinta kilómetros de Bridgetown. Allí, en la playa, teníamos una canoa azul. A mí me encantaba salir en ella con mi padre. Pero los domingos quedaba varada. ¡Había que respetar el Día del Señor y estaba prohibido salir al mar! Lleno de barquitos y botes que iban y venían, de gente pasándolo bien, el puerto lucía los domingos sus mejores galas. Y allí nosotros, sentados en la playa al lado de la canoa después de ir al templo, viéndolo todo sin poder participar.

Me producía un profundo malestar aquel veto, pero ¿quién era yo para cuestionarlo? El Dios nuestro, el Dios colérico del Viejo Testamento, lo había dispuesto así. Pero no tanto, como demostraba la actividad que se desarrollaba delante de nuestros ojos, para los anglicanos, y menos aún para los católicos. El doctor O'Reilly tenía correligionarios en nuestra población, aunque no muchos. Cumplida su obligación de ir a misa —y solían ir muy temprano—, ellos podían disfrutar a tope del resto del día.

Naturalmente, mis padres desaprobaban tal desfachatez, que venía a ser una demostración más de que los católicos no eran auténticos cristianos, sino unos idólatras y embaucadores.

Antes del culto, los niños asistíamos a una «Escuela de Domingo» (*Sunday School*), en una pequeña sala mustia ubicada detrás del templo. Allí nos sentábamos en círculo alrededor de una señora que nos leía extractos de la Biblia y nos hablaba de Jesús. Tomábamos apuntes en sendos cuadernillos. No era nada divertido.

Los metodistas, de acuerdo con sus principios puritanos, reducían los elementos litúrgicos del culto al mínimo; se daba mucha importancia a los himnos; y primaba sobre todo el sermón. El culto se celebraba a las once de la mañana. Todos íbamos meticulosamente vestidos. Mi madre solía rematar su mejor vestido con una especie de bufanda de piel de zorro, con cabeza incluida, y mi padre siempre iba de traje marrón oscuro.

El templo no era muy amplio y tenía la adusta sencillez tan cercana al alma metodista. La única concesión a la belleza —en realidad insulto— era alguna mala vidriera coloreada. Al fondo, en el centro, se levantaba el púlpito. Detrás estaban el coro y el órgano. Nos sentábamos en nuestro banco —cada familia tenía el suyo propio—, nos inclinábamos para rezar, con la cabeza apoyada en la mano —no nos arrodillábamos nunca—, y esperábamos la llegada del predicador. Envuelto en su toga negra, éste no tardaba en subir al púlpito, desde el cual dominaba toda la concurrencia. La primera mitad del culto la ocupaban dos o tres himnos, la lectura de algún pasaje de la Biblia y unas oraciones improvisadas por el pastor. Luego, tras un descanso en que se hacía una colecta, era el turno del sermón, pieza clave de la mañana. Solía durar media hora, que a mí me parecía una eternidad. Después venían otro himno y la oración final. A la salida el pastor daba la mano a todo el mundo. Luego nos volvíamos a casa.

Debo señalar que mi tío Arthur, el ex militar, era anglicano, y que al casarse con Matilde, la hermana de mi padre, había insistido en que los hijos que naciesen de la unión también lo fuesen. Matilde no había puesto pegas. Aquella diferencia creaba considerables tensiones entre nosotros y los Wagstaff. A veces iba yo con ellos a su iglesia. De estilo neogótico, era mucho más bonita que la nuestra, cosa nada difícil. Los anglicanos no temían la belleza ni rechazaban las imágenes, y, en cuanto al culto, éste era mucho más litúrgico que el nuestro, más formal. No se daba tanta importancia al sermón, y tampoco improvisaba el pastor las oraciones, como hacía el nuestro, sino que las leía de la versión anglicana del misal. Además, los anglicanos se ponían de rodillas para rezar. Cuando yo iba con los Wagstaff a su iglesia y veía que la gente se arrodillaba cada equis minutos, nunca sabía si yo, mero «visitante» entre ellos, estaba en la obligación de hacerlo o no. La mayoría de las veces me quedaba sentado y me limitaba a inclinar la cabeza, a la manera metodista, imaginando que los fieles sentados detrás de mí me miraban displicentes. Siempre fueron momentos violentos.

Mi tío Arthur se creía dueño de una voz muy buena. Era, eso sí, potente. Los anglicanos incluían menos himnos que nosotros en su culto, pero siempre había uno o dos. Mi tío se encargaba entonces de que se le oyera en todo el recinto, cantando muy alto y de una manera muy pedante. Era un espectáculo.

Tener a Arthur Wagstaff como tío fue sin duda un factor primordial en el desarrollo de mi personalidad. He hablado de su pomposidad, de su elegancia, de su empeño en ser hombre galante. También he mencionado sus manos y su sortija de oro. Recuerdo ahora que, en ocasiones especiales, le gustaba llevar una llamativa flor roja —clavel o rosa— en el ojal. ¡Una flor en el ojal! Jamás en la vida lo habría hecho mi padre.

Acostumbrado como buen militar a dar órdenes, no cabía duda de que el tío Arthur era quien mandaba y cortaba en su casa. Quien, como se dice en inglés y en español, llevaba los pantalones. Normalmente afable, era capaz de convertirse repentinamente en un energúmeno. Yo iba con frecuencia a ver a mi primo George, con quien tenía una buena amistad, y presencié algunas de las cóleras de mi tío. Eran dignas de ver.

Una de ellas ocurrió por Navidad cuando yo tendría unos siete años. Hay un villancico inglés muy conocido que empieza:

Mientras de noche los pastores vigilaban sus rebaños
sentados todos en el suelo
un ángel de Dios bajó a la tierra
inundando de luz las tinieblas.

George me enseñó una variante burlesca de los dos primeros versos del mismo. Rezaba así:

Mientras de noche los pastores lavaban sus calcetines,
sentados todos en el suelo...

Era divertidísimo porque *watched their flocks* (vigilaban sus rebaños) y *washed their socks* (lavaban sus calcetines) suenan casi igual en inglés. Nosotros nos moríamos de risa al entonar esta versión del popular villancico. Pero un día nos oyó el tío Arthur e irrumpió furioso en la habitación. «¡Parad! ¡Parad! —gritó—. ¡Es un sacrilegio! ¡Es un insulto! ¡Os prohíbo cantar esto!». Nos callamos. Reflexionando ahora, me ratifico en mi opinión de aquel personaje ridículo y pagado de sí mismo. Además, ¿no tenían derecho los pastores a lavar sus calcetines de vez en cuando, incluso de noche mientras vigilaban sus rebaños?

El tío Arthur fue, creo, el primer hombre que a mí me inspiró miedo, miedo de verdad. Oponerse a él, gritarle algo, decirle que uno no estaba de acuerdo con él, habría sido inconcebible. Era de aquellos padres ingleses de antaño que creían que los pequeños no tenían derecho a contradecir a sus mayores, y, sobre todo, a expresarles hostilidad. Estando con tío Arthur me sentía disminuido, menospreciado. Le detesto todavía, de todo corazón, y eso que lleva muchos años bajo tierra.

También detestaba a su hermano, Basil, que vivía en Londres y de vez en cuando le visitaba. Un día le dije a Basil algo que no le gustó —no recuerdo qué—, y me cogió, me levantó y me sacudió muy enfadado, espetándome «¡Cómo te atreves a decir esto a una persona mayor!». Sentí una mezcla terrible de vergüenza y de rabia. De haber podido matarle allí mismo, no me habría temblado la mano.

Pero hablaba de nuestros aburridísimos domingos. Añadiré que, entre los placeres rechazados por los metodistas, figuraban en lugar destacado, cómo no, los de la buena mesa. Se comía para mantener debidamente la vida y no se daba la menor importancia a la gastronomía. ¿Gastronomía, digo? En mi casa no existía tal concepto. Y nunca, nunca se visitaba un restaurante —ello se habría considerado un despilfarro imperdonable—. «*Good plain cooking*» (cocina sensata y sencilla) era la norma metodista. Los anglicanos no tenían tantos escrúpulos, y en casa de mi tío Arthur se comía mucho mejor que en la nuestra. A mi madre no le gustaba nada cocinar, y hasta los platos sensatos y sencillos le costaban trabajo. Cocinar era un deber muy desagradable. La idea de que pudiera ser un arte nunca se le pasaba por las mientes... ni por las mías.

Los domingos, ayudada por María, la nueva chacha, mamá hacía sin embargo un poco más de esfuerzo y solía preparar un plato muy estimado de los ingleses: ternera asada con «pudin de Yorkshire». Si la ternera asada no necesita un talento culinario excepcional —y a mi madre no le salía del todo mal—, el «pudin de Yorkshire» sí se las trae. Los de mi madre solían tener una consistencia tan dura que era una verdadera lucha poder masticarlos. Pero con todo eran superiores a sus patatas asadas, otro componente imprescindible del clásico plato, que a veces emergían tan pétreas del horno que casi habría sido necesaria una sierra para cortarlas. En cuanto a las ensaladas, nunca se aliñaban; como mucho, se les añadía un poco de mayonesa Heinz, que yo encontraba repelente. «A tu padre le da igual lo que le sirvan», dijo una vez mamá, con desdén, olvidándose de que, si ella hubiera sido buena cocinera, a lo mejor su marido habría comido con más fruición.

Al rememorar ahora aquellos domingos, siete décadas después, siento todavía rabia y desolación. Tantos años de mi vida luchando contra mi familia, contra las ideas, creencias y sentimientos que me impusieron y que se hicieron carne de mi carne y alma de mi alma. Reconozco que ellos no tenían toda la culpa. No habían recibido una formación universitaria y eran víctimas de sus propios progenitores y de una sociedad encerrada, anclada en el pasado. Sociedad que pronto sufriría brutales modificaciones. Y bien es verdad que, poco a poco, mis padres evolucionarían a su manera. Pero demasiado tarde para que yo me salvara. Aquellos primeros años de represiones, miedos y prohibiciones me marcarían para toda la vida.

Mis padres se habían conocido en un congreso metodista, celebrado, creo, en Manchester. Como ya he dicho, ella se llamaba Gertrudis y mi padre Cyril. Solían aludir el uno a la otra, en la familia, con las iniciales G y C, tal vez porque no les gustaban sus nombres, por cierto bastante ridículos. «C no está en casa, está en la imprenta», decía mi madre. «G ha ido a la tienda», decía mi padre.

Nunca, jamás, vi a G y C besarse o abrazarse o cogerse de la mano. La expresión más dramática de esta incomunicación consistía en el hecho de que no dormían en cama de matrimonio, sino cada uno en la suya. Mis tíos Arthur y Matilde, en cambio, sí tenían cama de matrimonio, algo que me producía azoramiento, ya que, para mí —y supongo que para mis padres—, tales lechos tenían una significación «mala». La cama de matrimonio se llama en inglés «cama doble» —y, en francés, «cama para dos personas»—, subrayándose así el hecho de que en ellas yacen dos personas —no necesariamente casadas— muy cerca la una de la otra. Yo no dudaba de que en tales camas pasaban «cosas».

Años después disfrutaría con la descripción que hace Góngora, al final de la *Soledad primera*, del tálamo de los novios, donde Venus ha preparado «a batallas de amor campo de pluma». Las pocas batallas de amor de mis padres —no creo que fueran numerosas después de los primeros años, tal vez ni entonces— se efectuaban en una estrecha cama individual, quién sabe si de ella o de él. No soy de los que han tenido la alegría de ver juntos a sus padres en una cama grande por la mañana, y de jugar allí con ellos. Al escribir estas palabras amargas me duele no sólo mi propia infelicidad de niño, que otra vez siento dentro, sino pensar en la espantosa soledad afectiva de aquellos dos seres que me trajeron al mundo.

¿Qué hacía C con la sexualidad que no podía expresar en su matrimonio? Muchas veces a lo largo de los años me he hecho esta pregunta. Desde luego, con sus principios religiosos —mucho más arraigados que los de mi madre—, además de su timidez, habría sido impensable cualquier infidelidad con otra mujer. Impensable, también, el divorcio. Los metodistas no se divorciaban. ¿Se masturbaba subrepticiamente, solo en su cama, escondiendo cuidadosamente los indicios de práctica tan vergonzante? Me cuesta trabajo creerlo. Sin amigos íntimos, sin apenas vida social fuera del círculo del templo, sus únicas escapatorias eran cuidar el jardín de nuestra casa, su militancia en una organización de juventudes cristianas, La Brigada de los Muchachos —de la que luego hablaré—, y su amor a los pájaros silvestres.

¡Ah, los pájaros silvestres! A unos treinta kilómetros de casa, separadas del mar por una franja de playa que sólo frecuentaban los seres humanos en verano, había —y todavía hay— unas marismas de gran valor ornitológico y botánico. Son mi paraíso perdido. El lugar se llama Tregawny.

Mi padre sentía por la Naturaleza una pasión casi mística, que me transmitió. Es lo que más le debo. Él había descubierto muy joven la magia de las marismas, y le entusiasmaba de verdad haber logrado insuflar en uno de sus hijos —a Bill y a mis dos hermanas, además de a mi madre, les traían sin cuidado los pájaros— el fervor que a él le inspiraban.

Cuando mi padre anunciaba que él y yo íbamos a la mañana siguiente a Tregawny —casi siempre era un sábado— me ponía loco de contento. Revisábamos cuidadosamente nuestro equipamiento —prismáticos, botas de goma, gabardinas, cuaderno de apuntes, mochilas—, y encargábamos a María, la chacha, que nos preparara bocadillos, pues eran diez o doce kilómetros los que había que recorrer, y tendríamos hambre.

La llegada a la playa era un momento de intensa emoción. Hasta allí se bajaba por un pequeño camino apenas utilizado y desde el cual ya se podía vislumbrar la orilla de las marismas. Aparcábamos el coche al lado de un viejo apeadero de ferrocarril, ya abandonado, y, con enorme impaciencia, mientras nos preguntábamos qué veríamos aquel día, nos calzábamos nuestras botas. La variedad de hábitats que ostentaba Tregawny garantizaba siempre el éxito de nuestras visitas. No había gran riqueza de aves marinas, aunque en invierno solían aproximarse a la playa algún colimbo, arao o negrón común —especie de pato de mar—, y en primavera, antes de la llegada de los bañistas veraniegos, anidaba entre las menudas piedras, cerca de las olas, una nutrida colonia de charranes. El gran interés del sitio estaba al otro lado del ferrocarril, en las marismas. Allí pululaban no sólo los limícolas —zarapitos reales, archibebes, ostreros, correlimos y muchos más— sino que, más adentro, entre octubre y abril, invernaba una colonia de ánsares comunes, tal vez mil o mil quinientos ejemplares.

De niño, los ánsares llegaron a simbolizar para mí el misterio de la vida. Mi padre me explicaba que anidaban muy al norte, en Islandia, Spitzbergen o Siberia —que yo buscaba en mapas—, desde donde, al caer las primeras nevadas, emprendían cada otoño el largo vuelo hacia tierras más templadas. Y ello, según me aseguraba, sin parar una sola vez hasta llegar a su destino. Eran aves muy esquivas, muy tímidas. Iban siempre en bandadas, y aproximarse a ellas era cosa dificilísima, tanto por la fisonomía de las marismas en sí como por la natural cautela de la especie. Al darse cuenta de que había peligro, erguían todos el cuello y, de repente, levantaban el vuelo, emitiendo sus característicos graznidos, para posarse más lejos. Era un espectáculo fabuloso.

El pintor favorito de mi padre, y mío, era sir Peter Scott, hijo del explorador. Scott era el naturalista más conocido de Inglaterra —se haría luego aún más famoso con sus programas de televisión—, y el artista que, sin lugar a dudas, mejor captaba en sus lienzos la emoción de las marismas, con el vuelo de atardecer, o de amanecer, de los ánsares. Mi padre me había regalado uno de sus libros, profusamente ilustrado. Era mi posesión más preciada.

En mi manual de ornitología, que siempre llevaba conmigo cuando iba con mi padre a Tregawny, me divertía ver los nombres de los distintos pájaros en latín, idioma que empezaría muy pronto a estudiar en mi primera escuela «de verdad». Allí me enteré, por ejemplo, de que el pájaro que nosotros llamábamos *cormorant* (cormorán) se designaba en latín nada menos que *phalacrocorax carbo*. Me gustaba separar las sílabas y repetirlas en voz alta: ¡PHA-LA-CRO-CO-RAX-CAR-BO! En otros casos constaté que el nombre inglés y el latino eran casi idénticos. El halcón, por ejemplo —*falcon* en inglés—, se llamaba en latín *falco*. Era, evidentemente, la misma palabra con la ene quitada, de modo que ¡el inglés tenía palabras utilizadas por los romanos! ¿Cómo era posible esto? Aquel descubrimiento fue el inicio de una fascinación vitalicia con las palabras. Y, luego, un poco más adelante, de una auténtica obsesión con las etimologías. Hasta hace poco era capaz de levantarme de la cama por la noche, asaeteado por una duda sobre la raíz de una palabra, y sin poder dormir hasta no resolver el problema. Puedo decir que entre mis momentos más felices han estado los dedicados a tales indagaciones.

Como el doctor O'Reilly, nuestro vecino médico tan a menudo ebrio, María la chacha era irlandesa y católica. No sé cómo llegó a Bridgetown. Tal vez contestó un anuncio puesto por mis padres en algún periódico. Alta y delgada, tendría unos veinticinco años cuando entró a nuestro servicio. Ocupaba un pequeño cuarto entre el de mi hermano y el baño. Su ventana daba al jardín trasero, lo cual le permitía controlar todo lo que ocurría abajo, sin que apenas se la pudiera vislumbrar detrás de las cortinas. Su cuarto era tabú para nosotros, y apenas entré en él una vez. Era pequeño de verdad y tenía una estampa del Sagrado Corazón de Jesús, que me parecía horrorosa, colgada en la pared. Me cuesta trabajo imaginar cómo pudo vivir encerrada allí tantos años.

María era de un fervor católico realmente impresionante. No sé por qué no se había hecho monja o misionera en vez de venir a parar a casa de unos metodistas. ¿Había tenido alguna relación amorosa fracasada? Tal vez. Iba cada dos por tres a misa, y los días que libraba los pasaba con unas religiosas amigas.

Un día María me llevó con ella a su iglesia. Subimos las escaleras y, al entrar en el recinto, sin que en absoluto me lo esperara, me salpicó de repente la frente con agua bendita sacada de la pila que allí había. Creí que me iba a morir de terror. Había oído hablar de agua bendita, sabía que era algo que sólo tenían los católicos —los del falso cristianismo— y que era mentira, un engaño. ¡Y ahora yo tenía agua bendita en la frente! Estaba horrorizado. Penetramos en la iglesia. Había allí muchas imágenes y un extraño olor acre —luego sabría que era incienso—, y surgieron ante mis ojos visiones de aquellos cultos idólatras condenados en el Viejo Testamento. Se acrecentó mi pánico. ¡Algo espantoso me iba a pasar en cualquier momento! ¡Se enterarían de que había un intruso entre ellos! Aquello era miles de veces peor que acompañar a mis primos a su iglesia anglicana. Pero no pasó nada, absolutamente nada.

Cuarenta años después, durante un viaje relámpago a Bridgetown, se me ocurrió entrar en aquel recinto donde nunca había vuelto a poner los pies. El interior no se parecía en nada al de mi recuerdo. Era cálido, íntimo, un remanso de paz. Me produjo una enorme sensación de alivio constatar que mi profundo terror infantil al catolicismo, transmitido por mi familia, se había desvanecido del todo.

De niño, a decir verdad, me paralizaba el miedo a transgredir, a provocar la cólera de la gente mayor, de que me cogiesen *in fraganti* haciendo algo prohibido, a cometer un acto digno de encarcelación.

He mencionado varias veces el parque municipal que había cerca de nosotros, tan querido por los amantes. Allí un letrero avisaba PROHIBIDO PISAR EL CÉSPED. Por nada del mundo lo habría hecho.

Detrás de casa se encontraba una gran finca rodeada de castaños y otros árboles frondosos y protegida por una tapia muy alta. En su corazón había una mansión enorme, casi un palacio, con un lago artificial delante. Pertenecía a una familia rica que vivía en Londres, y que sólo se dignaba venir a la propiedad de vez en cuando a pasar unas semanas. Llegaban entonces acompañados de amigos y organizaban fiestas a las cuales no invitaban a casi nadie de la población local. En las lindes de la finca, a intervalos, había letreros que rezaban: PROPIEDAD PRIVADA. LOS QUE ENTREN AQUÍ SIN PERMISO SERÁN DEMANDADOS. ¡Demandados! ¡Era mucho peor que el césped del parque! ¡Demandados! La palabra misma me hacía temblar. Surgía ante mis ojos la visión de un calabozo estrecho y lóbrego, con barras de hierro muy gruesas, donde, al haber sido «demandado» por entrar en el recinto prohibido, tendría que permanecer meses y meses. Cuando a veces, solo o con otros chicos, saltaba la tapia y penetraba en el bosque proscrito, me secaba la garganta el miedo a que me cogiesen y me llevasen, «demandado», a la comisaría.

Estoy convencido de que el miedo es el peor enemigo del hombre. Si nos lo meten en el alma cuando somos niños, se instala permanentemente en las profundidades de nuestro ser y nos convierte indefectiblemente en cobardes, en sumisos y castrados incapaces de reaccionar libremente ante los retos y peligros objetivos y reales de la vida, que bastantes hay. A estas alturas no sería justo que yo siguiera culpando a mis padres de haber sido lo que fueron, está claro. Miedosos ellos mismos, temiendo el castigo de Dios, obsesionados —sobre todo en el caso de mi madre—, con el qué dirán, incapaces de expresar lo que verdaderamente sentían, ¿cómo me podían dar a mí la confianza en mí mismo, en la vida y en el futuro que tan desesperadamente necesitaba? Imposible. No cabe, pues, la condena personal. Sólo lamentar haber venido al mundo entre ellos.

Toda mi vida ha sido una lucha por tratar de superar el miedo que me transmitieron los míos, sobre todo el miedo a la muerte. Muchas veces he sucumbido ante sus embates, otras le he ganado la partida. Pero nunca me ha abandonado. Me entristece profundamente no haber tenido más opción que vivir así.

La única persona mayor de nuestro pequeño ámbito familiar con quien yo me sentía realmente a gusto, compenetrado, era con mi tío Ernest. «Yo soy lo que admiro», creo que dijo lord Byron. No está mal visto. Yo admiraba a mi tío Ernest, y quería ser como él. Soltero, elegante —aunque de manera menos llamativa que mi tío Arthur—, Ernest era simpático, relajado y sonriente. De constitución corpulenta, con una buena barriga, tenía algo de míster Pickwick, de Dickens —autor predilecto de mi padre—. Estando con él yo me encontraba bien, aceptado, incluso mimado. Creo que tenía predilección por mí. Mi tío Ernest poseía, además, otra gran ventaja: su coche era siempre más grande que el de mi padre, que huía como una araña asustada de todo lo que pudiera ser considerado ostentación.

Ernest no tenía tal complejo. Recuerdo uno de sus coches. Era un Terraplane. Nunca he olvidado el nombre de la marca y nunca he vuelto a oír hablar de ella. Aquel coche me parecía enorme, y me producía una inmensa satisfacción ir en él por el campo al lado de mi tío.

A Ernest le gustaban los chistes, sobre todo los basados en juegos de palabras. La mayoría de los que recuerdo no se pueden traducir al español por este motivo, menos uno relacionado con el Terraplane. Una vez, acompañándole en aquel imponente vehículo, me dijo: «Este coche arranca (*starts*) con té». «¿Cómo?». «Sí, sí, arranca con té». No me cuadraba que el té pudiera servir de gasolina. «Pues sí —me aseguró— ¿no ves que la palabra Terraplane «arranca» con la letra t?» Y es que el verbo inglés *to start* significa a la vez empezar y arrancar. Y Terraplane empezaba con t. Reí mucho la ocurrencia. También su descripción de un sujeto con el pelo tan largo que tenía caspa en los calcetines.

Ernest era cojonudo. Para mi desgracia no le veía con la misma frecuencia que al condenado de Arthur, pues no vivía en nuestra calle sino en las afueras, cerca de la imprenta, en una casa sola, preciosa, llena de muebles de cierta calidad. A Ernest no le faltaba buen gusto. En el salón de estar tenía varios libros de arte. Cuando no miraba nadie, yo los abría cautelosamente porque había descubierto que contenían, entre bodegones y paisajes, algunos cuadros de mujeres desnudas, casi siempre muy gordas, con pechos grandes como los de mi madre. Arriba, bajo el tejado, había un desván, uno de los sitios mágicos de mi infancia, al cual se llegaba por una escalera desplegable. Allí se amontonaban cajas llenas de baratijas coleccionadas por mi tío: sellos, tarjetas postales, monedas de otros países, fotografías, revistas, viejos pasaportes... Yo pasaba horas y horas hurgando entre aquellos testimonios de una vida que a mí me parecía infinitamente más romántica que la de mis padres, tan gris y rutinaria.

En realidad, sin embargo, el tío Ernest era una persona triste con muchos problemas. Entre ellos, sufría terribles dolores de cabeza a consecuencia de haber caído desde un puente cuando era muy joven.

El día más señalado del año, el 25 de diciembre, lo pasábamos siempre, por tradición, en casa de Ernest. Nosotros no dábamos mucha importancia a la Nochebuena, tan fundamental en España. Lo grande, lo único, era el día siguiente. Por la mañana los niños recibíamos regalos, depositados durante la noche al pie de nuestra cama por Papá Noel —me parece extraño, ahora que lo pienso, que los metodistas aceptasen la «mentira» de Papá Noel y de su milagrosa bajada anual por la chimenea—. Luego íbamos al templo para celebrar el nacimiento de Cristo. Este día un aura especial impregnaba el poco agraciado interior del mismo, la gente se saludaba con más cariño y el coro cantaba con un fervor inusitado. Terminado el culto nos trasladábamos a casa de tío Ernest para la comida de Navidad que allí preparaban las chachas de nuestras familias bajo la supervisión de mi madre y de la tía Matilde. ¡El pavo! ¡El pavo! Ante los aplausos de los comensales —solíamos ser unas diez o catorce personas alrededor de la gran mesa de caoba—, el enorme pájaro, nunca saboreado durante el resto del año, llegaba humeante desde la cocina en una descomunal fuente y era colocado delante de Ernest, que presidía el banquete. Después de bendecir la mesa, mi tío empezaba a cortar el ave en sabrosos trozos con un reluciente cuchillo, mientras cada uno esperaba con impaciencia su porción. Luego se llenaban los platos de verduras —coles de Bruselas, zanahorias, patatas— y empezaba nuestra única gran comilona del año.

Comilona, por supuesto, servida sin vino, sin cerveza, sin una gota de alcohol —para disgusto, seguramente, del tío Arthur, no ajeno, según los rumores familiares, a un discreto trago de vez en cuando—. Lo que bebíamos en aquella señalada ocasión era una especie de limonada burbujeante que se servía en sifones y que, como el pavo, sólo aparecía por Navidad. A mí me parecía fabulosa.

Ya en las postrimerías del ágape, apurados los últimos vasos de limonada, empezaba a circular un plato sobre el cual los mayores depositaban unos billetes destinados a fines caritativos. ¿Por qué este rito extraño? Aquella comida tan opípara, ¿constituía para la conciencia puritana algo así como una ofensa a los pobres, a los desheredados del mundo? ¿Había que hacer una ofrenda para aplacar o paliar posibles iras divinas? Algo de ello habría, sin duda.

Después de la comida pasábamos a la sala de estar, donde tomábamos té y galletas y escuchábamos por la radio el tradicional discurso navideño del Rey. Precedía el discurso el himno nacional. Cuando sonaba la primera nota del mismo, mi tío Arthur y su familia se levantaban en bloque y se ponían rígidamente firmes. Mi madre, gran aficionada a la monarquía, también. Pero mi padre y el tío Ernest, que pertenecían a una esperpéntica asociación independentista llamada Cornualles Libre, se mantenían sentados. Ante aquel terrible dilema en el seno de la familia, yo no sabía dónde poner los ojos. No recuerdo cómo reaccionaban mis hermanos. Un año yo me quedaba sentado, otro me levantaba. Era violentísimo y cada Navidad esperaba aquel momento con auténtica angustia, casi tanto como el himno con la alusión al *útero* de María. Pasado el trance, y sentados ya todos, escuchábamos respetuosamente el mensaje real y luego salíamos a dar un paseo. Por la noche no había nada especial. La Navidad había terminado.

De mi primera escuela, regida por dos viejas damas, guardo pocos recuerdos. Estaba cerca de casa y allí me llevaba mi madre cada mañana, a veces en un cochecito. A los seis años empecé en otra, igualmente dirigida por mujeres, aunque más jóvenes. Allí me enamoré por vez primera. Nunca había visto a nadie tan bello como Henry, que me llevaba unos cuatro años y tenía pelo rubio y tez olivácea. Le espiaba de reojo, avergonzado, y soñaba con ser su amigo. Cuando se dignaba mirarme, me ponía rojo y bajaba los ojos.

La familia de Henry era vagamente conocida de la mía, y a veces, mientras comíamos, alguien se refería a ellos. Y entonces, al sentirme descubierto, mi rubor dejaba al aire los sentimientos que me inspiraba aquel dios. Siempre temía que surgiera su nombre.

Yo amaba a Henry. *I loved him*. La palabra *love*, amor, ya me era familiar, y me perturbaba profundamente. A menudo, alrededor de la mesa de nuestra casa, oía frases como «se enamoró de un chico de Liverpool y se casó con él». Muchas de las canciones que tarareaba mi madre hablaban de amor. Además, sabía que las parejas que pasaban delante de nuestra casa eran *lovers*, amantes. De modo que amor era lo que yo sentía por Henry. Mi padre, tan profundamente cohibido, estaba consternado al ver mis súbitos azoramientos cuando salía el nombre del amado, reconociendo, tal vez, que me había contagiado su pudor.

Un día, cuando acababa de ponerme como un tomate en una comida con unos invitados —cosa muy poco habitual en nuestra casa—, me dijo irritado mi padre, delante de todos: «¡Nadie te está mirando!» Nunca me había dicho una cosa tan mortificante. Era obvio que él sí me miraba y veía lo que me pasaba. Y si los demás no habían notado nada hasta entonces, desde luego se fijaron en mí en aquel momento, gracias a lo que acababa de decir C. Habría sido un alivio para mí que la tierra se abriera y me tragara.

Unos días después, mientras comíamos, dijo mi hermana Emilia: «A John no le gusta que la gente le mire. Se pone rojo, lo vi el otro día».

No valía la pena negar la exactitud de lo que acababa de señalar Emilia porque, bajo el efecto de sus palabras, me volvía a ocurrir lo mismo.

—¡Mirad! —dijo—, ¡acaba de hacerlo otra vez!

Y fue entonces cuando apostilló G:

—Sí, es muy molesto ruborizarse porque la gente sabe lo que estamos pensando.

Así era de psicóloga mi madre.

A partir de entonces temía las comidas porque sabía que en cualquier momento Emilia volvería a fijarse en mí.

Si yo hubiera sido capaz de reírme de mí mismo, aquello no habría sido grave. Pero no era capaz, sobre todo cuando se trataba de mi amor ya no tan secreto.

Henry tenía una voz meliflua que oigo resonar aún en mi oído. Creo que sólo coincidimos en aquella escuela unos meses. Luego le perdí la pista. Pasados quince años me crucé un día con él en Oxford Street y tomamos una cerveza juntos. Todavía me parecía atractivo. Me mostró fotos de su novia, una preciosa holandesa o alemana, y pensé que no me había equivocado al admirarle.

Ser el hijo segundón de la familia me resultaba ya intolerable. Ante la permanente competencia de Bill, me veía cada vez más en la necesidad de afirmar mi personalidad, de demostrar que valía tanto como él.

A propósito de ello tuvo lugar una escena terrible. Mi hermano fabricaba, entre otros objetos que hacían las delicias de mi madre, preciosos soldaditos de plomo que tenían mucho éxito. Ahora pienso que no era tan difícil, ya que utilizaba un molde, pero entonces me parecían geniales. Pintaba de distintos colores sus uniformes —eso era ya un trabajo más personal—, y la verdad es que el resultado era fantástico.

«Tu hermano es todo un artista», se ufanaba mi madre, cogiéndolos con los dedos y dándoles vueltas. Yo ya no aguantaba más. Un día llevé una pequeña selección de los jodidos artefactos a la escuela, y se los mostré a la señora Phelps, la directora, explicándole que los había hecho yo. Le gustaron mucho, y me dio la enhorabuena. Hablando unos días después con mi madre, aludió a los «preciosos soldaditos de John». Mi madre se quedó de una pieza. Al volver a casa me increpó violentamente por haberle mentido a la profesora, atribuyéndome habilidades que no tenía, traicionando a mi hermano, y, al mismo tiempo, humillándola a ella. Yo era un embustero, un impresentable. «¡Tu padre y yo no mentimos nunca! —exclamó—. ¡Lo que has hecho es vergonzoso!» Mi mortificación fue profunda. Me mandó a que me disculpara ante la señora Phelps. Y así lo hice. Lo que no recuerdo es si le pedí perdón a mi hermano.

Debido a episodios como aquel, me fui convenciendo de que yo no sólo era un patito feo sino también bastante mal sujeto. Mi madre repetía una y otra vez que mi hermano, además de tener «manos artísticas» y ser bien parecido, era dueño de «una maravillosa personalidad». Carente de timidez, con un don de gentes arrollador, Bill, según mamá, «era capaz de hablar con cualquiera». A los doce años la pasión de mi hermano era ya el *show business*. Le encantaba organizar pequeños conciertos de variedades en casa, actuando él como maestro de ceremonias. Todos nuestros amigos tenían que colaborar, cantando, recitando... haciendo lo que fuera con tal de participar. A cada uno le transmitía Bill su entusiasmo. Recuerdo su facundia en estas ocasiones, la destreza con la cual hacía que la gente se relajara e hiciera lo que él quería.

Cuando Bill estaba en forma era realmente tremendo. Un portento. Mi madre no se equivocaba. Por eso, decidí hacer con él lo que había intentado con mi hermana: eliminarlo.

Pasábamos nuestras vacaciones de verano en el puerto, como cada año. Encima de la escalera había una especie de tubo metálico, muy pesado, donde se guardaban los paraguas. Un día, estando yo arriba y mi hermano al pie de la escalera, tuve de repente una idea genial: quitar los paraguas del tubo, colocar éste de lado y empujarlo hacia abajo, donde con suerte acabaría con mi rival. Logré que el proyectil bajara la escalera pero lo hizo tan torpemente que mi hermano, dándose cuenta de lo que ocurría, eludió fácilmente el improvisado misil. Como en el caso de mi hermanita, no creo que hubiera más tentativas.

Bill se ganaba cada vez más prestigio en el barrio como *showman* en ciernes. Teníamos un garaje bastante amplio al lado de casa. Al fondo del mismo, con el beneplácito de mi padre y la ayuda de varios amigos, mi hermano construyó un teatrito de verdad cuyo escenario medía unos cuatro metros de ancho por dos. Bill se encargó personalmente de cada detalle: instalación eléctrica, focos, altavoces, micrófonos... parecía estar al tanto de todos los trucos relacionados con el mundo de las representaciones. Y su teatro era realmente precioso, con sus luces, su telón de fondo y sus cortinas negras bordadas de lunas y estrellas.

La finalidad de todo aquello era ofrecer un espectáculo de *variétés* a la vecindad, con mi hermano como guionista, organizador y maestro de ceremonias. Los preparativos duraron meses.

Mi papel dentro del reparto era el de... contador de chistes.

Llega la noche del concierto. La sala está a tope —forman el público unas treinta o cuarenta personas—, y hay una enorme expectación entre los presentes. Finalmente se apagan las luces y empieza el espectáculo. Se van sucediendo los numeritos, todos muy aplaudidos. Mis dos hermanas bailan. Mi primo George recita de memoria un poema. El tío Arthur atrona la sala con unas canciones. De repente es mi turno. Mi hermano, micrófono en mano, me presenta. «Y ahora, señoras y señores, ¡el cómico más grande del mundo! ¡John Hill!». Grandes aplausos. Me quiero ir corriendo. Pero Bill me está haciendo señales. Salgo. Más aplausos. Cuando veo que el garaje-teatro está abarrotado, y que todo el mundo me está mirando, me entra un pánico espantoso, porque la simple verdad es que no he preparado nada y que, además, no sirvo en absoluto para contar chistes. Balbuceo: «¡He olvidado mi libro de chistes, voy a buscarlo!» Y abandono corriendo el escenario. No hay libro de chistes, ha sido una excusa. Fuera, en el jardín, tal es mi sentimiento de fracaso —allí dentro continúa alegremente el *show*— que me quiero morir. Morirme de verdad. Acabo de tener la tajante confirmación de mi inferioridad, de mi mediocridad.

Con todo, no huyo, vuelvo al teatro, porque tengo que participar en el concurso con el que se va a terminar la velada. Tal vez, si todo va bien, me podré resarcir un poco de mi fracaso. El concurso consiste sencillamente en unas preguntas muy obvias que hay que contestar en cinco segundos. A mí me preguntan: ¿cuál es el número del autobús que pasa al final de nuestra calle? Yo sé, evidentemente, que es el número 2. Pero, estimando que no puede ser eso, que la pregunta es demasiado fácil, empiezo a pensar si no me estarán preguntando por la matrícula, y ¿cómo puedo yo saber la matrícula si hay varios autobuses? De repente suena el gong: han pasado los cinco segundos. Y la respuesta es el número 2. Hay risas. Acabo de demostrar que no sé el número del autobús que todos utilizamos.

Aquella noche marcó para siempre mi vida. Yo, que quería ser un triunfador, que quería superar a mi hermano, había fracasado atrozmente en su teatro y delante no sólo de mi propia familia sino de todos los vecinos. Nadie me habló después de lo ocurrido, no hubo una palabra de consuelo. Era como si no hubiera pasado absolutamente nada. Quiero suponer, caritativamente, que mis padres pensarían que si aludían a mi deslucimiento me harían sufrir aún más.

A partir de aquel momento no me atrevería casi nunca a contar un chiste. Admiraba, y aún admiro, a los chistosos, que con su poder narrativo y mímico saben imponerse a un público, aunque éste sea mínimo —dos o tres amigos reunidos en un bar—, y que son capaces de conseguir que la concurrencia les ría sus historias. La experiencia del teatro de mi hermano me reafirmó en mi convicción de ser un paria, incapaz de participar con destreza en actos colectivos. Bien es verdad que, más adelante, adquiriría cierto prestigio como conferenciante. Pero siempre tomaría la precaución de ir bien preparado... o sea, ¡de no dejar en casa mis papeles!

Todavía tengo una pesadilla recurrente relacionada, casi seguramente, con aquel traumático episodio del retablillo de mi hermano. En ella soy actor ocasional, no profesional, y me he comprometido a desempeñar un papel en una obra dramática. Llega la tarde de la representación, o del ensayo general, y resulta que ni he empezado a aprender el papel. Me pregunto con espanto cómo es posible. No me lo explico. Pánico. Quiero huir. El teatro tiene un aforo de miles de butacas y se va llenando de gente. Va a haber un lleno total. A veces empieza la función y trato de improvisar. Pero no hay manera. En este punto me doy cuenta, dentro del sueño, de que estoy soñando, y me invade un alivio tan bienhechor que casi vale la pena haber tenido la pesadilla.

Si Freud está en lo cierto y los sueños expresan casi sin excepción un hondo deseo, pese a su aparente significación contraria, está claro que lo que yo más he buscado en mi vida ha sido brillar socialmente, en compensación de mis fracasos juveniles y la seguridad de no ser admirado. Sí, he sido el clásico autoperfeccionista, nunca contento conmigo y siempre luchando por adecuarme a la imagen del hombre que desde niño quería ser: atractivo a las mujeres, confiado y dominador. No tardaría mucho en decidir que sólo la fama podría garantizarme la posibilidad de lograr la admiración que otros conseguían sin tener que hacer nada. Pero ¿cómo diablos hacerme famoso si no tenía talentos? Ésa sería la cuestión.

Al llegar a los siete u ocho años me gustaban ya sobremanera los cómics de gran tirada que, diseñados para el consumo de los hijos de las familias británicas burguesas, inundaban cada semana los quioscos. Entre ellos me encandilaba sobre todo uno que se llamaba, con escueto énfasis pugilístico, *Knockout*, que esperaba cada viernes con intensa impaciencia.

Los cómics ingleses —analizados en profundidad por George Orwell en un famoso ensayo— llevaban cuentos en serie. El protagonista de estos cuentos que más me gustaba era Sexton Blake, detective privado muy guapo, con pelo negro y liso —se parecía bastante a José Antonio Primo de Rivera—, que se metía en extraordinarias aventuras de las cuales, naturalmente, siempre salía ileso.

Pasados veinte años, siendo ya hispanista profesional, decidí pedir en la biblioteca del British Museum los números del

Knockout donde, hacia finales de los años cuarenta, había seguido cada semana, ávidamente, las peripecias de mi héroe. Una hora después estaba releyendo, con intensísima emoción, muy a lo Marcel Proust, la aventura *Sexton Blake y los huevos atómicos*, título que había olvidado totalmente hasta entonces pero que ahora volvían con toda la frescura e inmediatez de mi infancia. Dichos huevos atómicos, inventados por un viejo catedrático desaliñado con barba blanca y una hija muy bonita, se insertaban en la parte trasera de un cohete que luego podía dirigirse a cualquier lugar del universo sin mayores problemas. Eran, desde luego, un invento estupendo. Mientras seguía, absorto, en mi asiento del British Museum, cada pormenor de la investigación llevada a cabo por Sexton Blake para recuperar dichos huevos, robados por uno de sus más peligrosos enemigos, sentí que alguien me golpeaba en el hombro. Me volví, contrariado. ¡Era el presidente del colegio donde yo enseñaba literatura española!

—¡Espero que tus investigaciones actuales estén resultando fructíferas! —dijo con una sonrisa irónica aquella eminencia. Tenía la sensación de haber sido cogido, una vez más, *in fraganti*.

Muchos de los cuentos del *Knockout* se desarrollaban en un típico *public school*. Dichas escuelas no eran, como su nombre da a entender, estatales, sino requeteprivadas, y si se llamaban *públicas* era porque estaban abiertas, por el hecho de ser internados, al público procedente de cualquier región de las Islas Británicas —y del Imperio—. Público adinerado naturalmente. En ellas se educaba a los hijos de la aristocracia y de la clase media, proporcionando a los de ésta un notable caché social al permitirles convivir con los vástagos de sangre azul. Representaban mejor que cualquier otra institución la Inglaterra de los afortunados.

Todo esto lo digo en tiempo pasado porque, aunque todavía existen los *public schools*, han cambiado mucho desde entonces.

De las más antiguas y famosas escuelas públicas, que sumaban ocho, destacaba el vetusto Eton College, que se podía jactar de haber educado, a lo largo de los siglos, a decenas de miles de futuros hombres distinguidos.

Durante el siglo XIX, con la arrolladora expansión imperial británica, hicieron falta de repente infinidad de funcionarios capaces de administrar los nuevos países sometidos. Para fabricarlos en serie se crearon numerosos internados nuevos calcados sobre el modelo de los ocho grandes, y vinculados entre sí por una común ideología y programa.

La primera piedra de dicha ideología era la convicción de que Gran Bretaña era la nación más civilizada del globo —se daba por descontado que era la más potente—, y más correctamente cristiana; la segunda, que en virtud de tal supremacía los ingleses tenían el derecho, y casi la obligación, de dominar a todas las demás razas.

En cuanto a la manera de hablar inglés, las «escuelas públicas» fomentaban un acento especial, con llamativo despliegue de diptongos y triptongos, seña de identidad inconfundible de la clase dirigente. Dicho acento cortaba como una navaja barbera y una de sus funciones era humillar a los que no lo tenían, fuesen ingleses de clase baja, o burguesa baja, chinos, indios, africanos o súbditos imperiales de cualquier otra ralea. Por la rica gama de pronunciaciones regionales británicas profesaban estos colegios un desprecio absoluto, y cualquier alumno con fonética provincial no tenía más remedio que perderlo cuanto antes, si no quería que se le tomara el pelo despiadadamente.

El *Knockout,* mi cómic preferido, y sus múltiples congéneres, reflejaban la convicción de que nacer británico y sobre todo inglés era la mejor suerte que le podía tocar a un ser humano —ya he referido la anécdota de Nelson—. Rendían fervorosa pleitesía al culto de la aristocracia. Sus protagonistas eran fuertes, honrados, magníficos atletas y, muchas veces, hijos de primeros ministros, jefes de la Marina o del Ejército, embajadores y demás. Con frecuencia ostentaban títulos nobiliarios. Eran la flor y nata de la raza, la *crème de la crème.*

En una de las historias que más me gustaba, y que releía a menudo, el jefe de un destacamento inglés, el vizconde Grey, cae en una emboscada. Concretamente, en un hondo agujero excavado adrede, y debidamente camuflado, por una tribu de caníbales africanos. Grey no puede salir de allí, por muy inglés de clase dirigente que sea. Arriba, provistos de lanzas y ululando como hienas, están los malditos negros. Ya está preparada la gran caldera de agua hirviendo donde van a echar a su presa como si de un bogavante, y no de un aristócrata inglés, se tratara. Además, los *niggers* están impacientes, tienen hambre. ¿Qué pasará? ¿Cómo se salvará nuestro héroe? Fin del episodio. La semana siguiente, la primera frase del retomado cuento rezaba, sin más explicaciones: «Con un solo salto Grey estaba libre».

Entre los muchachos ingleses de buena familia que poblaban estas historias, había con frecuencia un chico de color, vástago de algún potentado indígena de uno de los países sometidos al yugo de nuestro preclaro Imperio. A éstos sus compañeros blancos les solían endilgar un apodo despreciativo, sobre todo si tenían la mala suerte de ser negros o amarillos —a los indios, como eran de color chocolate y por ello más parecidos a nosotros, se les trataba con un poco más de respeto—. La presencia de tales hijos de las colonias, a menudo enigmáticos, prestaba cierto misterio al relato. ¿Quién era realmente Hurree Jamset Ram Singh? ¿Se trataba de un seudónimo? Y aquel negrazo que de vez en cuando venía en su Rolls Royce a visitar a Sambo el Africano, y que se mostraba tan obsequioso con él, ¿de dónde sacaba los billetes? ¿No era vergonzoso que un *nativo* se sintiera con derecho a pavonearse en un Rolls, como si fuera inglés? Normalmente los chicos de color resultaban ser buena gente, pero nunca se sabía del todo hasta el final del cuento. A veces se daba entre ellos un malasombra de cuidado.

Además de los cómics semanales estaban los llamados «anuales», libros gordos que se editaban por Navidad y que contenían historietas nuevas y completas con los mismos y con nuevos personajes. También se publicaban infinidad de novelas que reflejaban el mismo *ethos*: los ingleses somos los mejores, el Imperio lleva la civilización a los bárbaros, es fundamental aprender a trabajar en equipo —ello nos ha permitido machacar a los nazis—, practicar el *fair play*, saber perder noblemente, tener una mente sana en un cuerpo sano, etc.

Mi tío Arthur, el jodido ex militar, era producto de una escuela pública de poca monta del condado de Kent. Allí había conseguido el marcado acento clasista que he comentado y, con el acento, el esnobismo inherente a todo el sistema. Naturalmente, habiendo estado en tal establecimiento, quería que sus hijos —mis primos George y Phillip— disfrutasen de las mismas ventajas que él. A tales efectos había dispuesto su ingreso allí a los once años. Supongo que, por tratarse de un ex alumno de aquel colegio, la dirección se había comprometido a darle algún descuento: costaba mucho mandar a un chico a una escuela pública y no creo que Arthur ganara una fortuna trabajando para mi padre y el tío Ernest. Tal vez, no lo sé, tenía medios privados, o una pensión por sus servicios en África. Cuando volvía de su internado para las vacaciones, Phillip, con quien yo apenas tenía relación —como he dicho me llevaba ocho años—, daba siempre la impresión de estar muy pagado de sí mismo. Alto y atlético, sus padres estaban enormemente orgullosos de él aunque, en realidad, no creo que fuera nada del otro jueves en ningún sentido.

Desgraciadamente, mi padre, que profesaba por las opiniones de Arthur cierta estima, se había dejado convencer de que yo me beneficiaría, como mis primos, de una formación de «escuela pública». Mi hermano Bill hacía pocos progresos en su colegio estatal, y era evidente que, si iba a ser la lumbrera que mi madre creía, no sería dentro del campo intelectual. Además, ¿no iba para *showman*? Yo, en cambio, había dado pruebas de ser buen alumno: estudiaba con seriedad, tenía buena concentración y muchas ganas de aprender. Así que mi padre me anunció un día que, al cumplir los nueve años, me iba a mandar a la misma escuela preparatoria en la cual acababa de entrar mi primo George y que se llamaba Greytowers.

La necesidad de «preparar» a los chicos para el día en que tuviesen que pasar el examen de ingreso a su escuela pública daba lugar a toda una red inmensa, extendida a lo largo y a lo ancho de la isla, de «escuelas preparatorias» específicamente dedicadas a esta tarea. Internados en la gran mayoría de los casos, dichos establecimientos eran, en realidad, escuelas públicas en miniatura.

No ha habido en el mundo nación con un sistema de enseñanza privada equiparable al británico. En España y Francia siempre han existido internados privados, regidos en general por órdenes religiosas, pero nunca organizados como los ingleses, con todo lo que ello ha conllevado de clasismo, esnobismo, superioridad y *esprit de corps*. Sólo los ingleses han confiado metódicamente a sus hijos, desde una edad muy temprana, a internados privados donde, lejos de sus madres, se les ha sometido a un régimen durísimo basado en los castigos corporales *in loco parentis* y en la creencia de que en la vida hay que aprender desde niño a soportar con estoicismo las desventuras. El sistema creaba a una minoría de gente absolutamente excepcional y bien preparada, sin duda. Pero la mayoría eran un producto estándar: aburridos, sin mucha imaginación, sin mucha iniciativa pero, eso sí, muy confiados, muy seguros de sí mismos.

No era sorprendente que, al saber que me destinaban a aquel sistema, yo empezara a leer con más atención el *Knockout* y otros cómics por el estilo. Allí, y en los anuarios, descubrí que en las escuelas públicas se castigaban las faltas con azotes en el culo, normalmente con una vara pero en casos más graves con un cruel látigo hecho con ramas de abedul y llamado *birch* —nombre de este árbol en inglés—. Lo que más me llamaba la atención era que los castigos con la vara no eran administrados solamente por los profesores sino por los prefectos, o sea los chicos grandes seleccionados para colaborar en la tarea de mantener la disciplina y buen funcionamiento de la escuela. Me parecía horrible y brutal.

Supe por mis cómics que en las escuelas públicas, además, cada prefecto tenía su criado, llamado *fag*, elegido de entre los chicos más jóvenes, que tenía la obligación de ocuparse de las necesidades de su amo: hacerle la cama, prepararle el té, limpiarle los zapatos, etc. Si faltaba en algo corría el peligro de ser azotado. Un *fag* nunca se atrevía a quejarse de un prefecto delante de un profesor, pues sabía que la revancha podía ser terrible. Era preferible callarse. Así los chicos adquirían el hábito de sufrir sin decir nada, manteniendo, en la frase consabida, *a stiff upper lip* (el labio superior rígido). Es decir, sin mover un músculo de la cara. Y esperando ansiosos, cabía suponerlo, el día en el que, prefectos ellos mismos, pudieran vengarse.

Lo que yo no sabía era que las escuelas preparatorias ya se encargaban de iniciar en tal programa a los jóvenes que se les confiaban. No tardaría en enterarme de ello. Ni en experimentar en mi propia persona la brutalidad de un sistema educativo que, según sus corifeos, había hecho fuerte sobre las demás naciones del mundo a Gran Bretaña.

Del infierno hacia la salvación

Estoy en la plataforma de la estación de Bridgetown, esperando el tren que me conducirá a Greytowers. A mi lado está mi primo George, acompañado de sus padres, el pomposo e insoportable Arthur y la tía Matilde. Conmigo sólo está C, G se ha quedado en casa. Después de darme un beso se ha refugiado en su habitación, llorando, la cara todo congestionada. Ante mi extrañeza, mi padre me explica que mamá no aguanta las despedidas. Se trata de «cosas de mujeres». Pero mi tía Matilde es una mujer y no se ha quedado en casa. Tampoco está llorando. George y yo, muy peripuestos, llevamos el uniforme de Greytowers: pantalón corto gris, camisa blanca, corbata a rayas y el clásico *blazer* inglés, con el escudo del internado. Somos dos típicos colegiales británicos.

Cuando subimos al tren mi padre me da la mano y me dice que pronto irá a verme. En aquellos tiempos ningún padre inglés besaba o abrazaba a un hijo públicamente. Tal práctica se consideraba ridícula, sentimental, débil, sólo apta para franceses, rusos y afeminados. Había que mantener el tipo.

Greytowers, que significa «Torres Grises», se encontraba en pleno campo a unos ciento cincuenta kilómetros de Bridgetown. Nada más ver aquel grupo de edificios austeros del siglo XIX intuí que mi vida allí iba a ser desagradable.

Veo el largo dormitorio de mi primer año en aquella escuela. Seríamos unos treinta chicos, cada uno en su cama, sin intimidad alguna. Yo nunca había compartido habitación con nadie. Tener que hacerlo con otros muchachos me parecía horrible. Y más porque a veces me meaba todavía en la cama. Temía profundamente que esto me pasara ahora. Y como suele ocurrir lo que se teme, una de mis inaugurales noches en Greytowers aconteció lo peor y, al echar atrás el colchón a la mañana siguiente, como era reglamentario, apareció una cuantiosa mancha en la parte inferior del mismo. Hubo risas y comentarios, y la matrona, la señora Spencer, me increpó por ser todavía, a los nueve años, «un niño». Mi vergüenza fue intensa, y aún más cuando, no sé si un mes después, volvió a pasar lo mismo. Por suerte fue la última vez.

El lema de Greytowers era *Per ardua ad astra* (Por caminos arduos hasta las estrellas). A los recién incorporados nos explicó la significación del latinajo en una enérgica homilía de bienvenida el director, un ex militar de nombre mayor Dudgeon. Aquellas palabras, nos dijo, querían decir que el éxito en la vida se conseguía a raíz de mantener firme la voluntad y de ir superando, con valentía y con tesón, numerosas tribulaciones. Nosotros teníamos mucha suerte al poder asistir a una escuela como Greytowers, nos manifestó. Nos daba una ventaja inmejorable sobre los menos afortunados. Si nos dedicábamos seriamente a nuestros estudios y al común esfuerzo de la escuela, el ingreso en nuestro *public school* —y por ende el triunfo— estaba asegurado.

Greytowers se encargaba de que supiéramos de las mentadas tribulaciones desde el momento mismo de traspasar el umbral del colegio. Para empezar, las comidas eran infectas. So pena de castigo había que comer todo lo que se nos pusiera por delante. Nada de rechazar un plato o de no terminarlo. Yo no aguantaba la sémola. La misma idea de tener que tragarla bastaba para ponerme enfermo. Un día, al poco de llegar, nos sirvieron el repelente plato. Dije que no podía comerlo. La señora Spencer insistió. Me tomé una cucharada y, de puro asco, la devolví acto seguido. La matrona, furiosa, ordenó: «¡Y ahora la comerás otra vez!» No recuerdo si hubo un segundo vómito; pero sí que tengo ganas de devolver ahora al recordar aquel episodio.

De repente, como si me hubieran echado del seno de mi familia, me encontraba solo, rodeado de potenciales enemigos.

Greytowers se asemejaba en todo a los centros que figuraban en mis adorados cómics. Parecía que no había más que reglas. Reglas que, si se rompían, conllevaban castigos. Y los castigos, muchas veces, eran corporales. La vara mandaba y cortaba en Greytowers, como en casi todas las escuelas privadas del reino. El mayor Dudgeon la manejaba con destreza y brío. Durante mis primeros meses, por unas nimiedades, azotó a varios compañeros míos, y nos contaron cómo fue.

Un día me tocó a mí. Me paró uno de los chicos mayores y anunció: «Tienes que presentarte en el despacho del director a las cinco de la tarde». No podía imaginar por qué me quería ver el Mayor, como le llamábamos. No creía haber hecho nada malo. Me dijo que había llegado con retraso dos veces al oficio que se celebraba cada domingo por la mañana en la capilla del colegio. Protesté que sólo habían sido unos segundos y que, de todas maneras, algo fuera de mi control había intervenido para impedir que pudiera llegar a tiempo. No le convencí. «Para que aprendas a no repetir tu error, te voy a azotar», sentenció, sacando la vara.

Me ordenó que me quitara la chaqueta y que tocara los pies. Temblando y ruboroso lo hice, sintiéndome horriblemente expuesto. Me dio seis azotes muy fuertes en el culo. Me dolieron mucho, pero no por ello me permití gritar. Con los dientes apretados me callé. Lleno de odio, vergüenza y rabia contenida abandoné el despacho, jurando que un día me vengaría de aquel personaje; pero no había terminado mi humillación. Enterados de lo ocurrido, unos chicos insistieron en llevarme a los retretes y que me bajara los pantalones para que pudiesen apreciar las huellas, ya moradas, producidas por los azotes. Luego supe que se trataba de una ceremonia, santificada por la tradición, que se imponía a los recién llegados después de recibir éstos su primer castigo corporal. ¡Un rito de pasaje! La verdad es que la inspección de mis compañeros no me produjo tanta vergüenza como el castigo en sí.

Los castigos corporales infligidos en las escuelas privadas de Gran Bretaña, sólo abolidos finalmente bajo el primer gobierno de Tony Blair, han sido evocados con indignación por miles de víctimas del sistema, algunos de ellos muy famosos, como George Orwell, Laurence Olivier o Cyril Connolly. Los franceses, conscientes desde hace siglos de que la flagelación de las nalgas es una simulación del acto sexual, y por ende un afrodisíaco, no dudaban de que la pervivencia de tal sistema constituía el oprobio de Inglaterra. Por eso la llamaban la flagelomanía, con toda razón, «el vicio inglés». Imposible no sentir desprecio por quienes siguieron con tales prácticas hasta finales del siglo XX, cuando en casi todo el resto de Europa, España incluida, estaban totalmente proscritas desde hacía mucho tiempo.

No dudo que el mayor Dudgeon fue un sádico. No era necesaria tanta ceremonia, tanto realzar el culo, si sólo quería imponer un castigo. ¡Igualmente se podía haber hecho con la víctima de pie! Y si a mí no me ordenó que me bajara los pantalones, en otros casos sí lo hacía. Gran cerdo. Años después sería denunciado y echado después de una investigación.

Con tal ejemplo de brutalidad prodigado desde arriba, era inevitable que floreciera entre los alumnos de Greytowers un exacerbado matonismo nunca reprimido oficialmente. Durante aquel primer año padecí varias agresiones perpetradas por otros chicos de más edad. Uno de ellos metió mi cabeza en un cubo de agua fría y la mantuvo allí casi hasta que me reventara. Otro me ató a una columna y se disponía a pegarme, cuando justo a tiempo se oyeron unas pisadas y el verdugo de turno se fue huyendo, dejándome allí sujeto. El profesor que me descubrió me preguntó extrañado qué pasaba. «Una broma», contesté mientras me desataba. Allí nadie denunciaba a nadie, pues habría sido peor. Si alguien te asestaba un puñetazo y te salía un cardenal, o te torcía el brazo hasta casi romperlo, todo era resultado de «una caída» o de algún «tropezón».

La realidad es que en Greytowers se cometían barbaridades, y siempre contra los más débiles. Es increíble hasta qué punto pueden ser crueles los jóvenes. Por ello, cuando allá por 1995, Xabier Arzallus llamó «cosas de chiquillos», o algo por el estilo, a las fechorías de los que practicaban la «violencia de baja intensidad» etarra, pensé enseguida en Greytowers. ¡Cosas de chiquillos!

A mí, Greytowers, con su filosofía de «sálvese quien pueda», de «maricón el último», con su brutal competitividad y su programa de endurecimiento, me habría tal vez convertido en salvaje —en aras de mi propia supervivencia— si no me hubiera escapado a tiempo.

Brutal, sí, era aquella competitividad, como manera de ser y de estar, tanto en clase como fuera. Todos vivíamos con la obsesión de aprobar el examen de entrada a la escuela pública elegida por nuestros padres, y para el cual se nos preparaba tan afanosamente. Dicho examen tenía lugar a los once años. Cada trimestre había una prueba para medir nuestros progresos... o la falta de ellos. Era la razón de ser de instituciones como la nuestra.

Se ponía mucho énfasis también sobre los deportes. En Greytowers tuve mi iniciación en el rugby y en el críquet. Al principio el rugby me aterraba, por su naturaleza tan física, con caídas fuertes, golpes, coces y agresividad, pero poco a poco le iría cogiendo cierta afición.

Pese a todos sus graves defectos, Greytowers, y el sistema de las escuelas preparatorias y públicas en general, acertaban, creo, al inculcar la obligación de saber perder con dignidad. En el boxeo, por ejemplo, también obligatorio, era imprescindible recibir la derrota con tranquilo estoicismo: creían que de esta manera los futuros dirigentes de la sociedad sabrían comportarse con elegancia ante los reveses de la vida. Una vez lloriqueé después de que, en el *ring*, un chico mayor que yo, pero de mi mismo peso, me enviara al suelo con un golpe tremendo que no supe parar. Se rieron estrepitosamente de aquellas lágrimas. Nunca más lloré. Años después encontré en Antonio Machado un pasaje, puesto en boca de Juan de Mairena, que describe exactamente, y con la debida ironía, esta manera de afrontar la vida. Y eso que Machado jamás había pisado la isla de John Bull:

> Sólo un inglés es capaz de sonreír a su adversario y aun felicitarle por el golpe maestro que pudo poner fin al combate. Con un ojo hinchado y dos costillas rotas, el inglés parece triunfar siempre sobre otros púgiles más fuertes, pero menos educados para la lucha.

Saber perder no quería decir, desde luego, que no había que tratar de ganar por todos los medios legítimos. Al contrario, el sistema estaba ahí para convertirnos en ganadores, en triunfadores. Pero triunfadores, digamos, con cierta elegancia.

En Greytowers empezaba el día —menos el domingo— con una asamblea de la escuela al completo, dirigida con la debida pomposidad por el Mayor. Después de leer una oración, con todos arrodillados, en la cual se pedía la ayuda de Dios —del Dios de la Iglesia Anglicana, por supuesto—, primero para nuestro colegio, luego para nuestros ex alumnos, Dudgeon explicaba el orden del día, como si de una operación militar se tratara. A veces revelaba que la tarde anterior *había tenido* que azotar a un alumno por indisciplina, sin decir el nombre de la víctima —nos enterábamos enseguida de quién había sido, naturalmente—. Luego cantábamos el himno de la escuela y nos dispersábamos para ir a clase.

En general, a diferencia de los directores, los profesores de las escuelas preparatorias eran gente bastante decente, en muchos casos pobres fracasados sin otra salida profesional. Greytowers no era excepción a la regla en este sentido. Recuerdo a algunos de aquellos tipos con gratitud. En especial, al profesor de francés y de latín, un tal Gardner, que a mí me tomó cariño y me ayudó, quizás sin darse cuenta de ello, a desarrollar cierta aptitud para los idiomas —¡sí, iba a resultar que, después de todo, tenía un talento!

Al constatar que yo hablaba con marcado acento de provincias, Greytowers se encargó inmediatamente de corregirlo, y tuve que asistir a un cursillo de fonética expresamente diseñado para casos como el mío. Lo daba una soltera llamada Miss Taylor, cuyo labio superior ostentaba un finísimo bigotito negro. De aquella clase recuerdo que la Taylor nos hacía repetir una y otra vez una retahíla bastante imbécil, con la finalidad de enderezar nuestra «defectuosa» pronunciación del diptongo au (escrito ou) para convertirlo casi en ai. Las palabras clave eran *round* (alrededor de) y *roundabout* (glorieta). Decía así:

Round *and* round *the* roundabouts
the cars go round.
I stand by the roundabouts
and watch them going round.
Buses, cars and lorries going up and down,
round *and* round *the* roundabouts
and all round *town.*

Alrededor y alrededor de las glorietas
los coches dan vueltas.
Yo me quedo al lado de las glorietas
y los miro mientras dan vueltas.
Autobuses, coches y camiones yendo de arriba abajo,
alrededor y alrededor de las glorietas
y alrededor de la ciudad.

Apenas hace falta añadir que, con ayuda de la bigotuda miss Taylor, el codeo diario con chicos de rango social superior al mío y el afán de no parecer diferente —¡sobre todo de no parecer diferente!—, conseguí hablar muy pronto con un acento impecable y, por supuesto, muy ajeno al de mis padres.

Tonterías e imbecilidades de la Inglaterra de los años cincuenta, y que tardarían todavía bastante tiempo en desaparecer. Hoy casi cualquier pronunciación regional inglesa se considera válida. Y hasta muchos chicos de familias bien se empeñan en tener un acento no clasista. Pero en mi época las convenciones eran todavía muy rígidas, y nadie con un acento de provincias podía esperar conseguir un puesto de responsabilidad en un establecimiento londinense que se preciara.

Los domingos teníamos todos que escribir a casa, en una hora especialmente reservada para tal tarea. Una vez terminada la misiva, había que mostrarla a un profesor, para que diera su aprobación o exigiera la corrección, en su caso, de la ortografía o presentación de la misma. Aunque nunca se decía abiertamente, se trataba también de una manera de controlar el contenido de las cartas. Nadie se atrevía a criticar nada en ellas por si acaso se enteraba el director, y ni una sola vez mencioné las cosas horribles que allí sucedían. Por ello el día que fue a verme mi padre, cumpliendo su palabra, se llevó un susto muy considerable cuando me arrojé en sus brazos, rompí a llorar y le pedí que me sacara de allí, ya que no aguantaba más. «No puedo, no puedo, es absolutamente imposible», me dijo, sin duda horrorizado ante esta demostración de debilidad. Cuando le conté algunas de las cosas que me habían pasado, pero no todas, me instó a que fuera valiente, a que tuviera fe en Dios, a que pidiera ayuda a Jesús para hacerme fuerte ante las embestidas de los matones de turno. Que no me preocupara, en fin, que todo se arreglaría pronto cuando me adaptara a mi nueva vida. Además me trajo un regalo espléndido, el más reciente libro de mi admirado Peter Scott. Sequé mis lágrimas y le prometí que haría lo posible por resistir.

Aquel volumen, que años después perdí en un incendio, se llamaba *Wild Chorus* (Coro Agreste). El coro era el de los ánsares cuando, al alba, se dirigen en bandadas a buscar comida, emitiendo los roncos graznidos que los caracterizan. El libro de Scott, que incluía bellas reproducciones de cuadros suyos, me consoló a lo largo de mi primer año en Greytowers y me hizo pensar constantemente, con acuciante nostalgia, en las marismas de Tregawny. Creo, además, que fue el primer texto que me inspiró literariamente. Yo no tenía la ambición de ser pintor de ánsares, como Scott, y además me faltaba cualquier habilidad para el dibujo. Pero sí quería aprender a escribir como lo hacía él, con sus evocaciones de maravillosas aventuras ornitológicas en Rumanía o Islandia o, sin salir del Reino Unido, entre las altas montañas de Escocia o los humedales de Essex. Estimulado por aquel libro apasionante pasaba horas y horas en la biblioteca estudiando mapas de las regiones que había visitado Scott, o buscando información adicional en enciclopedias.

Otra distracción fue no tardar en encontrar un sustituto para Henry, mi primer amor. De apellido se llamaba Mustard, o sea Mostaza. No era tan bello como Henry, pero tenía casi la misma piel olivácea —aunque con numerosos lunares— y unos ojos muy grandes y oscuros. Un poco mayor que yo, el hecho de que fuera buen jugador de rugby acrecentó mi admiración.

Durante el verano de aquel primer año en Greytowers, que pasamos como siempre al lado del mar, no me faltaron oportunidades para confirmar la preponderancia que tenía el atractivo físico en el mundo.

Nuestro centro de operaciones familiar seguía siendo la misma playa donde teníamos la canoa —no operativa los domingos, como ya he dicho—. Allí nos instalábamos, hacíamos nuestros picnics y nos bañábamos. Entretanto, los adolescentes se congregaban a lo largo del sólido malecón, hecho con grandes bloques de granito, que se adentraba en el mar al otro lado del pequeño puerto, frente a nosotros. Era el sitio de la «movida». A aquellos jóvenes, unos ocho años mayores que yo, les devoraba con los ojos desde mi soledad. Sentía desesperación y rabia al no poder estar con ellos, al no ser como ellos, al no pertenecer a su grupo. Eran, como Henry y ahora Mustard, seres divinos.

Entre las chicas había una muy bella llamada Ruth. Todos los muchachos querían estar con ella, y había pintadas en las paredes que aludían a sus atractivos, a veces con expresiones picantes cuyo significado yo no llegaba a entender del todo, pese a mis esfuerzos y consultas en este sentido. El padre de Ruth tenía un nimbo heroico, pues se había escapado de los nazis durante la guerra, tirándose a un río y cruzándolo a nado mientras le disparaban. El hecho de tener tal progenitor le confería a Ruth aún más fascinación.

Yo siempre iba con los ojos y el pensamiento clavados en aquel grupo de adolescentes, sobre todo en Ruth. Sin amigos propios, hubiera querido que por lo menos Bill me hiciera caso y me llevara con él alguna vez. Pero Bill tenía sus propios compañeros y no quería saber nada del hermanito. Consumido por el deseo de pertenecer a un grupo, padecía una depresión que no podía confiar a nadie.

¿Qué más decir de los dos años pasados en mi escuela preparatoria? Aunque allí progresé intelectualmente, y empecé a ser competente atleta y jugador de críquet, granjeando poco a poco así el respeto de mis compañeros, nunca me sentí a gusto, y la idea de tener que empezar en una escuela pública, una vez superado el examen de ingreso, me aterraba, con su visión de nuevas penalidades y competitividades. Tuve suerte, porque mi padre —y se lo agradeceré eternamente— había decidido que, de hecho, aquel sistema no iba conmigo. Hizo averiguaciones acerca de un internado mixto, dirigido por los cuáqueros, del cual le habían llegado excelentes noticias. Se llamaba Fernhill y estaba en el condado de Dorsetshire. Lo visitó, volvió satisfecho, y me anunció que aquel otoño, ya cumplidos los once años, empezaría allí.

Saber que me había liberado de ir a un *public school* me produjo un enorme alivio. Además, el nombre del nuevo colegio prometía bien, pues Fernhill, que significa «Colina de los helechos», tenía sabor a naturaleza, campo, bosque. Todo lo opuesto a «Torres Grises».

La Sociedad de Amigos —así reza el verdadero nombre de la secta cuáquera— fue fundada a mediados del siglo XVIII por George Fox, hijo de un tejedor de Leicestershire. La palabra *quaker* significa «persona que tiembla», y fue aplicada al nuevo movimiento, peyorativamente, por un juez a quien Fox le había recomendado, displicente, que se pusiera a temblar ante Dios. Tuvo fortuna la ocurrencia del togado... y se impuso el término.

George Fox (como luego los metodistas) había reaccionado contra el formalismo de la Iglesia Anglicana. Quería un cristianismo exento de dogmas innecesarios, de liturgias, símbolos y hasta de templos específicos. Los cuáqueros se reunían en cualquier sitio, a veces en el campo, se sentaban juntos en silencio, meditando, y si alguien se sentía impelido a hablar, a comunicar algo, se levantaba espontáneamente y se dirigía sin más a la concurrencia. No había pastores o curas, sólo dos o tres personas mayores de comprobada experiencia y entereza (*elders*), que se encargaban de la mínima organización de cada grupo local.

En realidad, fieles a su nombre de Amigos, los cuáqueros se dedicaban a obrar bien, de acuerdo con la cita bíblica «por sus actos los conoceréis». Practicaban un cristianismo tolerante y eficaz, siempre al servicio del prójimo. Eran, además, excelentes hombres de negocios que creían que había que acumular riqueza no sólo para el disfrute propio, sino para poder socorrer a los necesitados. Pero a diferencia de los metodistas, no estaban en contra del placer. No eran puritanos.

En cuanto a la enseñanza, George Fox, el fundador, había insistido en que lo cristianamente correcto era educar juntos a chicos y chicas, ya que ambos eran iguales ante Dios. Se trataba, para aquel entonces, de un proyecto bastante revolucionario. La meta era ayudar al individuo a desarrollar sus aptitudes innatas y una personalidad completa, y se insistía mucho en el respeto a los demás. A lo largo del siglo XIX se habían fundado algunos internados cuáqueros mixtos que cobraron cierta fama. Fernhill era uno de ellos.

Pude comprobar la bondad de los cuáqueros nada más llegar al colegio. Su mentalidad no tenía nada que ver con la de personas como el mayor Dudgeon. Era abierta, comprensiva, libre de cualquier asomo de esnobismo o de dogmatismo. El énfasis se ponía sobre la responsabilidad personal, se reducía a un mínimo aceptable la competitividad, y no había castigos corporales. Comprendí enseguida que había mejorado notablemente mi suerte.

Ello no quería decir que allí no hubiera algún matón entre los chicos, como en Greytowers, pues los había, aunque en número mucho menor. Tampoco que faltara algún maestro con mala leche. Hablaré de uno de ellos. Pero el tono general era muy diferente. Y eso era lo importante.

Teníamos la obligación de asistir a un culto los domingos por la mañana en la cercana población de Hattersham, pudiendo elegir libremente. La Sociedad de Amigos no hacía proselitismo alguno. Yo normalmente iba al templo metodista, consideraba que era mi deber, pero de vez en cuando recalaba en el mitin cuáquero (así llamaban su reunión dominguera).

Allí podía pasar cualquier cosa, dada la ausencia absoluta de liturgia y la libertad que tenía cada uno para hablar. A veces se levantaba algún tipo estrafalario o medio chiflado y decía tantas bobadas que a nosotros los alumnos, sentados juntos en unos largos bancos reservados para el colegio, nos entraban unas espantosas ganas de reírnos a mandíbula suelta. Era de verdad atroz, pues pocas cosas hay en la vida tan difíciles como tener que reprimir el deseo de reírse en una situación social que lo prohíbe. Recuerdo el ceño fruncido de nuestro director, Thomas Rowntree, que solía presidir el *meeting*, al darse cuenta de lo que pasaba. En general, por suerte, no ocurría nada de eso y, cuando alguien se ponía a hablar, era para comunicar ideas o sugerencias sensatas.

A partir de mi llegada a Fernhill me parecía la cosa más normal del mundo convivir con chicas. No había separación en las clases, ni en las comidas. Ellas tenían, como es obvio, dominios nocturnos tajantemente prohibidos para nosotros. Pero luego nos volvíamos a ver a la hora del desayuno. Y así, entre los once y los diecisiete años, íbamos creciendo casi como en familia. En mi época los profesores no facilitaban enseñanza sexual alguna, menos alguna mínima insinuación. Tal vez los cuáqueros creían que, dado el carácter mixto de la escuela, y el hecho de verse diariamente chicos y chicas en un ambiente de normalidad, los misterios del amor físico no se harían sentir hasta que no hubiéramos abandonado la escuela. En ello se equivocaban de cabo a rabo, y a veces se producían enamoramientos tremendos; aunque en mi caso, no sucedería hasta más adelante, superada ya la etapa de admiraciones masculinas.

En Fernhill pude confirmar rápidamente que tenía dos talentos que me podían ayudar a triunfar en la vida —para recurrir al tópico del mayor Dudgeon—, o por lo menos compensar mis deficiencias: los idiomas y los deportes.

Aunque en Greytowers conseguía buenas notas en francés y en latín, nunca me habían dicho explícitamente que poseía un don lingüístico especial. Pero en Fernhill, sí, y pronto. Mi profesor, que se llamaba Peter Wilson, se quedó bastante asombrado ante la facilidad con la cual yo manejaba el subjuntivo francés. «¿Pero cómo es posible que lo domines —me decía— si nunca has hablado francés ni has estado en Francia?» Yo contestaba siempre lo mismo: «Es que se nota que hay un cambio». Claro que se notaba. ¿Cómo no iba a ocurrir algo extraño y sutil después de una locución como il faut que o je veux que?

Además, llevaba dos años hablando una especie de francés conmigo mismo en el campo, en el retrete, en cualquier sitio privado que encontrara a mano, practicando verbos, repitiendo palabras que me gustaban especialmente. Era, de verdad, una afición casi innata, que no me explicaba. Un talento, en fin. Wilson conocía admirablemente el francés y me estimuló a profundizar en el idioma. A lo largo de mis años en Fernhill me iría recomendando libros y poemas —no sólo franceses y no sólo los del programa—, y los comentaríamos juntos. Me aconsejó aprender de memoria los versos que más me entusiasmaban, para adentrarme en su esencia y hacerlos verdaderamente míos. Me instó a que me sumergiera en los diccionarios, a que buscara las raíces de las palabras... algo que ya había empezado a hacer en Greytowers. Me ayudó a entender términos al principio complejos para mí. Ironía, por ejemplo, o escepticismo. Me acicateó para que pensara por mí mismo, en vez de aceptar las opiniones de los demás. Y me convenció de que conocer otro idioma era tener no sólo el doble de posibilidades profesionales sino la garantía de vivir más intensamente, a diferentes niveles, casi de ser otra persona. «Alguien con un solo idioma es un prisionero —me decía—. Con dos ya existe la posibilidad de ser libre». Yo quería aprender bien el francés para luego empezar un tercer idioma. ¿Cuál? Wilson me aseguraba que, una vez bien asimilado el francés no me costaría demasiado trabajo adquirir los rudimentos del español, por ejemplo, o del italiano. Estimuló, además, mi afición al latín, del cual, me recordaba, las lenguas románicas no eran más que versiones actualizadas. Después de mi experiencia de Greytowers, Philip Wilson fue el gurú o el ángel de la guarda que yo necesitaba desesperadamente. Tengo con él una deuda impagable.

No así con Francis Bloggs, mi profesor de matemáticas, el hijo de puta más contundente que yo he conocido en mi vida, y que, por supuesto, de cuáquero no tenía nada. ¡Bloggs, cabrón de mierda del Ulster, con la voz áspera que distingue a los habitantes de aquella desdichada provincia, te odiaré hasta que me muera! ¡Pedazo de puerco, con tus sarcasmos y tu brutalidad! ¡Matón, con tu mueca habitual y, cuando no, tu sonrisa cínica! Todavía no alcanzo a comprender cómo fue posible que a un tipo repelente como tú se le permitiera enseñar en un colegio regido por la Sociedad de Amigos.

Pequeño y gordo, con tupido pelo gris y ojos de rata, Bloggs tenía cincuenta y tres años cuando quiso la mala suerte que se me cruzara en el camino. ¡Cincuenta y tres años contra doce! No sé si había sufrido algún fracaso sentimental que le envenenara la vida, pero el hecho es que, durante los cinco años en que tuve que aguantarle, no se le conoció ni se le sospechó relación afectiva alguna.

No creo que en toda Inglaterra me hubiera podido tocar un sujeto peor. No me di cuenta entonces, pero era Bloggs quien realmente se ocupaba de la administración de Fernhill, donde había pasado casi treinta años. Rowntree, el director actual, llevaba bastante menos tiempo allí que él, y poco a poco le había ido cediendo parcelas de poder. Obsesionado con la lógica, pulcro en su trabajo hasta la manía, con letra clara y menuda, Bloggs no toleraba que nadie se le opusiera. Vio enseguida que yo tenía poca aptitud para las matemáticas, y me infundió tal miedo al respecto, con sus comentarios acerbos y sus cóleras repentinas, que aquellas escasas luces se extinguieron pronto del todo. Sus clases se convirtieron para mí en un calvario, y las esperaba lleno de ansiedad. A veces me preguntaba algo sabiendo perfectamente que no iba a poder contestar. Y cuando yo respondía a bulto cualquier cosa —estando mi capacidad de razonamiento paralizada por la vergüenza y el miedo—, sus labios adoptaban su habitual mueca y soltaba un «¡Eres inútil, Hill!» o «¡Hill, eres un cretino!». Era como si su misión en la vida fuera hacerme sufrir.

Bloggs tenía afición al whisky, y a veces aparecía los fines de semana con la cara roja y el aliento apestoso. Más adelante encontré en el *Poema de Mio Cid* un verso que me parecía su vivo retrato:

«bermejo viene ca era almorçado» (viene rojo porque había comido). Se trata de Asur González, el traidor. Bloggs también era traidor. Traicionaba el espíritu del colegio que le pagaba su sueldo. Pese a todo, no me pudo destrozar. Con los demás profesores me llevaba bien, y me quedaba la distracción de la literatura y de los deportes, además de la música. ¡Ah, la música!

Sophie Healey era soltera, fea, muy pequeña y con un cuerpo tan plano como una pizarra. Frisaba los cuarenta años. Cada otoño plantaba un bulbo en una maceta que colocaba al lado de la ventana y, por ello, cada primavera alegraba aquella buhardilla donde daba su clase de música un jacinto fuertemente perfumado.

Sophie Healey era mi profesora de piano y había decidido que yo iba a ser su mejor alumno. Dotada de una voluntad de hierro, llegó a ejercer sobre mí tal poderío que muchas veces, para complacerla, practicaba durante horas escalas y arpegios en vez de salir al aire libre y dedicarme a lo que realmente me gustaba, que era la lectura y los paseos.

A Sophie no la podía ver Smith, el encargado de deportes. Años después me dijo que, a su juicio, ella había sido la responsable de que mi carrera como jugador de rugby no diera todo el fruto esperado, haciéndome perder ingentes cantidades de tiempo —sobre todo durante mis dos primeros años en la escuela— en algo que en el fondo no era mi vocación. Creo que tenía razón, porque el hecho es que yo no poseía las facultades necesarias para ser buen pianista, pese a los esfuerzos de mi profesora y de los míos propios.

Sophie Healey me preparaba para los exámenes de la Real Asociación de la Música, y año tras año yo los aprobaba sin pena ni gloria hasta alcanzar el último grado. La verdad es que no pasaba de ser un ejecutante de tercera o cuarta fila y que debería haber abandonado aquella pretensión mucho antes.

Ya he dejado sobrada constancia del profundo desánimo que me producía de niño constatar que no tenía ninguno de aquellos maravillosos talentos de que tanto hablaba mi madre. El descubrimiento de que tampoco había nacido con el de la música fue muy decepcionante, pues sabía que tocar bien un instrumento provocaba intensa admiración en la gente.

Lo que más me habría gustado era poder tocar el piano de oído, algo de lo cual no sabía absolutamente nada mi profesora. Había un chico en la escuela, más joven que yo, que lo hacía estupendamente. Cualquier canción escuchada en la radio o en una película la podía reproducir casi exactamente al piano. Yo nunca llegué a entender cómo era posible, cómo lograban encontrar sus dedos las notas y acordes correctos. Tampoco entendía el hecho de que parecía darle igual tocar en tal tonalidad o en otra. Siempre decía que «eran más fáciles las teclas negras que las blancas». Pero para mí las teclas negras eran un misterio.

Mi madre admiraba profundamente a la gente que tocaba bien, y sobre todo a los que eran capaces de interpretar una obra clásica de memoria, sin partitura. «No sé cómo lo hacen —solía repetir—, debe ser un talento innato». Un año, con la finalidad de demostrar a mi madre que tal hazaña no era tan difícil, resolví memorizar una pieza de Dvorak que mi profesora había decidido que yo, su alumno estrella, debía tocar en el concierto anual, que se daba en verano antes de las vacaciones. Era una pieza bastante complicada y la verdad es que no la interpretaba mal, aunque el no poder abarcar con mis manos pequeñas intervalos superiores a la octava me creaba cierta incomodidad. A fuerza de tesón logré mi propósito de aprenderme la partitura de memoria, pero la noche del concierto, con un público que abarrotaba la sala, me puse tan nervioso, nada más sentarme ante el piano de cola, que a la mitad de la ejecución me perdí y tuve que repetir una sección para darme tiempo a reencontrar el hilo. No sé cómo llegué a terminar mi actuación sin perder del todo los estribos y salir corriendo del auditorio —así como me había ocurrido años atrás en el teatrito de mi hermano—. El querer triunfar sin tener el dominio técnico necesario había sido una imbecilidad, y sobre todo el intento de interpretar la pieza sin partitura. Nunca más lo haría.

Brian, el que tocaba de oído, me enseñó un pequeño esquema dentro del cual, según él, se movían casi todas las canciones de moda y que consistía básicamente en una secuencia de cuatro acordes: tónico, menor relacionado, subdominante y dominante con séptima añadida (para luego volver al tónico). Empecé a experimentar y descubrí que, efectivamente, la mayoría de las canciones tenían dicha estructura básica, con alguna modulación a medio camino para introducir un poco de variación. Otra cosa era saber improvisar dentro de la misma, algo que Brian hacía instintivamente.

Y era que, simplemente, no tenía aquel don.

Me causa no poca rabia pensar que, debido al... ¿qué era, miedo?.. que me inspiraba la minúscula y sin curvas femeninas Sophie Healey, fui capaz de perder tanto tiempo estudiando música en vez de dedicarme al rugby o al críquet. Pero en muchos aspectos esto ha sido mi vida: no saber qué quería, o no tener voluntad o valor suficiente para oponerme a lo que querían de mí los demás.

El sexo ya me inquietaba grandemente. Cuando tenía catorce años oí por casualidad unos comentarios de mi madre, hablando con C, acerca de una novela de A. J. Cronin, *Las estrellas miran hacia abajo*, que ella leía en aquellos momentos. Según colegí, Cronin se había extralimitado en su descripción de uno de los personajes en el momento de dar de mamar a su bebé. «No hacía falta proporcionar tantos pormenores», fulminaba G. Unas horas después, aprovechando una ausencia de mis padres, cogí el libro y busqué, fascinado, el pasaje ofensivo. No me costó trabajo localizarlo. Describía cómo la leche goteaba, impaciente, por los túrgidos senos de la madre ante la mirada del marido. Al leerlo recordé mi abortada exploración del escote maternal, de niño, y el día que no me dejaron ver a mi madre cuando daba el pecho a mi hermanita. La reacción de G ante el episodio de la novela venía a confirmar que, para ella, la contemplación de los pechos desnudos era tabú.

Cuando murió mi madre heredé parte de su exigua biblioteca. Y allí estaba la novela de Cronin. Busqué enseguida la página prohibida. La tengo abierta delante de mí en este momento. David, el padre, está con Roberto, el bebé, esperando a que vuelva a casa su mujer, Jenny. Ésta tarda en aparecer, y, cuando lo hace, se ve que ha estado empinando el codo.

> David la observó con displicencia. Jenny abrió violentamente su blusa. Sus grandes senos surgieron como ubres, venosos, blancos y gordos. Ya se les caía la leche, goteando. Al empezar Robert a mamar de uno de los pechos, la leche salía a chorros del otro.

Ésta, exactamente, era la escena que había suscitado las iras de mi madre. Para G, Cronin no tenía derecho a describir una cosa tan natural, sobre todo con un hombre delante. Era una obscenidad.

Con una madre así, no era sorprendente que los senos ya se hubiesen convertido para mí en una obsesión compuesta de una mezcla inextricable de deseo y de vergüenza.

Con mi madre me volvía cada vez más contestatario, llevándole siempre la contraria, lo cual la sacaba de quicio. A veces soltaba alguna barbaridad para provocarla, y siempre tragaba el anzuelo, poniéndose furiosa. Tenía una serie de exclamaciones que siempre repetía en tales circunstancias. Cosas así:

> ¡Cómo te atreves a contradecir a tu madre!
> ¡No discutas con tu madre!
> ¡Haría falta la paciencia de Job!
> ¡Te voy a matar!

Y otros clichés por el estilo.

Cuando sus protestas no surtían efecto —como solía ser el caso—, se volvía hacia mi padre y le decía, esta vez llamándole por su nombre completo: «Cirilo, he llegado al final, no puedo hacer nada con él, haz algo tú». Pero mi padre no sabía qué hacer conmigo tampoco.

Unos meses después del incidente del libro de Cronin, trató de iniciarme en el amor físico una muchacha de Fernhill llamada Verónica. Verónica era una morena fornida de pechos gordos y hombros fuertes. Buena jugadora de hockey, destilaba energía y confianza en sí misma. Un día me dice que yo soy diferente a todos los otros chicos que ha conocido. Que soy un poco raro. Por ejemplo, no parezco tener un amigo especial. Por ello, por ser yo tan diferente a los demás, me quiere hacer «algo». Yo no sé qué es el tal «algo», pero intuyo que no me va a gustar. Una noche me cita —era muy mandona la Verónica— en el cobertizo donde se guardan los bártulos del críquet, detrás del colegio. Es allí donde me va a hacer el famoso «algo». Acudo pavoroso, tratando de evitar que me vea alguien —porque, claro, tales citas están rigurosamente proscritas—. Verónica me está esperando, no hay escape posible. Me inquieta la intensidad de su mirada. Me agarra, cierra la puerta y me arroja encima de un montón de sacos que hay allí. Luego se tira sobre mí y me empieza a besar como una loca. Me siento terriblemente incómodo, frío, incapaz de reaccionar. No pasa absolutamente nada. Fuera, bajo la luna, antes de separarnos, le doy un beso, para guardar las formas, imitando más o menos lo que he visto en las películas. Es la primera vez que beso a una chica. No siento deseo alguno.

Verónica no me invitó nunca más al cobertizo, y pronto dirigió sus atenciones amorosas hacia otro chico, no sé si con más éxito. Espero que sí.

Al poco tiempo fui iniciado en la práctica de la masturbación. En Fernhill, así como en Greytowers, dormíamos en salas grandes donde cabían numerosas camas, sin separación alguna. Poco a poco me había ido enterando de que muchos chicos se dedicaban a una actividad nocturna que se llamaba, en argot privativo de Fernhill, *revving*, sustantivo que procedía del verbo *to rev*, «darle gas» (o sea, «revoluciones») a una moto. El *revving*, me iba informando, consistía en frotar vigorosamente el pene hasta que se pusiera rígido y luego emitiera un fluido blanco. No me gustaba nada la idea de tal emisión y me negaba a hacer ensayos «revolucionarios», pese a las amonestaciones de mis compañeros. Además me parecía pecaminoso. Pero una noche se metió en mi cama un chico muy simpático llamado Michael e insistió en enseñarme cómo funcionaba el truco. Pese a mi resistencia me corrí rápidamente bajo el vigoroso tutelaje de las manos de mi iniciador (luego conocido cirujano cardíaco), sintiéndome intensamente asqueado conmigo —y enfadado con él— una vez consumado el acto.

En la siguiente ocasión no necesité ayuda de nadie, y muy pronto mi cama producía con regularidad, como las de casi todos los moradores nocturnos de aquella alargada sala, los característicos chirridos rítmicos que delataban que su ocupante estaba entregado al *revving* solitario.

Aquellos chirridos míos se multiplicaron a raíz de una visita a Londres con mi padre al año siguiente. Paramos en el célebre Regent Palace Hotel, justo detrás de Piccadilly. Una tarde di un paseo a solas por el barrio de Soho y entré en una pequeña librería de aspecto bastante chabacano. Empecé a hojear lo que allí había y de repente me encontré leyendo una descripción de una pareja follando. Era la primera vez que había tropezado con una cosa así. Estaba como imantado. En aquel momento me dice el encargado «los jóvenes no podéis hojear estos libros, sal enseguida». Sin saberlo había entrado en una librería pornográfica, yo que ni conocía la palabra pornografía ni que existía tal género de literatura. Pese a su amonestación, el tipo me permitió comprar el libro antes de abandonar su tugurio.

Busqué un sitio tranquilo y durante media hora leí, como si de ello dependiera mi vida, aquella narración. El protagonista de la misma era un chulo de putas que tenía a su disposición numerosas chicas, solazándose con ellas cuando no estaban ocupadas con clientes. Recuerdo que en un momento de la narración se mira en el espejo y exclama: «¡Cincuenta años y ni una arruga, ni una cana!»

El libro era la revelación de todo lo que se me había ocultado durante años. Por fin ya sabía lo que hacían las parejas que iban al parque cerca de nuestra casa. ¡Éste era el gran secreto! ¡El *fucking*! ¡Lo que no se podía decir ni mentar!

Aquella noche en el hotel, sin poder dormir por lo excitado que estaba, me las arreglé para sacar el libro del sitio donde lo había escondido en mi maleta y, sin despertar a mi padre, que roncaba en la cama de al lado, seguí mi lectura bajo las sábanas con la ayuda de una lamparita. ¿Por qué teníamos en nuestro equipaje una lamparita? No lo sé. Recuerdo que me masturbé varias veces. Fue algo tremendo.

Al volver a Fernhill, cometí el error de prestar el libro a varios amigos. Nunca más lo volví a ver.

A partir de aquella lectura mi afición a la pornografía sería obsesiva. Había entonces en Inglaterra una revista llamada *Men Only* (*Sólo para Hombres*), que tenía fotografías en blanco y negro de chicas desnudas estupendas de cintura para arriba y cuentos picantes. No se vendía abiertamente a menores de dieciocho años, como es natural, pero siempre había alguna manera de conseguirla. En comparación con lo de hoy, aquello era un porno muy blando. Bastaba no obstante para ponernos a cien a mí y a mis compañeros, y los ejemplares pasaban de mano en mano —y de cama en cama— hasta que literalmente se deshacían.

La verdad es que mi familia, con tantas prohibiciones y miedo a afrontar abiertamente la sexualidad, me había convertido en erotómano, en exactamente lo contrario de lo que hubiesen deseado. Lo que siempre ha hecho el cristianismo, con su temor al cuerpo. El cristianismo se erigió sobre la roca de Pablo, no de Pedro. Y se olvidó convenientemente de Clemente de Alejandría, aquel tipo simpático que advirtió: «No deberíamos avergonzarnos de lo que Dios no se ha avergonzado de crear».

Una noche, creo que más o menos por las mismas fechas, cuando pasaba las vacaciones con mi familia, mi madre entró en mi habitación. Yo acababa de apagar la luz. Me sorprendió la visita, en absoluto habitual. G se arrodilló al lado de la cama. «Tengo algo que decirte —me susurra—. He pedido miles de veces a C que te lo diga, pero se niega». «¿Qué, mamá?» «Es que es muy delicado. Es que los chicos... a veces por la noche cuando

73

estáis dormidos... os sale... un líquido blanco... si te pasa esto, no te preocupes, es perfectamente normal». «Ya estoy al tanto, mamá —le contesté—, en Fernhill todos lo sabemos». Levantándose aliviada, como si acabara de salir inesperadamente ilesa de un grave accidente, mi madre repitió que había pedido una y otra vez a mi padre que me hablara de ello, pero que siempre se negaba. Y cerró la puerta.

Sí, yo ya estaba al tanto. Mi primera novia, esta vez elegida por mí, se llamaba Margarita. Era muy afectuosa y me resultaba mucho más simpática que Verónica. Salimos varias veces juntos al campo, pero tampoco pasó nada. Yo no entendía, aquello no parecía tener relación con las cosas que contaba el libro adquirido en Londres.

El verano siguiente conocí a una chica que pasaba las vacaciones en nuestro pequeño puerto con su familia. Eran del norte de Inglaterra. Jill me gustaba mucho. Era mucho más guapa y coqueta que Margarita. En el pueblo organizaban bailes y fui varias veces con ella. Bailaba mucho mejor que yo —en realidad yo no tenía mucha idea—, y me sentía bastante patético a su lado. Además no hacía más que hablarme de un novio que tenía y que, según ella, era un fabuloso jugador de rugby. Se llamaba Brian. Brian esto, Brian lo otro... me amargó todo aquel verano hablándome del jodido Brian, no sólo de su talento como jugador, sino de su brillantez conversacional, de su atractivo físico, de su carisma... Yo no sabía si creerla o si todo era un invento para impresionarme. Pero no exageraba demasiado porque, un año después, aquel tipo llegó a internacional con sólo dieciocho años. ¡Se trataba de Brian Phelps, uno de los mejores alas izquierdas ingleses de todos los tiempos!

Nunca volví a ver a Jill, pero seguí de cerca la carrera de Phelps, sintiéndome unido a él de alguna manera. Es más, durante años se convirtió en una obsesión. A menudo soñaba con él, le veía rodeado de bellas mujeres, marcando tantos fantásticos, pronunciando conferencias, todo lo que yo hubiera deseado ser y hacer. Años después tuve la posibilidad de hablar un día con él y le conté mi encuentro con Jill. Se rió muchísimo. «Era muy vanidosa y tonta —me dijo—, se casó con un banquero, luego se divorciaron y no he sabido nada más de ella». Conservo unas fotos de Jill. Era bonita de verdad. Y comprendo que, en comparación con Phelps, yo no le podía ofrecer nada.

Poco a poco, durante mis sucesivas vacaciones, fui comprendiendo, con hondo desaliento, que, pese a las apariencias de normalidad, mi casa era un infierno y que mi madre sentía por C un desprecio ilimitado.

Si mi padre nunca criticaba a mi madre delante de mí, G ya no podía abrir la boca sin aludir con sorna a los complejos de su pareja. ¿Sus complejos? En algún sitio había oído la palabra, pareciéndole que a mi padre le venía de perlas. «Tu padre está lleno de complejos —se quejaba—. Cuando nos casamos no se notaban, pero con el paso de los años se han ido haciendo cada vez más obvios». Sobre todo el «complejo de inferioridad», decía, por ser tan bajo. Solía agregar que mi padre, antes de dejar de fumar, había estado mucho más relajado. ¡Y eso que a veces fumaba cuarenta pitillos diarios! Atendiendo el consejo de un amigo médico había abandonado los cigarrillos de la noche a la mañana, utilizando para conseguirlo su habitual fuerza de voluntad. Resultado: no sabía qué hacer con las manos y estaba más acomplejado que nunca.

Al escuchar a mi madre esas críticas, me entraba un temor profundo a no ser alto. El asunto se convirtió en una obsesión más. Quería llegar sobre todo a medir los míticos seis pies —un metro ochenta, más o menos—. ¡Entonces sí me respetarían! Tuve suerte. No llegaría a ser *sixfooter*, es verdad, pero sí alcanzaría una altura más que aceptable, además de desarrollar un cuerpo fuerte y atlético.

Un día, criticando como siempre a C, me confió mi madre una cosa atroz. Bajando la voz, me susurró que mi padre se negaba nada menos que a... ¡llevar calzoncillos! Recuerdo la espantosa revelación, y el tono despectivo de su voz al hacerla, como si la confidencia se me hubiera hecho ayer. ¡De modo que mi padre no llevaba nada debajo! ¡Qué vergüenza! Mamá me dio a entender, además, que si C prescindía de tan higiénica prenda, era porque la consideraba afeminada. Intuí que, para mi padre, ponerse calzoncillos habría equivalido a llevar bragas de mujer. Sólo entendí después que se trataba de un síntoma de su temor a ser homosexual, temor sin duda agudísimo y que yo diría ahora más bien justificado.

Mi madre me hizo otra revelación aún peor.

Mencioné antes que C colaboraba con una organización de juventudes cristianas. Se llamaba *The Boys' Brigade* (La Brigada de los Muchachos). Fundada en Escocia en 1883, el movimiento se había extendido rápidamente por todo el Reino Unido. Tenía como finalidad encaminar a los chicos, a partir de los doce años, por el recto sendero de la virtud cristiana, dificultando que, ya adolescentes, la llamada del sexo, o la tentación del alcohol, o ambas a la vez, les hundieran para siempre en el pecado y la ruina.

Como indicaba su nombre, la Brigada estaba basada en una noción militar, y se dividía en compañías al mando de un capitán, con tenientes, subtenientes, etc., todos los cuales llevaban uniforme oscuro y guantes blancos en los desfiles y otros actos públicos de la organización. Asimismo se ponía mucho énfasis en la Biblia, y oficiales y muchachos se reunían para el estudio de los textos sagrados. Mi padre era el capitán de nuestra compañía.

Una vez al año los familiares y amigos de los chicos integrados en la Brigada acudíamos a una especie de concierto celebrado en el salón de actos de nuestro templo, que hacía las veces de cuartel general de la organización. Digo concierto, pero se trataba más bien de una mezcla de oficio religioso y de espectáculo. Se invitaba siempre a un personaje relevante a pronunciar una estimulante homilía; desfilaba la compañía con su estandarte al frente y una banda, y había demostraciones de gimnasia.

Mi padre, como capitán, pronunciaba un pequeño discurso durante el acto. Yo esperaba aquel momento con impaciencia, temiendo que no lo hiciera bien. Ahora, ante la nueva revelación de mi madre, mi angustia había aumentado. Y eso que, según me dijo, los muchachos de la compañía habían inventado para mi padre un cruel apodo al observar que, cuando les arengaba, se levantaba y bajaba continuamente sobre la punta de los pies. El apodo era «Pies Inquietos». Me sentía mortificado al escuchar esto de labios de mi madre. ¿Quién le había transmitido a ella tal información? Qué barbaridad, pienso ahora, habérmela repetido a mí. El acto anual de la Brigada iba a tener lugar poco después, durante las vacaciones. Lo esperé con trepidación. Cuando empezó a hablar mi padre le observé atentamente, con el corazón en un puño, y vi que era verdad. Durante toda su peroración nunca dejó de erguirse sobre los dedos de los pies, bajándose cada par de segundos para luego levantarse otra vez. Todo ello como queriendo alcanzar más altura. Sin duda tal proceder era inconsciente, uno de aquellos tics nerviosos que mi madre tanto despreciaba en la gente, y que yo temía encontrar en mí. Aquella tarde vi a mi padre a través de los ojos de G. Quería morirme de desconsuelo y de vergüenza. Mi padre tenía, además, los pies muy pequeños. A veces miraba sus zapatos cuando reposaban en el suelo por la noche. Eran más pequeños que los míos... y yo no había terminado de crecer todavía.

Un día, casi fuera de sí, mi madre exclamó, refiriéndose a C: «¡Quisiera que se cayera muerto de una vez!»

Eran dos malcasados sin posibilidades de divorcio, de poder rehacer su vida. Dos condenados a muerte en vida.

Mi padre no tenía la culpa de su estatura, ni de su timidez, ni de sus manos, ni de sus pies, ni de nada. Prisionero en un círculo cerrado hecho de prohibiciones y de temores, víctima de sus propios progenitores, casado con una mujer que, en vez de ayudarle a superarse, le despreciaba, nunca pudo vivir su vida libremente. Pero siempre mantuvo su sentido del humor, y jamás le conocí un asomo de autocompasión ni una palabra cruel o sarcástica para nadie. Nunca traicionó a G delante de nosotros. Como el lobo del poema de Alfredo de Vigny, guardó para sí mismo su pena, estoicamente, y sufrió —y moriría— sin rechistar.

Yo ya tenía claro que quería ser el número uno de Fernhill en críquet. Pero había un problema que se llamaba Ronald Chapman.

Este individuo, que me llevaba un año, era torpe intelectualmente pero tenía considerables dotes de atleta. Bajo de estatura, de complexión fuerte y con mucha confianza en sí mismo —algo así como una versión masculina de Verónica—. Los fuertes muslos de Chapman, que parecían troncos de roble, le permitían correr a gran velocidad, y era un aventajado jugador de rugby.

En cuanto al críquet, Ron no tenía la paciencia necesaria para ser buen bateador, y, con su arrojo habitual, siempre quería pegarle fuerte a la pelota sin esperar el momento adecuado. Tal impetuosidad le condenaba habitualmente al fracaso. Pero de vez en cuando acertaba. Entonces se oía gritar a los chiquillos: «¡Venid deprisa! ¡Venid! ¡Chapman está bateando!» Y todo el mundo iba a correr hacia el campo de deportes y aplaudía.

Ron —siempre le llamábamos así— era considerado como el deportista más «famoso» de Fernhill. Yo envidiaba tal celebridad. Definitivamente, había que tomarle el relevo.

Lo que Ron hacía muy bien, y que yo todavía no había logrado, era darle a la pelota justo en el momento en que ésta rebota. Tal golpe, si todo sale bien, puede ser tremendo, enviando la bola por el aire fuera del campo y ganando así seis puntos de un tirón. *To hit a six* (conseguir un seis) es el sueño de todo joven jugador de críquet.

Un día, después de lograr Ron otro *six* extraordinario ante la admiración de todos, reflexioné: «Pero si este tonto es capaz de hacerlo, ¿por qué no yo? Seguro que puedo».

A partir de ahí puse mucho empeño en estudiar el truco y aprendérmelo. Unas semanas después, en el curso de un partido, alguien me lanzó una pelota que cayó exactamente en el sitio requerido. Sin pensarlo dos veces, adelanté la pierna izquierda y, manteniendo el bate bien derecho (como hay que hacer siempre), le di a la pelota, justo en el rebote, con todas mis fuerzas. Unos segundos después la bola cruzaba por encima de los olmos que rodeaban el campo y fue a caer en el jardín de un particular. Apenas me lo creía. ¡Había conseguido mi primer *six*! ¡Qué dulce música en mis oídos aquellos aplausos! ¡Qué requetebién me sonaban mientras se recuperaba la pelota! En los otros aspectos del críquet ya aventajaba a Chapman, de modo que mi júbilo no conocía ahora límites. En unos segundos había logrado dar un enorme paso adelante. Ya no dudaba de que, tal vez con un poco de tiempo, iba a ser el mejor bateador del colegio. Después, ¿hasta dónde no podría llegar?

A partir de aquel momento sublime me convertí en fanático aficionado al críquet, practicando asiduamente durante el verano, e incluso las vacaciones, todas las facetas del juego.

No quiero dar el latazo, pero siento casi la obligación de extenderme un poco sobre este deporte tan amado por los británicos. ¿Deporte, digo? Más bien manera de vivir. Si a España no se le puede entender cabalmente sin tener en cuenta las corridas de toros y sus ramificaciones culturales y lingüísticas, lo mismo cabe decir de Inglaterra y del críquet. Ambas actividades expresan una filosofía, una actitud vital. El críquet es tan consustancial con el incierto verano inglés como la lidia con el verano de fuego de España. Pero mientras casi todos los anglosajones que han escrito sobre España —y son muchísimos— dedican numerosas páginas a la tauromaquia, percibiendo en ésta una de las expresiones más hondas del «alma nacional» ibérica, no sé de ningún español que haya discurrido sobre el críquet y sus particularidades, ni Salvador de Madariaga, que tantas y tan enjundiosas páginas dedicara a los ingleses.

Diré en primer lugar que el críquet, aunque visto desde fuera puede parecer muy pacífico, lento y hasta aburrido, es en realidad un deporte complejo donde concurren valentía —si bien no tan obviamente como en la lidia—, inteligencia, agresividad contenida, reflejos rapidísimos, individualismo, paciencia, una variada gama de expresiones corporales y una enorme concentración. Se trata fundamentalmente de una lucha entre el *batsman* (bateador) y el *bowler* (el que le lanza la pelota).

A veces un *bowler* puede lanzar la pelota, que es durísima, a velocidades de más de cien kilómetros por hora. Si te da en la cabeza, en el codo o el brazo, y no digamos en los testículos, puede hacer mucho daño. Hace falta valor para enfrentarse con un *bowler* de estos, es decir, con un *fast bowler* (lanzador rápido). Lo sé por experiencia.

En el centro del campo de críquet —que no tiene dimensiones fijas— hay una franja de fino césped rectangular muy cuidadosamente cortada. En cada extremo, separados por unos veinte metros, se instalan los tres *stumps*, o palos, que tienen que defender de la pelota los dos *batsmen*. Los tres palos llevan encima, colocados horizontalmente, dos pequeños cilindros de madera atornillada que se llaman *bails*. El objetivo del *bowler* es dar contra los palos de manera que caiga por lo menos uno de los *bails*, en cuyo caso el batsman está *out*, y tiene que abandonar el campo.

A lo largo del partido siempre actúan dos bateadores y dos *bowlers*, cada uno desde su base al lado de los respectivos palos. Los *bowlers* se turnan en sesiones de seis lanzamientos de pelota consecutivas, denominados *overs*. Terminado un *over*, hay una breve pausa y luego el segundo *bowler* reinicia el juego desde su base en el otro término de la franja de césped.

Antes de que empiece el partido —tengo la sensación de estar ya dando el latazo— se hace un sorteo entre los capitanes de los dos equipos, echando una moneda al aire. El ganador elige si su equipo va a batear o a *bowl*. Es decir, si opta por marcar puntos o por dejar al otro equipo que lo haga primero. Tal decisión se adopta en función de distintas consideraciones —entre ellas el tiempo que hace, o que puede hacer dentro de unas horas—. Si se elige no batear primero, cada miembro del equipo ganador del sorteo estará presente en el campo mientras se vaya eliminando uno por uno a los bateadores de los adversarios.

El *batsman* tiene que impedir no sólo que la pelota lanzada por el *bowler* derribe sus *bails*, sino —como es obvio— tratar de marcar puntos, dándole a la pelota. Si, impelida por un fuerte golpe suyo, la pelota cruza en al aire el límite del campo, se trata del famoso *six* (seis puntos) ya comentado; si la cruza corriendo por el suelo, es un *four* (cuatro puntos). Pero lo normal son golpes menos fuertes, estando la destreza del bateador en enviar la pelota donde no haya jugadores, lo cual le permite marcar uno, dos y hasta tres puntos, corriendo, con el otro bateador, entre los palos. En críquet cada punto se llama un *run* (del verbo correr), y el equipo que marca más *runs* es el ganador. Si, después de golpeada la pelota, alguien la logra coger en el aire, sin que haya tocado tierra, el bateador está *out*, y tiene que abandonar el campo, siendo reemplazado por otro, hasta que ya no queden más sustitutos (cada equipo tiene once jugadores).

Out! Se trata de una palabra terriblemente contundente, sin recurso. Puedes estar esperando horas y horas tu turno como bateador y luego estar *out* a la primera pelota, bien porque el *bowler* logra dar con ella en tus palos, bien porque alguien la coge en el aire, o bien por otras razones que no voy a dilucidar aquí. En el críquet el bateador no tiene segundas oportunidades: cualquier error puede ser su perdición definitiva. ¡Y qué difícil es encajar la desilusión de estar *out* cuando ocurre el desastre con la primera pelota, sin haber marcado nada, o unos pocos lanzamientos después! Es entonces cuando hay que tener carácter y no dejar traslucir la rabia que le consume a uno mientras abandona el campo —me recuerda lo de Antonio Machado sobre el boxeo—. Se considera igualmente deseable que el bateador no muestre excesiva satisfacción cuando las cosas le salen bien y consigue, por ejemplo, el anhelado *half century*, cincuenta puntos, o lo que es mucho mejor, un *century*, cien. El críquet, por tanto, tiene que ver con la noción del comportamiento público que se espera, o se esperaba, de un buen ciudadano británico. ¿Me explico?

Imposible traducir al español el sentido que se le da en el críquet al verbo *to bowl*. Significa lanzar la pelota, con el brazo extendido, no doblado, después de correr uno, varios o, en el caso de un *fast bowler*, hasta treinta pasos. La pelota se suelta más o menos encima de la cabeza. Puede llegar al bateador sin tocar tierra, pero esto no es corriente. Lo habitual es que rebote justo delante de él, con la intención de eludirle y dar en los palos. Para conseguirlo, el *bowler* tiene muchos recursos. El principal es la utilización del *spin*, o sea el efecto, que la muñeca puede imprimir a la pelota en el momento de soltarla, haciendo que, al rebotar, gire a la derecha o a la izquierda. Además el *bowler*, si es un especialista, puede conseguir que el bateador interprete mal sus intenciones, preparándose para un efecto a la derecha cuando en realidad lo que le viene encima es un efecto a la izquierda, o al revés. Se trata del célebre *googly*, símbolo de la astucia británica. ¡Cuidado con el googly! Con todo ello —y hay más, mucho más— el lector comprenderá que no se trata simplemente de lanzar una pelota al bateador, sino de un duelo de inteligencias, rapideces, aptitudes físicas y sutilezas.

Ya está. No habría insistido tanto sobre todo ello si no fuera por el hecho de la incidencia del críquet sobre el idioma. ¿Se puede conocer bien el español sin tener en consideración su terminología taurina (ver los toros desde la barrera, tener mano izquierda, estar al quite, coger el toro por los cuernos...)? El críquet ofrece posibilidades parecidas, y muchos de sus términos han pasado a ser expresiones comunes del inglés. Tres ejemplos:

¡It's not cricket! (¡No es críquet!). Observación que se hace cuando alguien no respeta las reglas o el juego limpio.

To do something off one's own bat. Hacer algo por iniciativa propia, sin ayuda de nadie, con libertad, como forzosamente tiene que hacer el bateador, siempre solo ante el *bowler*.

To be out for a duck. No significa estar a la caza de un pato, en sentido cinegético, sino que el bateador no logra marcar un maldito punto antes de estar «fuera». *I was out for a duck* significa, pues, que pese a mis esfuerzos no conseguí absolutamente nada.

Veo que, pese a no querer dar la lata con este tema, la he dado. De modo que vamos a dejarlo.

Durante mi penúltimo año en Fernhill obtuve un nuevo triunfo al lograr disputar a Ron Chapman su puesto de mejor jugador de rugby del colegio. Ya lo dije, Ron era de estatura reducida, aunque de complexión fornida. A partir de los catorce años yo había empezado a crecer muy deprisa, y a los dieciséis era no sólo bastante más alto que mi adversario sino más rápido corriendo. El descubrimiento de mi superior velocidad se produjo, no sin sorpresa mía, una tarde otoñal de aquel año. Habíamos formado dos equipos reducidos, de siete jugadores cada uno —en vez de los quince reglamentarios—. En un momento dado Ron interceptó la pelota en medio campo —jugaba como yo en el centro— y se fue a todo tren hacia nuestra línea de fondo para marcar un tanto. Reaccionando muy deprisa, decidí tratar de alcanzarle. Lo logré, derribándole con un placaje justo antes de que marcara. Él no se lo creía. Yo tampoco. Sin embargo, era verdad. Fue un momento, si no tan maravilloso como el de mi primer *six,* enormemente alentador.

Muy pronto tuve otro motivo aún más halagador para sentirme en situación ventajosa respecto a mi competidor.

Los alumnos del penúltimo año éramos tan numerosos que nos dividieron en dos grupos. Julia —la llamaré así— estaba, como Ron, en el otro. Londinense rubia y guapa, de mediana estatura, con una risa alocada y un cuerpo estupendo, era indudablemente la chica más atractiva del colegio. Poco a poco, sin darle demasiada importancia, me había ido fijando en ella. Luego, un día, caí en que la frecuentaba Ron. A menudo les veía juntos, riéndose. Empecé a sentir celos, y, una vez más, ganas de suplantar a mi rival. Lo más extraordinario es que lo conseguí sin tener que hacer nada.

Ocurrió una tarde en la biblioteca, donde coincidí con Julia. No había nadie más en la sala. De repente, sin pronunciar una palabra, casi me empujó contra la pared y, con su cuerpo pegado al mío y sus brazos alrededor de mi cuello, me dio un beso apasionado en la boca. Aquello me cogió absolutamente de sorpresa.

—¡Pero tú estás con Ron! —balbuceé.

—¡Qué va! —me contestó, besándome otra vez—. Es un amiguete, nada más.

No sabía que existían besos como los de Julia. Comprendí, con absoluta lucidez, que en aquellos instantes mi vida cambiaba para siempre.

Durante las siguientes semanas no desperdiciamos oportunidad alguna para estar a solas. Tales momentos no se prodigaban, y existía el temor de que algún profesor nos viera besándonos, lo cual habría sido considerado como una falta grave. Pero la pasión no admite barreras. Algunos sábados por la noche se organizaban sesiones de cine. Se nos permitía sentarnos con quien quisiéramos y, si hacía frío, cubrirnos las piernas con una manta. Quizás dos meses después de empezar con Julia, asistí con ella a una de aquellas proyecciones, y me senté a su derecha, con las rodillas de ambos escondidas bajo la manta de marras. De repente, como guiada por una fuerza ajena a mí, mi mano izquierda se introdujo debajo de su falda y empezó a acariciar el interior de su muslo. Aquella piel era extremadamente lisa y suave, y mis dedos la recorrieron con asombro. Luego bajaron más. Alguien me había dicho que las chicas tenían pelos entre las piernas. ¿Sería verdad? Al cabo de unos segundos mis dedos tropezaron con el borde de sus bragas y, levantando éste, comprobaron que era cierto. Allí tenía Julia unos pelitos cortos y rizados. Descubrirlos e irlos acariciando fue todo uno. Mi excitación se hizo intensa, también la de ella. Habíamos franqueado el portal de los dominios del deseo, y la naturaleza nos empujaba a seguir nuestra inclinación.

La seguimos. Después de las vacaciones de primavera llegaron los días largos de verano y, con ellos, más oportunidades para estar juntos. A unos diez kilómetros del colegio había un pequeño y poco profundo lago, que a los mayores se nos permitía recorrer en bote. Una tarde llevé allí a Julia. Añadían variedad e interés al lago algunos islotes, cubiertos de densa vegetación, y decidimos explorar uno de ellos. Hacía calor. Amarramos el bote y, después de recorrer el frondoso lugar, nos tumbamos en la hierba y empezamos a besarnos, con los cuerpos pegados como lapas el uno al otro. De repente, impelido por una fuerza irresistible, le levanté la falda. «Creo que se hace así», dije. Segundos después la penetraba por vez primera. A punto de correrme, me retiré, pensando, con súbito terror, en la posibilidad de que quedara preñada. Nunca he podido olvidar aquel primer coito: el calor, el chapoteo del agua contra el bote, mi voz, asombrada de sí misma, diciendo «creo que se hace así».

A partir de aquel momento Julia se convirtió para mí en obsesión, en locura. Volvimos varias veces al islote, saciando allí nuestra pasión, y por las noches, en cualquier rincón apartado de la escuela, en cualquier pasillo oscuro, buscábamos la manera de encontrarnos rápidamente. Bastante más liberada que yo —su familia era anglicana y poco practicante—, se reía de mis escrúpulos metodistas. No sé cómo no nos cogieron in fraganti y nos expulsaron.

Sobre todo me enloquecían los senos de Julia, que eran bellísimos y de una gran sensibilidad. Al acariciarlos, los pezones se erigían triunfantes. «Tienes pechos comestibles», le decía, sin poder quitarles los ojos encima. Yo sabía que lo que hacíamos era pecado, pero ¿a quién podía yo pedir confesión y absolución?

Además, ¿para qué? Yo era de Julia, del cuerpo de Julia, de la mente de Julia, de los labios de Julia, de los dientes de Julia, de los pechos de Julia, del sexo de Julia. Julia era mi diosa, mi Venus, mi vida, mi pensamiento, mi afán, mi deseo, mi razón de ser. Me poseía entero.

Todo ello coincidió con mi descubrimiento de El cantar de los cantares, que ocurrió de la manera más peregrina.

Cada mañana uno de los chicos o chicas del último curso tenía la obligación de leer en voz alta, desde un atril colocado delante de toda la escuela, un pasaje de la Biblia, que podía elegir libremente. En dicho curso se encontraba entonces un chico llamado Jeremy Brown, hijo de un célebre novelista y dramaturgo. Era un muchacho brillante y nervioso y —quizá único entre nosotros—, se jactaba de ser ateo. Yo, que todavía, a pesar de mis pecados sexuales, me sentía paladín del cristianismo, me enzarzaba en duros debates con él.

Una mañana le tocó leer. Eligió nada menos que el cuarto capítulo de El cantar de los cantares, que yo desconocía. Dueño de una voz profunda y engolada, recitó los versos pausadamente, como si fuera un rabino o tal vez el mismo Salomón. El efecto fue eléctrico, y todos percibimos la inquietud del director —sentado en una mesita delante de la asamblea— mientras Jeremy iba entonando los apasionados símiles con los cuales el Esposo ensalza el cuerpo de la Esposa. Ojos como palomas, cabellos como rebañitos de cabras, labios como cintillos de grana, cuello como torre de David y... pechos como «dos jóvenes ciervos gemelos, que pacen entre azucenas». ¡Pechos como dos jóvenes ciervos gemelos, que pacen entre azucenas! En este momento —lo estoy viendo— las mejillas del director se tiñeron de rojo. Me imagino que también las mías. Yo jamás había oído pronunciar la palabra *breasts* (pechos) en público. Ahora, de repente, escuchábamos su elogio nada menos que en nuestra asamblea matutina de todos los días. Era imposible, era increíble. Jeremy continuó leyendo sin pestañear hasta terminar el capítulo, luego volvió a su asiento como si nada hubiera sucedido.

Había sido una hazaña de proporciones heroicas. Durante el día se supo que el director había reconvenido severamente al culpable por su atrevimiento.

Aquella misma noche leí con avidez *El cantar de los cantares*. Me inquietó profundamente. ¿Cómo podía haber un texto tan libidinoso en la Biblia, con múltiples alusiones apreciativas —por más inri— al vino y a la embriaguez? ¡No se trataba esta vez, evidentemente, de aquel vino palestino «sin alcohol» en que insistía en creer mi padre! No lo entendía. Claro, yo entonces no sabía nada del misticismo oriental. No captaba que, a otro nivel, se trataba del diálogo del alma con su creador.

El cantar de los cantares tuvo el efecto de aumentar la locura de mi amor por Julia. ¿Cómo no estremecerse ante un verso como «Has herido mi corazón, hermana mía, esposa, has herido mi corazón con una de tus miradas»? Además, el énfasis del poema sobre la maravilla de los senos de la Esposa me confirmó en mi obsesión con los de Julia. ¡Mi amada tenía pechos tan bellos como los del poema bíblico!

Durante las vacaciones de aquel primer verano de mi relación con Julia, mis padres —y los suyos— permitieron que pasara diez días con nosotros en Cornualles. Tratamos de disimular nuestro ardor pero me imagino que mis progenitores se dieron cuenta del frenesí que nos poseía, preguntándose qué hacíamos durante nuestros largos paseos por el campo. La verdad es que hacíamos de todo.

Aquel verano sigue dentro de mí en un eterno presente, pese al correr de los años, de las décadas.

Una tarde vamos con mi madre y mis hermanas a una playa donde hay dunas de arena recubiertas de matorral. Me separo del grupo para seguirles la pista a unos pajaritos que no logro identificar —soy más ornitólogo que nunca—, y que se acaban de ocultar entre aquella enmarañada vegetación. De repente aparece Julia. En dos segundos estoy encima de ella. Las púas de unos abrojos me rasgan las piernas. Oigo las voces de mis hermanas. «¿Dónde estáis, dónde estáis?» Unos minutos después nos reintegramos al grupo como si no hubiera pasado nada.

Otro día, también con mi madre y mis hermanas, vamos a ver unas cuevas prehistóricas. En la oscuridad, deslizándonos sobre el barro detrás de unas estalagmitas, Julia y yo logramos un rapidísimo coito mientras la familia nos busca con sus gritos y antorchas.

Al recordar tales escenas me maravillo de mi suerte y doy las gracias a Venus, quien, venciendo todos mis prejuicios metodistas, me permitió conocer, a los dieciséis años, el delirio del sexo.

También conocí pronto el tormento de los celos. Julia tenía admiradores en Londres, no me lo ocultaba. Aunque juraba no hacerles caso, yo tenía mis dudas. Me mostraba sus cartas, algunas de ellas enardecidas. Era la confirmación de que mi pasión estaba justificada, de que Julia era única. Y empezó a obsesionarme el miedo a perderla.

En aquellos años anteriores a la feliz década de los sesenta, era impensable en Inglaterra que dos jóvenes pudiesen vivir juntos sin estar casados. Incluso pasar una noche con alguien era sumamente complicado. ¿Hablar de sexo con los padres? Nunca. Así pues, si la naturaleza nos urgía a Julia y a mí a convivir como hombre y mujer, abiertamente y sin vergüenza, la sociedad estaba tajantemente en contra.

Yo estaba desesperado.

Aquel otoño iniciamos nuestro último año en Fernhill.

Nada más volver a ver a Julia tuve con ella una escena muy desagradable. Ella no había escrito para agradecerle a mis padres sus atenciones para con ella durante las vacaciones, y mi madre me lo había comentado. Yo, como miserable puritano que era todavía, se lo eché ahora en cara a mi novia. Me contestó con sorna que acababa de escribirles para disculparse. Además, ¿quién era yo para darle instrucciones a ella?

Sentí enseguida vergüenza de mi comportamiento y recuerdo que me enrojecí violentamente ante su mirada de desprecio. El episodio me demostró que mi madre influía en mí hasta el punto de controlarme desde dentro, haciéndome decir y hacer cosas suyas más que mías. Fue la primera vez, creo, que me percaté de aquella presencia «interiorizada» de mi madre que luego sería mi cruz y casi mi perdición.

Entretanto mi relación con el cabrón de Bloggs empeoraba notablemente. Julia, a diferencia de mí, tenía talento para las matemáticas. Bloggs la mimaba y, estoy convencido de ello, la deseaba secretamente. Una vez nos sorprendió besándonos en un rincón y se le llenó la cara de despecho. Ahora yo no era para él sólo aquel inútil en álgebra y geometría sino el novio de la chica más llamativa de la escuela. Supongo que para aquel resentido era el colmo.

Un día se le ocurrió a Bloggs espetarme en clase que durante años yo no había estudiado con la debida seriedad, así, genéricamente. Me puse de pie y le grité que era mentira y que había trabajado muchísimo en todas las clases menos la suya. Pero no tuve cojones suficientes ni para decirle que era un hijo de la gran puta ni para pegarle allí mismo la hostia que se merecía. Y no sólo no los tuve, sino que unas horas después fui y me disculpé ante él por lo que le había dicho, nada menos. ¡Qué asco me doy cuando recuerdo aquel día! Los matones se crecen cuando nadie se opone a ellos, y a partir de aquel episodio con Bloggs siempre trataría de hacerlo, como si fuera una de mis misiones en la vida y sintiéndome menguado cuando no lo lograba.

Al escribir esto caigo otra vez en que el terror que me inspiraba Bloggs no era nuevo, sino calcado sobre una tendencia ya muy arraigada. ¿No había temido profundamente a mi tío Arthur, con sus cóleras y arrebatos? ¿No había temido a mi madre, que se ponía furiosa cuando le empezaba a llevar la contraria después de unos años en Fernhill? ¿No le temía todavía en el fondo de mi ser? El miedo a expresar mi rabia soterrada, el miedo a las consecuencias de darle rienda suelta, era una de mis características más enraizadas. He sido y soy un iracundo reprimido. Supongo que lo seré hasta el final. Pero por lo menos he tratado siempre de superar mi condición de tal.

Recuerdo con nitidez el último trimestre de aquel último año de Fernhill: la febril preparación para el examen final del bachillerato que, de salir bien, nos abriría las puertas de la universidad; partidos de críquet los sábados —yo ya era capitán del primer equipo—; el enconado enfrentamiento verbal con el despótico Bloggs; mi sueño de ser algo grande en la vida, no sabía qué todavía; las últimas clases de mis adorados francés y latín; y, planeando sobre todo ello, mi angustia ante el porvenir y me temor a perder a Julia.

Cuando Julia me hablaba de sus otros admiradores me ponía cada vez más celoso. Con frecuencia me acusaba de posesivo. «Te quiero pero no te pertenezco —me dijo una tarde—. Tengo derecho a mi propia vida». Tuve que reconocer que sí, que tenía derecho a su propia vida, y el miedo a que me abandonara se hacía cada día más agudo.

Julia quería estudiar medicina en Londres, yo una licenciatura de francés en Newfield, escuela politécnica reciclada como universidad, ubicada en el condado de Yorkshire, y que en poco tiempo había cobrado fama como excelente centro de estudios europeos. Newfield tenía la ventaja —a mí me parecía entonces una ventaja— de permitir a sus alumnos iniciar un tercer idioma desde cero, lo cual en absoluto era corriente en las demás universidades británicas. Yo había decidido optar por el español. Aconsejado por el profesor Wilson, mi *gurú*, había leído *Don Quijote* en la magnífica traducción inglesa de J. M. Cohen, y me había entusiasmado. Me parecía que valía la pena aprender un idioma capaz de producir una obra de tanta riqueza y humanidad (después me enteraría de que el mismísimo Sigmund Freud, nada menos, había aprendido castellano con la sola finalidad de poder leer la genial novela de Cervantes en su idioma original). Desde Newfield me dijeron que, si los resultados de mi bachillerato eran suficientemente buenos, probablemente me podrían ofrecer una plaza para el otoño.

Mi relación con Julia no mejoraba, e intuía, deprimido, que nuestros caminos estaban abocados, irrevocablemente, a bifurcarse. ¿Cómo podría retenerla durante los años de la licenciatura? Y si lo lograba, ¿cómo me ganaría la vida una vez licenciado, ya que me repelía la idea de trabajar en la imprenta de mi padre y tampoco creía tener vocación de profesor? Todo me parecía difícil, espinoso, preñado de problemas, y tuve el presentimiento, fortísimo, al ir llegando el momento de abandonar para siempre Fernhill, de que acababan los años más felices de mi vida.

Pasamos los exámenes de fin de curso, y aquel verano, mientras esperábamos los resultados, Julia fue un mes en Escocia con unos parientes y yo asistí a un curso intensivo de francés en la Universidad de Tours, acogido por una familia que poseía una finca en las afueras de la vieja ciudad, a orillas del Loira. Mi introducción a la vida francesa resultó un notable éxito. Aquella familia muy numerosa ponía mucho énfasis sobre la buena mesa, y siempre se servía vino en las comidas. Vino corriente pero excelente. Empecé a probarlo, desoyendo la voz de mi conciencia metodista. Me gustó sobremanera, y no tardé en comprender por qué los puritanos de toda laya, metodistas a la cabeza, lo proscribían. Pues no cabía duda, ¡uno se sentía mucho menos cohibido después de una copa de vino! Y después de dos, menos aún.

Durante mi estancia en Tours me llevaron a Vouvray para que degustara, en las bodegas, el famoso vino blanco del lugar. Fue una iniciación que me marcó profundamente, y nunca he olvidado ni dejado de agradecer aquella experiencia. Sigo pensando que el vouvray es uno de los vinos más exquisitos del mundo.

Algo aún más importante me ocurrió aquel verano. Una tarde asistí a una conferencia sobre música. Al principio entendía poco. Pero después de media hora se produjo dentro de mí, repentinamente, una honda sacudida psíquica y descubrí que... ¡pensaba en francés! No dudo en decir que fue uno de los momentos clave de mi vida, casi tan inolvidable como mi primer *six* o aquel apasionado beso inaugural de mi relación con Julia. Los diálogos conmigo mismo en francés rudimentario a lo largo de años, mis esfuerzos escolares en Greytowers y Fernhill por tener una relación personal con el idioma... todo había conducido a este instante trascendental y sublime.

Pocos días después, para colmar mi felicidad, supe que había aprobado el bachillerato con un sobresaliente en francés, además de conseguir otras notas muy aceptables. Pasadas unas semanas, Newfield me confirmó que me aceptaban para empezar mi licenciatura allí aquel otoño.

Julia también había salido bien parada del bachillerato, y por las mismas fechas iniciaría su carrera de medicina en Londres.

Después de vivir seis años en la pequeña sociedad cerrada de Fernhill, donde cada uno tenía su lugar seguro, Julia y yo navegábamos en alta mar, y por separado. ¿Qué sería de nosotros?

Universidad, España, vocación

Cuando llegué a Newfield había leído relativamente poco. Dickens me gustaba mucho, como a mi padre; Shakespeare me parecía grandioso; conocía casi todo lo de Robert Louis Stevenson, que me había transmitido el fervoroso deseo de descubrir los mares del sur; me eran familiares algunas obras de teatro de Molière y un puñado de poemas de Víctor Hugo, Baudelaire y Verlaine; pero de narrativa o poesía estrictamente contemporáneas no sabía casi nada.

La verdad, bastante lamentable, era que Fernhill, pese a sus muchos méritos, apenas me había puesto en contacto con los escritores ingleses actuales, y mucho menos con los franceses. Y ello porque el programa del bachillerato entonces imperante concedía, torpemente, poca importancia a los autores vivos. Creo que es diferente en la actualidad.

Al llegar a Newfield, además de haber leído poco, todavía estaba en guerra civil conmigo mismo, pese a mis avances en algunos frentes. Por un lado era todavía medio metodista; por otro quería ser libre, empezar de nuevo, volar, deshacerme de las trabas familiares, escaparme de un país que no me gustaba.

Dos autores me ayudaron en mi apuesta por la libertad: Rubén Darío y André Gide. La sacudida que produjo en mí Rubén, sobre todo, fue tan fuerte que cambió el rumbo de mi vida.

Enseñaba entonces en Newfield un joven hispanista llamado David Mansfield, especialista en literatura española del siglo XIX.

Aquel primer año tuve la inmensa suerte de asistir a un curso suyo sobre Darío. Oriundo de Birmingham, con facciones aguileñas, pelo negro liso y ojos oscuros, Mansfield tenía un aspecto más italiano que inglés, acrecentado por su extraordinaria volubilidad. Hablaba con una facundia inaudita en un británico, parecía tener en sus opiniones una seguridad absoluta y profesaba una admiración desbordante por Rubén Darío, el hombre y el poeta.

Pequeño protestante provincial de diecisiete años, deseoso de ser algo grande en la vida pero sin saber qué, y todavía muy cohibido y lleno de complejos, encontré en Darío, gracias a Mansfield, al autor que desesperadamente necesitaba en aquellos difíciles momentos.

Cuando empecé en Newfield mis conocimientos del español eran rudimentarios, de modo que, al ir tratando de descifrar las prosas y poesías de *Azul*, el primer libro de Rubén que leí, tuve que recurrir constantemente al diccionario. Puse tanto afán en la tarea, que casi puedo decir que aprendí lo fundamental del idioma a través del poeta nicaragüense.

Todavía tengo aquel ejemplar de *Azul*, de la colección Austral de Espasa Calpe. Profusamente subrayado, y con atropelladas notas marginales, da fe del fortísimo impacto que iba produciendo sobre mí su lectura.

En *Azul*, publicado cuando Rubén tenía sólo veintiún años, se canta, en clave panteísta y pagana, el amor físico, la unión de los cuerpos: supremo y sagrado misterio de la naturaleza, ajeno a cualesquiera prohibiciones, leyes o intromisiones curialescas. Al leer y releer «Primaveral», yo no sabía que se trataba de un romance que, tanto por su música como por su contenido, había producido un nuevo estremecimiento en la literatura de fin de siglo en lengua española. Sólo era consciente de que hablaba a mi condición de adolescente sediento de liberación y de vida:

> *Mes de rosas. Van mis rimas*
> *en ronda a la vasta selva,*
> *a recoger miel y aromas*
> *en las flores entreabiertas.*

Amada, ven. El gran bosque
es nuestro templo; allí ondea
y flota un santo perfume
de amor...

¡El bosque como templo donde, haciendo las veces de incienso, flota un santo perfume de amor! Rubén, tan amante de la Grecia antigua —con sus dioses y diosas, sus ninfas y sus faunos— como del París contemporáneo, símbolo del amor sin complicaciones, devolvía a Eros al sitio, tanto tiempo usurpado por los puritanos, que le correspondía en la vida humana.

Y, luego, ¡el canto al vino con el cual termina el romance! ¡Vino rechazado por el poeta porque tiene algo mejor que beber! Nunca había tropezado con nada parecido:

Mi dulce musa Delicia
me trajo una ánfora griega
cincelada en alabastro,
de vino de Naxos llena;
y una hermosa copa de oro,
la base henchida de perlas,
para que bebiese el vino
propicio a los poetas.
En la ánfora está Diana,
real, orgullosa y esbelta,
con su desnudez divina
y en su actitud cinegética.
Está Venus Citerea
tendida cerca de Adonis
que sus caricias desdeña.
No quiero el vino de Naxos
ni el ánfora de asas bellas,
ni la copa donde Cipria
al gallardo Adonis ruega.
Quiero beber el amor
sólo en tu boca bermeja.
¡Oh, amada mía! Es el dulce
tiempo de la primavera.

¡Qué «no quiero» y «quiero» más contundentes para finalizar el poema! ¡Qué incitación más urgente al carpe diem, al vivamos hoy porque mañana moriremos!

Producto de una sociedad que no permitía contemplar con gozo el cuerpo desnudo, yo no podía dejar de notar que en *Azul* los ojos se clavan en la mujer con una intensidad desenfadada digna del mismo Pan, trátese de la repentina visión de unas caderas rosadas huyendo entre el ramaje, de los delicados pezones de una náyade bañándose incauta debajo de una fuente, o de una lánguida parisina atenta al reflejo de su belleza en el espejo de un *boudoir* empapado de perfume.

No cabía duda: Rubén, como este Puck que aparece en uno de los cuentos del libro, era «un adorador casi místico» de la mujer.

Mansfield nos pidió a cada uno un comentario sobre algún aspecto del libro que nos llamara especialmente la atención. Elegí el breve cuento «Palomas blancas y garzas morenas». La razón era sencilla: había visto que allí se trataba del «primer beso».

Al estudiar detenidamente el texto, me emocionó el darme cuenta de que contenía una alusión al capítulo de *El Cantar de los cantares* que tanto me había impresionado en Fernhill:

> De pronto, y como atraídos por una fuerza secreta, en un momento inexplicable, nos besamos la boca, todo trémulos, con un beso para mí sacratísimo y supremo: el primer beso recibido de labios de mujer. ¡Oh, Salomón, bíblico y real poeta, tú lo dijiste como nadie: *Mel et lac sub lingua tua!*

¡Miel y leche debajo de tu lengua! Recordando el primer beso de Julia, y el episodio de la bochornosa lectura asambleraria de *El Cantar de los cantares*, corrí a la biblioteca y pedí la *Biblia Vulgata*. Quería conocer urgentemente la versión latina del poema, algo que nunca se me había ocurrido antes. Me conmovió. Sobre todo la descripción de los senos de la amada: *«Duo ubera tua sicut duo hinnuli»*. ¡De modo que aquellos dos jóvenes ciervos gemelos eran *hinnuli* en latín! Casi se veían sus brincos. La palabra me pareció una *trouvaille*, como dicen los franceses. ¡Hinnuli!

Unos días después entregué mi ejercicio. No puedo olvidar el comentario de Mansfield. Estaba muy bien, me dijo, pero había pasado por alto algo muy importante, una segunda alusión literaria enquistada, muy sutilmente, en el texto. Se trataba de la frase «nos besamos la boca, todo trémulos». «Todo trémulos», me señaló, era una cita de Dante. Encontraría la fuente en el *Infierno*, canto cinco.

Otra vez a la biblioteca. Una hora después había leído el que me parece uno de los episodios más sublimes de toda la literatura europea.

Dante y Virgilio han bajado del Primer Círculo al Segundo. Aquí las almas en pena de los lujuriosos son sacudidas para toda la eternidad sobre un viento ululante, negro y maligno. Virgilio identifica para Dante a varios personajes célebres por sus desordenadas pasiones, y que, curiosos, se les acercan ahora por la oscuridad, entre ellos Semíramis, Cleopatra, Aquiles, Tristán y Helena de Troya. Luego aparecen las ánimas de los amantes Paolo Malatesta y Francesca da Rimini, muertos por el celoso marido de ésta. Dante los llama y le pide a Francesca que cuente su historia. Sobre todo quiere saber cómo ella y Paolo empezaron a sentir «los deseos pecaminosos». La culpa —según Francesca— la tuvo el libro *Lancelote del Lago*, en el cual se narra el amor ilícito de Lancelote por la reina Guinevere. Ella y Paolo, sigue la adúltera, no tenían ningún propósito malo al emprender juntos la lectura de aquel libro. Pero, durante ella, se van mirando involuntariamente a los ojos y se les sube la sangre a las mejillas. Al llegar al momento en que Lancelote y Guinevere se abrazan, Paolo, *tutto tremante*, le había besado impulsivamente a Francesca en la boca. El daño estaba hecho, la caída inevitable. Y termina Dante el canto:

> *Mentre che l'uno spirto questo disse,*
> *l'altro piangeva sì, che de pietade*
> *io venni men così como'io morisse;*
>
> *e caddi come corpo morte cade.*

(Mientras que uno de los espíritus esto decía,
el otro lloraba tanto, que de pena
creía que me iba a morir;

y caí como cae un cuerpo muerto.)

¡Ya estaba localizada la fuente de la alusión escondida en el corazón del texto de Rubén Darío! ¡Y qué fuente, madre mía! La pequeña investigación propuesta por Mansfield me resultó muy útil. Por vez primera había leído un canto de la *Divina Comedia*; por vez primera había empezado a entender que un texto literario siempre contiene, indefectiblemente, reminiscencias de otras lecturas, conscientes o no; y me había quedado con una frase de Francesca da Rimini que no iba a olvidar nunca: «Ningún mayor dolor que acordarse de los tiempos felices desde la miseria».

Azul, transmitido por Mansfield, me afectó profundamente.

También me habló de una manera muy personal *Las alimentaciones terrestres*, de André Gide, que leí por las mismas fechas. Me fascinó el libro, y más al enterarme de que Gide era de una familia puritana, calvinista, no muy diferente de la mía. Recuerdo *Las alimentaciones terrestres*, que nunca he releído, como una apasionada llamada al individualismo. Algunas de sus frases, de sus sentencias, se hicieron alma de mi alma: «Amar sin preocuparte de si es el bien o el mal... nada es más peligroso para ti que *tu* familia, *tu* habitación, *tu* pasado... no me basta leer que las arenas de las playas son suaves: quiero que mis pies desnudos las *acaricien*».

El libro me parecía una especie de antiBiblia, y apunté en un cuadernito, que tengo todavía, las palabras con las cuales el narrador vocifera contra el Dios de las prohibiciones:

Mandamientos de Dios, habéis llenado mi alma de sufrimiento.
Mandamientos de Dios, ¿sois diez o veinte?
¿Hasta dónde no llegarán tus límites?

¿Nos enseñaréis que hay todavía más cosas prohibidas?
Mandamientos de Dios, habéis puesto enferma mi alma.

Yo no sabía todavía que Gide era homosexual. De haber sido más perspicaz, tal vez me habría preguntado por qué dirige el narrador sus consejos a un joven, Nathanaël, y no a una muchacha. ¿Narrador... o el mismo Gide? Había caído ya en la cuenta de que un autor puede crear un narrador diferente a él, o que sólo refleje en parte sus propias ideas. Tal posibilidad no se me había ocurrido antes. Suponía, con todo, que el narrador y Gide eran en este caso uno y el mismo.

Noté enseguida que la «atmósfera» de *Las alimentaciones terrestres* era muy parecida a la de *El cantar de los cantares*, similitud reforzada por el hecho de que el narrador hace visitas a Oriente y se deleita evocando los olorosos jardines que allí encuentra. Después me enteraría de que Gide, como Oscar Wilde, frecuentaba el norte de África por la razón, bastante más práctica, de que allí era fácil tener relaciones con chicos jóvenes.

A Wilde, como a mí, le llamó fuertemente la atención el hecho de que Gide fuera de familia calvinista. «Sólo hay algo peor que un irlandés protestante —parece ser que comentó a su amante lord Alfred Douglas— y es un francés protestante».

Julia y yo no nos veíamos con la frecuencia que yo hubiera deseado. Era desesperante. A veces pasaba un fin de semana con ella y su familia en Londres, a veces ella venía a Newfield, y se hospedaba en casa de un catedrático de la Facultad de Medicina cuya mujer era amiga de su madre. En el colegio mayor donde yo vivía estaba tajantemente prohibido que pasara la noche una chica, y, en fin, había que superar todo tipo de impedimentos para que pudiéramos hacer el amor. Todavía, lo repito, no habían llegado los felices sesenta. Las costumbres cambiarían muy deprisa tres o cuatro años después, pero ¡demasiado tarde para nosotros!

Además, nuestras carreras, tan diferentes, añadían a la separación física otro factor de distanciamiento. Yo me movía entre gentes de aficiones más o menos literarias, mientras Julia estaba rodeada, necesariamente, de personas de orientación médica. Por el momento sólo cabía seguir como mejor pudiéramos.

Según el sistema entonces vigente en Newfield, el alumno que estudiaba dos culturas extranjeras tenía la obligación de empezar el segundo curso con un dominio ya considerable del idioma empezado durante el primero, como era mi caso con el español. Para conseguirlo lo normal era arreglárselas para asistir a un curso de verano en el país correspondiente. Así fue como, con el generoso apoyo económico de mi padre, me encontré un día de julio de 1960 en un tren que bajaba penosamente por el País Vasco, rumbo a Madrid, entre montañas que alternaban con praderas sorprendentemente verdes. ¡Nada de críquet aquellas vacaciones! Mis estudios de español eran desgraciadamente incompatibles con mi deporte favorito.

Después del desfiladero de Pancorbo, que tanto había impresionado a los viajeros románticos del siglo XIX, fue emocionante contemplar por vez primera la inmensidad de la meseta castellana. La paramera se extendía a ambos lados del tren hasta perderse en la lejanía. Tostada por el sol, la tierra parecía desprender chispas. Hubiéramos podido estar en África. ¡Qué desolación! ¡Esto no era la dulce Francia!

Los visitantes extranjeros siempre se han quedado asombrados ante el espectáculo de las imponentes sierras que cruzan la Península Ibérica de este a oeste, haciendo muy difíciles las comunicaciones. Borrow, por ejemplo, evoca en *La Biblia en España* «esas singulares montañas que se levantan en horrible desnudez como el costillar de un enorme cadáver descarnado». Es la visión de un hombre que ha transitado por el corazón de Castilla, a pie o a caballo, bajo el intenso calor de un sol inmisericorde. Al atardecer, sin embargo —pude observarlo ahora desde el tren— las cumbres de las cordilleras mesetarias parecen amansarse y perder su fiereza, tornándose malva, púrpura y añil bajo la luz desfalleciente.

Nunca he podido olvidar mi primera visión de aquellas inmensidades. Entendí, al contemplarlas, el origen del refrán «Ancha es Castilla».

Por la tarde hicimos una parada larga en Medina del Campo. Los escaparates de las tiendas, en los cuales se acumulaba un sinfín de baratijas, me parecían de otro siglo. Estaba claro que hasta allí no había llegado todavía la modernidad.

Llegamos a Madrid al amanecer y un taxi me llevó a la calle de Altamirano, en el barrio de Argüelles, donde vivía la familia con la cual me iba a alojar durante mi estancia de siete semanas en la capital.

Digo familia. En realidad sólo se trataba de una madre, no tan vieja como parecía —vestida de negro y llena de arrugas, tenía aspecto de setentona—, y su hijo soltero Luis, de unos treinta años, que trabajaba en una agencia de viajes.

Doña Eulalia y Luis llevaban una existencia monótona y gris, sin apenas vida social. Los domingos los pasaban en un pequeño chalet que tenían en Aravaca, donde a Luis le gustaba ponerse un pantalón corto y, agarrando una pala o un azadón, gobernar el jardín. Hombre simpático y triste, me tomó cariño y me ayudó pacientemente con el idioma.

Echaba intensamente de menos a Julia y le escribía casi a diario. Esperaba ansiosamente sus cartas pero contestaba con morosidad y, cuando lo hacía, alegaba que estaba abrumada de trabajo.

Yo estaba obsesionado con la necesidad de volver a Newfield no sólo con el idioma bien aprendido sino con sólidas lecturas bajo el brazo. Compré en la Casa del Libro de la Gran Vía las poesías completas de Rubén Darío y de Bécquer, en las preciosas ediciones de Aguilar, y varias novelas de Galdós. Cuando no leía, acudía a clase o iba al cine, estimando, con razón, que ver películas era la mejor manera de acostumbrar el oído al español —ayudaba en este sentido el hecho de estar todas las cintas extranjeras dobladas—. Hablaba mucho con Luis y su madre. Consumía magníficos batidos de chocolate en un café cercano de Princesa. Y apenas hacía otra cosa.

Con la excepción de un francés llamado Pierre, no recuerdo el nombre de ningún compañero del curso de verano. Un día este tipo me dice: *J'admire votre accent*. Creía que elogiaba mi pronunciación francesa, y sólo semanas después caí en la cuenta de que no era esto y que había dicho que mi acento le producía extrañeza. Ello me contrarió, pues me había convencido de que hablaba muy bien el francés. Otro día, departiendo con el mismo personaje, comenté que André Gide me interesaba como novelista. «Gide no es novelista —me espetó con desdén—, es moralista». ¿Moralista? Yo no tenía idea de lo que era un moralista y no sabía qué decir. Era humillante... y la primera vez que topaba con la suficiencia francesa.

Un día Luis me dijo que me iba a presentar a un amigo suyo que había sido aviador durante la guerra. Yo estaba casi sin información entonces acerca de la fratricida contienda que había devastado España unas décadas antes. Luis me explicó que apenas había familia española sin muertos —su propio padre había perecido en las trincheras republicanas, defendiendo Madrid, no lejos de donde nos encontrábamos en la calle de Altamirano—; que después de la guerra, Franco había ejecutado a decenas de miles de republicanos inocentes; y que durante la posguerra todo el mundo, menos los ricos, había pasado hambre. Ahora, sin embargo, las cosas iban mejorando poco a poco. Los emigrantes mandaban dinero desde Francia y Alemania. Y había cada vez más turismo. El gobierno acababa de prohibir el uso del biquini, ¡era un indicio del impacto de las suecas que llegaban cada vez en mayor número a las playas españolas! Pero, según Luis, el biquini sería muy pronto normal. Vamos, ¡pronto veríamos a las suecas en pelotas! Pues, ¿cómo promover el turismo masivo y luego oponerse a la manera de vestir o de no vestir de las extranjeras que venían a vernos? Todo iba a cambiar, empezando con las costumbres. Además, Franco había firmado un acuerdo con Estados Unidos, y empezaban a circular los dólares. Ahora bien, seguía Luis, había todavía mucho miedo. ¿No me había percatado de la cantidad de policías que se veían por Madrid? Pero los «grises» eran sólo la cabeza visible del sistema. Había también policía secreta, con una red de delatores. Nunca sabías con quién hablabas. Mejor callarse.

Todo esto me lo decía en voz baja, pese a hallarnos dentro de su propia casa. Era como si temiera que hasta las paredes pudieran oírnos... y denunciarle en la comisaría más cercana.

El ex piloto republicano, Gonzalo, tan elegantemente vestido como Luis —tomé nota de que los españoles, aunque venidos a menos, siempre vestían con el mayor esmero posible—, resultó un tipo taciturno, de pocas palabras. Sólo le vi una o dos veces. No le gustaba hablar de la guerra, por lo menos estando yo delante. «Era muy dura, muy dura», se limitaba a repetir una y otra vez. Y luego se callaba. Yo no llegaba a entender por qué los españoles se habían enzarzado en una guerra tan brutal —se barajaba siempre la cifra de un millón de muertos—. Al volver a Newfield no tardaría en irme poniendo un poco más al tanto.

El curso de verano incluía excursiones a varias ciudades castellanas, entre ellas Segovia y Toledo. En Segovia visitamos la casa de Antonio Machado, a quien todavía había leído poco. Compré sus *Poesías completas* —que por supuesto no eran completas— y me acompañaron durante el resto de mi estancia. Me conmovieron los poemas inspirados por la muerte de Leonor.

Toledo me pareció incomparable, sobre todo la vista de la ciudad obtenida desde la orilla izquierda del Tajo, cerca de donde se levanta hoy el Parador de Turismo. Allí paró media hora el autobús mientras uno de nuestros profesores disertó sobre la historia literaria y artística de la vieja ciudad conquistada a los árabes en la fecha señalada de 1085. Yo no sabía hasta entonces que Toledo había albergado, durante el siglo XII, una Escuela de Traductores donde eruditos musulmanes, judíos y cristianos, trabajando en equipo bajo el patrocinio del rey Alfonso X el Sabio, vertían al latín textos clásicos griegos conservados por el Islam. Textos que luego empezaban a circular por Europa. Cercionarme de ello aquella mañana mientras contemplaba embelesado la fabulosa ciudad desde el otro lado del Tajo marcó un hito, estoy seguro de ello, en mi carrera.

Antes de internarnos en las estrechas calles toledanas, recalamos brevemente en un cigarral. Caía un sol de justicia, pero en aquel sitio frondoso se notaba menos el calor. Los organizadores habían dispuesto que, al lado mismo del río, alguien declamara las tres espléndidas estrofas de la *Égloga Tercera* de Garcilaso en las cuales el poeta evoca esta misma ribera. No me resisto a citarlas:

> *Cerca del Tajo, en soledad amena,*
> *de verdes sauces hay una espesura*
> *toda de hiedra revestida y llena,*
> *que por el tronco va hasta el altura,*
> *y así la teje arriba y encadena*
> *que el sol no halla paso a la verdura;*
> *el agua baña el prado con sonido,*
> *alegrando la vista y el oído.*
>
> *Con tanta mansedumbre el cristalino*
> *Tajo en aquella parte caminaba,*
> *que pudieran los ojos el camino*
> *determinar apenas que llevaba.*
> *Peinando sus cabellos de oro fino,*
> *una ninfa del agua, do morava,*
> *la cabeza sacó, y el prado ameno*
> *vido de flores y de sombras lleno.*
>
> *Movióla el sitio umbroso, el manso viento,*
> *el suave olor d'aquel florido suelo.*
> *Las aves en el fresco apartamiento*
> *vio descansar del trabajoso vuelo.*
> *Secava entonces el terreno aliento*
> *el sol, subido en la mitad del cielo.*
> *En el silencio solo s'escuchava*
> *un susurro de abejas que sonaba.*

Nunca he olvidado aquel recital al lado del Tajo, y desde entonces he disfrutado muchísimas veces a lo largo de los años repitiendo estas estrofas, que me sé de memoria. En los dos últimos versos, es maravilloso cómo el poeta, después de casi habernos hecho sentir en piel propia el abrasador sol de la meseta, tan caluroso que seca «el terreno aliento», nos transmite, con una secuencia sabiamente orquestada de eses, el sosiego del lugar, interrumpido únicamente por el zumbido de los insectos:

En el silencio solo s'escuchava
un susurro de abejas que sonaba.

Después de nuestra visita al cigarral nos llevaron a un restaurante situado cerca del Zocodover. Conservo una fotografía de la comida. Tres compañeros de cursillo —entre ellos el irritante y presumido Pierre— y yo estamos brindando alegremente. Tengo en la mano una copa de vino y un aspecto radiante. Es evidente que el tinto de España, además del sol, está ya contribuyendo eficazmente a mi programa de liberación personal.

En *La Biblia en España*, ya citada, George Borrow comenta la incapacidad de los ingleses para utilizar las manos como medio de comunicación. «Cuando intentan hablar español, la lengua más sonora que existe —dice—, apenas despegan los labios y meten inútilmente las manos en los bolsillos, en lugar de utilizarlas para la indispensable tarea de la gesticulación». Observando a mis compatriotas de aquel curso de verano, pude constatar que Borrow seguía teniendo razón. Parecían no haber comprendido todavía que el español se habla con todo el cuerpo. Yo sí, y ya imitaba con bastante éxito los gestos y ademanes de los que me rodeaban. Al hacerlo, me sentía menos cohibido, más a gusto conmigo.

Para los ingleses ha sido difícil desde hace mucho tiempo tocar con naturalidad a los demás. No tardé en observar que en España no existía el problema. A mi alrededor todo el mundo se daba la mano. Se propinaban sólidos golpes en la espalda. La gente agarraba el brazo del prójimo. En la calle dos amigos se cruzaban. «¡Hombre, Juan!» «¡Pedro, coño!» Y se abrazaban.

Además estaba el beso doble. En Inglaterra, en las presentaciones, nunca se daba un beso. ¿Un beso? ¡Jamás! ¡Y mucho menos en cada mejilla! En España el beso era un ritual, como en Francia. Me parecía estupendo. Resolví ser experto en abrazos y besos dobles. Poco a poco lo fui consiguiendo.

Y también los ojos. Mirar fijamente a una persona es tocarla. En Inglaterra el contacto ocular se reducía al mínimo, sobre todo con desconocidos. En España, una vez más, era todo lo contrario. La gente se miraba a los ojos, sin miedo. Me quedé atónito al observar diariamente el desparpajo con el cual los chicos se aproximaban a una muchacha y, clavando en ella los ojos, le decían un piropo. En estas situaciones la bella de turno no devolvía la mirada y seguía adelante como si no hubiera ocurrido nada. Pero pude comprobar que en otros momentos, cuando le daba la gana, la española en absoluto temía mirar fijamente a quien tenía al lado. Ello me gustaba enormemente. Me imaginaba, además, que, cuando besaba la española besaba de verdad, aunque no tenía todavía pruebas de ello.

¿Existía la timidez en España? Me costaba trabajo creerlo. Los niños eran los reyes de la familia. Acompañaban a sus padres hasta las altas horas de la noche, se les permitía casi todo —o así me parecía a mí—, y llegué a la conclusión de que la falta de timidez de los españoles era el resultado de una plena integración social iniciada en el mismo momento de venir al mundo; es decir, el español nacía ya gregario.

Y nacía en un país de lengua muy sonora. Borrow no se equivocaba. A otro escritor inglés, Victor Pritchett, que cruzó Castilla a pie allá por 1920, el idioma le había parecido «seco y áspero, como piedras partiéndose, una especie de latín del desierto, con sus consonantes ceceantes, sus guturales roncas y sus enérgicas erres». ¡Latín del desierto el castellano! No estaba nada mal. A Pritchett le había llamado especialmente la atención la jota, sonido contundente que no sólo no se da en gallego, catalán y portugués, sino tampoco en francés, portugués o italiano. Llegué a la conclusión de que sólo podía ser de procedencia árabe.

Yo practicaba todos los días la jota, repitiendo una frase inventada para mi uso particular por Luis: «¡Joder con la jaca jalda de Jaén, con el jazmín en la jodida oreja!» Hacía lo propio con la erre doble, echando mano esta vez al consabido perro de San Roque, «que no tiene rabo porque Ramón Ramírez se lo ha robado». Terminé con un dominio bastante aceptable de ambos sonidos.

Las palabras españolas me parecían entonces, y me siguen pareciendo hoy, muy «físicas», muy consistentes, casi tangibles en comparación con las de otras lenguas románicas. «Hembra», por ejemplo, ¿quién diría que viene del latín *femina*, sobre todo cuando, como en algunas regiones de Andalucía, se aspira la h inicial? ¿De dónde diablos procede la necesidad de esta *b* que en absoluto les hace falta a los franceses (*femme*) o los italianos (*femmina*)? Es rarísimo. Las palabras del castellano tienen la solidez de cosas que se pueden agarrar con las manos.

En la misma línea, recuerdo mi asombro ante el descubrimiento, aquel lejano verano, de los formidables tacos de este país. No había leído todavía *Por quién doblan las campanas*, de modo que dichas expresiones me cogieron absolutamente desprevenido. Luis fue mi iniciador. Cuidaba mucho sus tacos y los soltaba con notable énfasis a la menor provocación. «Joder» era sin duda el más corriente entre los madrileños, pero también se hacía un uso liberal de «cagar». Oía incrédulo frases como «me cago en la mar» o «me cago en la madre que le parió». Pululaban las «putadas», las «mariconadas»... y, por supuesto, había «coños» por todos lados. Pero lo que más me chocó fue la mezcla de lo sagrado y lo escatológico. Había gente que hasta se cagaba en Dios, el copón y la hostia. Me parecía increíble, tratándose de un país católico. Se decían cosas que en Inglaterra habrían sido dignas de un juzgado de guardia, pero que en Madrid parecían normales y corrientes. Aún no lo entiendo.

Ello me recuerda el chiste de Sender en su estupenda *La tesis de Nancy*. A la ingenua norteamericana con poco dominio del idioma le extraña la reiterada presencia de la palabra «hostia» en las conversaciones que oye a su alrededor. Finalmente saca su conclusión, escribiendo a una amiga —cito de memoria—: «Los españoles son muy, muy católicos. A veces en la calle, excitándose mucho, hasta ofrecen hostias a los demás. Esta misma mañana oí a uno que decía: ‹¡Te voy a dar una hostia!› Su amigo se puso muy nervioso, no sé por qué».

Al volver a Inglaterra aquel septiembre, después de separarme efusivamente de Luis y su madre —haciendo demostración de mi recién adquirida destreza en materia de abrazos, golpes en la espalda y besos dobles—, estaba bastante contento conmigo.

Hablaba ya razonablemente bien el idioma. Había visto paisajes castellanos inolvidables. Sabía preparar una tortilla de patatas absolutamente auténtica, gracias a las enseñanzas de Doña Eulalia. Pero sobre todo, tenía ya la seguridad de que España me interesaba mucho y de que quería conocerla mejor. No me había equivocado de asignatura. Ahora me faltaba leer mucho. Profundizar. Y, sobre todo, volver a estar con Julia.

La vi nada más llegar a Londres, camino de casa. No fue el reencuentro que esperaba. Me increpó por «haberla dejado sola» todo el verano para ocuparme de «mis idiomas» y, después de muchos rodeos, me confesó que durante mi ausencia había salido varias veces con un compañero de curso que le caía muy bien. Me dijo que creía quererme todavía pero que no estaba del todo segura y que, de todas maneras, no era justo que ella no pudiera tener otras amistades. Éramos todavía muy jóvenes y ella por lo menos necesitaba tiempo para ver las cosas con claridad, y además no le gustaba que yo la considerara como propiedad mía. En fin, quería tener libertad para conocer a otros chicos.

Sentí que se me helaba el corazón. Durante mis dos meses en Madrid su recuerdo me había acompañado a cada paso, y al volver a Inglaterra nunca la había deseado tanto, necesitado tanto. Y ahora esto. Agarrado a su cuerpo, sofocado, la arrastré hacia el sofá y empecé a cubrirla de besos apasionados. No opuso resistencia. La poseí con una rabia atroz, como si de ello dependiera mi vida misma.

Después del arrebato, Julia me propuso que no nos volviéramos a ver hasta después de las Navidades. Repitió que necesitaba tiempo para enfocar las cosas con más objetividad, que tenía derecho a ser ella, a encontrar su camino personal en la vida... Además, ¿cómo sabía yo que ella era la pareja idónea para mí si no había estado con otra chica? ¡Si éramos dos niños que nos habíamos conocido en la escuela! No me rechazaba, me dijo. Tal vez reanudaríamos nuestra relación. Pero había que dejar un poco de tiempo al tiempo.

Como los próximos meses en Newfield iban a ser muy exigentes para mí, con pocas oportunidades para bajar a Londres, accedí. Además, ¿qué remedio me quedaba? Julia tenía una voluntad de hierro. Cuando quería algo, no permitía que nada la desviara de su propósito.

Al día siguiente volví a Cornualles, perdida toda la euforia con la cual había regresado de España. Allí le conté a mi hermano lo ocurrido. A cambio me hizo una inesperada revelación. Y era que, después de varias experiencias fracasadas con chicas, acababa de descubrir que lo que realmente le interesaba eran... ¡los muchachos! No me lo podía creer. Nunca se me había ocurrido que pudiera ser de la cáscara amarga. Me dijo que había estado en relaciones con una muchacha que le quería mucho y con quien se llevaba bien. Había tratado numerosas veces de hacerle el amor, pero la cosa no había funcionado. Luego, recientemente, había conocido a un chico francés que pasaba sus vacaciones en el pueblo, un chico muy guapo, muy moderno, muy sexy. A su lado había experimentado un placer y una excitación desconocidos. No me dijo qué habían hecho juntos, si es que hicieron algo, ni si el francés era gay, pero el resultado fue que Bill ya sabía por qué no le encandilaban las chicas.

Mi hermano nunca había sido tan creyente como yo, pero había recibido el mismo lavado de cerebro puritano. No podía evitar, por ello, sentir una tremenda conmoción al saberse homosexual ni hacer todo lo posible por que no se le viera el plumero. A la espera de mejores tiempos, había que ocultar cuidadosamente su condición de descarriado. Además, no tenía nadie con quien hablar de su problema, empezando por nuestro padre. Estaba al borde de la desesperación más negra. Su confidencia me afectó profundamente, e hice lo que pude por consolarle.

Por otro lado, ¡era acojonante! Mi madre llevaba años haciéndome sufrir con sus elogios de Bill y repitiendo que ninguna chica podría resistir sus encantos. ¡Y ahora resultaba que era maricón! Era el colmo.

Volví a Newfield. Allí pude comprobar que mis dos meses en España habían sido muy útiles. Era cierto que no poseía todavía un conocimiento del idioma tan cabal como el de la mayoría de mis compañeros, que lo habían empezado en la escuela cuatro o cinco años atrás. Pero sí me había forjado unas buenas herramientas con las cuales poder ir profundizando en aspectos de la cultura española.

Fue a Mansfield a quien le correspondió otra vez iniciarme en uno de ellos, la Generación del 98.

Me sorprendió descubrir que España, a diferencia de Francia o Inglaterra, constituía para sí misma, desde hacía mucho tiempo, un problema acuciante. Yo había dado por descontado, ingenuamente, que, si el país estaba actualmente bastante atrasado, era como consecuencia de la guerra civil y de dos décadas de dictadura, que lo habían aislado del resto del mundo civilizado. Ahora resultaba que al asunto no era tan sencillo, ni mucho menos.

Leí detenidamente el *Idearium español* de Ganivet, y *España invertebrada*, de Ortega. Ambos me parecieron tremendamente enrevesados y obsesivos.

Me costó mucho trabajo seguir el pensamiento de Ganivet, sobre todo por mi falta de conocimientos históricos. El granadino hacía generalizaciones tan tremendas y atrevidas que era igualmente imposible asentir o disentir de ellas. De vez en cuando, entre renglones de complicado desciframiento, descollaba alguna frase corta, contundente, que yo iba subrayando en rojo. «Somos una isla colocada en la conjunción de dos continentes», por ejemplo.

Sobre el «carácter español», considerado por Ganivet como radicalmente anárquico, hacía éste un comentario que me llamó mucho la atención entonces y que me ha seguido divirtiendo a lo largo de los años. Según Ganivet, tal índole anárquica del español era consecuencia del relajamiento de los vínculos jurídicos acaecido durante los largos siglos de la llamada Reconquista. Dichos vínculos fueron sustituidos por los fueros, los cuales, en su opinión, no eran, en realidad, sino «la negación de la ley». Ganivet razona que este proceso condujo a tan exagerado atomismo legislativo que prácticamente cada familia castellana quería una ley para ella sola. «Entonces —apostilla— estuvo nuestra patria a dos pasos de realizar su ideal jurídico: que todos los españoles llevasen en el bolsillo una carta foral con un solo artículo, redactado en estos términos breves, claros y contundentes: ‹Este español está autorizado para hacer lo que le dé la gana›».

¡Qué teoría más genial para explicar, si no justificar, la tendencia anárquica de sus compatriotas, la arraigada necesidad de saltarse las leyes impuestas por los demás y afirmar la soberanía del yo! A lo largo de los años tendría miles de ocasiones para comprobar la perspicacidad de aquella observación.

El estilo de Ortega, por su nitidez y su carácter más incisivo, me resultaba más asequible que el de Ganivet. Pero sus ideas me parecían igualmente peregrinas. Por ejemplo, la noción de que España tiene una esencia perenne que cada equis tiempo hay que redescubrir; o de que las naciones sin «misión» o poderío militar no sirven para nada, si no es vegetar. Para Ortega, la unidad nacional española fue consecuencia de un magnífico afán de imperio. Y, cuando se perdió el imperio, la nación se dividió otra vez en un conjunto de compartimentos estancos. Según Mansfield, tales nociones tenían mucho que ver con el fascismo. No se equivocaba. Más tarde no me sorprendería descubrir que José Antonio Primo de Rivera y sus correligionarios habían sacado buena tajada de *España invertebrada*, librito que a veces da la sensación de haber sido escrito por un desquiciado.

Por estas mismas fechas cayó en mis manos *Al sur de Granada*, de Gerald Brenan, y desde su primera página me cautivó.

El libro, como se sabe, cuenta el descubrimiento por el joven Brenan, después de su participación en la Gran Guerra, del pueblo alpujarreño de Yegen, ubicado en las laderas meridionales de Sierra Nevada. Seguro de su vocación literaria, pero consciente de su incultura —la guerra le había impedido emprender estudios universitarios—, Brenan había tomado la decisión de establecerse cerca del Mediterráneo nada más terminar la brutal contienda. El sur de Francia era demasiado caro; Grecia estaba en guerra con Turquía; no recuerdo qué problema había en Italia; pero España era barata y parecía gozar de tranquilidad. España, pues. A finales de 1919 Brenan desembarcó en La Coruña; pocos meses después encontró su particular Shangri La en las Alpujarras granadinas y, después de importar tres mil libros de Inglaterra, se sentó a leer.

Nunca he vuelto a repasar sistemáticamente *Al sur de Granada*, por no querer perder la impresión de aquella primera lectura. Sí lo he hojeado, o consultado, infinitas veces. El libro se escribió, desde la nostalgia, veinte años después de que el autor abandonara Yegen. Se trata de un relato sin duda en parte fantasioso, pero cualquiera, al ponerse a escribir sus memorias —yo mismo, sin duda—, bordea hasta cierto punto la realidad, a menudo sin percatarse de ello. Lo esencial es que, como incitación al viaje, en este caso viaje al Mediterráneo —así como a la liberación personal—, sería difícil encontrar un libro que aventajara a *Al sur de Granada*.

Brenan se revela en él como magnífico individualista vocacional, férreamente resuelto a construir su propia vida pese a todos los obstáculos. Fascinado por el latín que conoce mal, y por el griego antiguo que conoce peor, se pone en Yegen a estudiar metódicamente ambos idiomas, además de sumergirse en la lectura de los clásicos ingleses y franceses. En cuanto al español, idioma del cual apenas sabe una palabra al llegar al pueblo —sí habla francés—, lo aprende charlando con sus vecinos, no a través de libros de gramática.

Enfervorizado botánico, gracias a la influencia de su madre, Brenan se encarga, a lo largo de sus años en Yegen, de identificar todas las flores y plantas que encuentra durante sus excursiones por las altas montañas granadinas y, aventurándose más lejos, entre los peñascales del Cabo de Gata. Ornitólogo no lo es tanto, pero de arqueología, prehistoria y antropología llega a saber mucho. Aunque todo le parece interesar, estas páginas trasminan sobre todo una pasión incontenible por la literatura, y un acuciante empeño por bucear en las profundidades de la cultura mediterránea. Todo ello contado y desarrollado en una prosa clara y sobria, cristalina como un arroyo de Sierra Nevada.

Gerald Brenan tenía un padre militar despótico, rígido y convencional, en la línea de mi inaguantable tío Arthur Wagstaff o del mayor Dudgeon de mi «escuela preparatoria». Al descubrir que a su primogénito le gustaba no sólo la literatura sino la poesía, ¡la poesía!, se habían venido abajo todas sus ilusiones. Porque Brenan padre quería que Brenan hijo fuera militar, militar y nada más que militar.

Educado dentro del sistema de internado británico, del cual yo me había librado justo a tiempo, Brenan había llegado a odiar a su propia clase social, así como la versión clasista del cristianismo profesada por ella e impuesta a machamartillo. Su experiencia de la «escuela preparatoria» fue peor que la mía, hasta tal punto que, durante cuarenta años, seguiría teniendo pesadillas recurrentes en las cuales volvía a encontrarse otra vez en aquel tétrico establecimiento. Después le había tocado Radley, «escuela pública» de rango relativamente modesto. «Radley me hizo un daño inmenso y permanente —escribe en su autobiografía—. Incluso en los peores momentos de la guerra me confortaba diciéndome que al menos no estaba allí».

Que las trincheras de Flandes, repletas de cadáveres putrefactos, pudiesen ser preferibles a la experiencia de un internado inglés lo dice todo.

Aquella Navidad nos reunimos como todos los años en casa de mi tío Ernest. Ya había pasado a mejor vida la ridícula ceremonia del discurso real, con la mitad de la familia sentada mientras sonaba el himno real, y la otra de pie. Los tiempos habían cambiado. También había cambiado Ernest, quien, por razones que nunca supe, se había integrado en un movimiento religioso que entonces hacía estragos en Inglaterra. Se llamaba *Moral Rearmament*, o sea, Rearme Moral.

Rearme Moral había sido fundado en 1938 por un pastor luterano norteamericano, Frank Buchman, para quien el comunismo era el mismísimo Anticristo. El pastor, que admiraba a Hitler, decía haber tenido una visión en la cual Dios le anunciara personalmente que él, Buchman, iba a dirigir un movimiento internacional cuya finalidad, uniendo a gentes de todas las procedencias religiosas, sería salvar al mundo del materialismo. El pastor no había tardado en encontrar discípulos y financiación.

Buchman predicaba que el hombre es como un receptor de radio averiado y sucio, incapaz, por sus pecados, de recibir los mensajes que le desea enviar Dios. Una vez limpio el receptor —mediante la contrición y la sincera voluntad de enmienda— dichos mensajes llegaban sin mayores complicaciones. Dios, según Buchman, prefería transmitir sus comunicaciones por la mañana, temprano. El adepto, pues, sólo tenía que madrugar, sentarse en un sitio tranquilo, coger su cuadernito... y esperar, lápiz en mano. No tardarían en llegar las órdenes del día.

Los deseosos de participar en la gran misión de Rearme Moral tenían que observar rigurosamente, me explicó mi tío Ernest, «los cuatro requisitos absolutos», formulados, al dictado de Dios, por el propio Buchman:

PUREZA ABSOLUTA

AMOR ABSOLUTO

VERACIDAD ABSOLUTA

ABNEGACIÓN ABSOLUTA

El programa no era más que un compendio del puritanismo más rancio y, en su esencia, se reducía al «no gozarás» de siempre, sobre todo sexualmente. Era como el metodismo elevado varios grados, con la única diferencia de que Dios no conectaba cada mañana con los metodistas para decirles cómo tenían que organizar el día a día de su existencia.

Mi madre se había horrorizado cuando Ernest, a quien no aguantaba, por considerarle un prepotente, no sólo se integró en Rearme Moral sino que empezó a presionar a mi padre para que hiciera lo propio. Según me contó Bill, G se había puesto como una fiera, jurando que si a C se le ocurriera hacer causa común con aquella gentuza, ella se largaba. Y punto.

Mi padre había tenido unos titubeos iniciales. Luego, prudentemente, se había desentendido del asunto.

Rearme Moral, como todos los movimientos fanáticos, tenía su propio vocabulario. La palabra clave era *change* (cambiar), utilizada en el sentido de «cambiar de vida». *Have you changed?* Preguntaban. *¿Has cambiado?* O te decían que fulano o mengano no habían *cambiado* todavía pero que lo harían pronto. Otro término muy manoseado era *answer* (solución). Todos los problemas tenían un *answer* si el individuo obedecía al pie de la letra los cuatro requisitos absolutos. Sólo era cuestión de esperar que Dios se lo dictara.

El rasero con el cual se medía el éxito o no de un adepto de Rearme Moral era si, ya *cambiado* él mismo, lograba *cambiar* o no a los demás. Si no *cambiaba* con regularidad a otros, es que traicionaba, aunque fuera mínimamente, uno de los cuatro requisitos absolutos... o varios a la vez.

Mi tío me invitó a conocer a algunos de sus correligionarios. Durante la sesión alguien le espetó: «¿A cuántas personas has cambiado tú este mes, Ernest?» «A nadie», farfulló mi tío, cabizbajo. Otro miembro del grupo increpó a uno de los presentes por haber pegado sesgadamente un sello en un sobre. «Un sello colocado así no va a cambiar a nadie», sentenció. Yo me quedé de una pieza. Aquella gente estaba claramente tocada.

Unos días después de Navidad, todavía bajo la impresión del libro de Brenan, se me ocurrió la idea de proponer a mis padres una visita familiar a la Costa Brava —que ya empezaba a cobrar fama— el siguiente verano. C y G nunca habían salido de Inglaterra y tenían ganas de ver un poco de mundo. ¿Por qué no alquilábamos una furgoneta Volkswagen de segunda o tercera mano, como hacían amigos míos de Newfield cada verano, y bajábamos despacio al Mediterráneo debidamente cargado de tiendas de campaña y demás parafernalia de *camping*? Habría sitio de sobra en un vehículo para nosotros y algunos invitados. Además, no costaría mucho.

A mis padres la idea les pareció muy buena, así como a mis hermanas y a Bill, y acordamos desarrollar el proyecto a lo largo de los siguientes meses.

Poco después de las fiestas navideñas pasé unos días con Julia y su familia en Londres camino de Newfield. Desde septiembre habíamos hablado esporádicamente por teléfono, y me había dicho, sin prodigar detalles, que seguía saliendo con el mismo chico. Pero en Londres me reveló que aquella relación había terminado hacía un mes y que ahora veía a un estudiante de psiquiatría cuatro años mayor que ella. Fiel al deseo que me había expresado de conocer a otros chicos, Julia disfrutaba a tope, evidentemente, de su libertad. Si por un lado sentí espantosos celos al pensar que ahora tenía un amigo mayor que yo, por otro me pareció que el cambio podía significar que todavía no sabía qué quería, que no había encontrado su famoso camino personal en la vida, lo cual dejaba abierta la posibilidad de que volviera conmigo.

Así se lo dije. Además le puse al tanto de nuestro proyecto para el verano próximo y le invité a que viniera con nosotros, acompañada, si quería, de alguna amiga pero, desde luego, ¡no del psiquiatra! Me dijo que lo pensaría.

Yo estaba muy deprimido pero, obsesionado con sacar la carrera, me consolé sumergiéndome en mi trabajo. La primavera me trajo el deslumbramiento de la poesía simbolista francesa. En Fernhill había leído algunos versos de Baudelaire y de Verlaine, pero sin captar muchos matices. Ahora tuve la oportunidad de volver sobre ambos. *Las flores del mal* me pareció inmenso, soberbio, de una valentía sobrecogedora. Su publicación en 1857 —así como la de *Madame Bovary*— demostraba que la Francia de mediados del siglo xix era un país mucho más libre y maduro que la Inglaterra victoriana, tan represiva e hipócrita.

El soneto «*Correspondances*» me desconcertó tremendamente. A mí nunca se me había ocurrido que los perfumes pudieran ser frescos como la piel de un niño, dulces como los oboes o verdes como las praderas. Tales símiles invitaban a experimentar. Un sonido, por ejemplo, podía ser amarillo como un campo de girasoles, o rojo como la sangre de un toro en la arena. Perfumes orientales y perversos del poema —«corruptos, ricos y triunfantes»—, con su «expansión de las cosas infinitas»... ¿cómo captar lo que quería sugerir Baudelaire sin conocerlos personalmente? No fue difícil refrescar mi recuerdo del incienso —¡aquella tremebunda visita con María a su iglesia católica!—. Tampoco ofrecía mayores problemas el almizcle, ya que se utilizaba en perfumes más o menos asequibles. Pero ¿el ámbar y el benjuí? Tardaría mucho tiempo en conocerlos. Por el momento me fié de Baudelaire.

Paul Verlaine también me fascinó. La influencia de Baudelaire, que le llevaba veinte años, sobre sus poemas, me parecía del todo evidente. Ello demostraba una vez más que la poesía nace de la poesía, siempre dentro de una tradición. Nadie que no haya leído u oído un poema compone versos. Y si Verlaine procedía de Baudelaire, éste sin duda había recibido la sagrada llama de otro. Yo iba captando poco a poco que originalidad absoluta no puede haber en literatura, y me imaginaba que tampoco en otras ramas de la creatividad.

Si de Baudelaire me atraía su intensa sensualidad, Verlaine era el poeta de la tristeza amorosa. *Las fiestas galantes*, mínima colección de mínimos poemillas, me parecía la perfección última en lírica. ¿Cómo era posible concentrar tanta belleza, tanta sensibilidad, en tan pocos versos? Desde luego el oído de Verlaine, entrenado por Baudelaire, era de una finura exquisita. Al saber de su vida atormentada, su relación con Rimbaud, la terrible fealdad que tanto le hizo sufrir, sus bajadas al infierno del absenta y su muerte en la miseria, sin un *sou*, llegué a sentir por él una simpatía ilimitada.

Baudelaire y Verlaine me convencieron de que vivir en París era tan imprescindible para mi salud mental e intelectual como seguir respirando aire puro. Quería pisar las calles que ellos y sus amigos habían frecuentado, sumergirme en el Barrio Latino —aun a sabiendas de que ya habían pasado los tiempos heroicos—, explorar las empinadas callejuelas de Montmartre, espiar a los amantes en el Jardín del Luxemburgo, contemplar diariamente el Sena.

¿Cómo conseguirlo? Un día se me presentó, inesperadamente, la posible solución.

Ocurrió así. Después de *Azul* había devorado *Prosas profanas* y *Cantos de vida y de esperanza*. No me cabía la menor duda de que Darío era un grandísimo poeta. Queriendo saber más de su vida, leí su breve autobiografía. Allí encontré una evocación de su primera visita a París, en 1893. Me conmovió sobre todo el relato de su encuentro, o mejor desencuentro, con Paul Verlaine, que estaba rodeado, en aquel momento, de «equívocos acólitos» y bastante trompa. Presentado por Alejandro Sawa, Rubén, nerviosísimo en presencia de su héroe, balbucea, en mal francés, su devoción, terminando con la palabra *gloire*. ¿*Gloire*? El maestro le mira, golpea la mesa y, «en voz baja y pectoral», le espeta: *La gloire!.. La gloire!.. Merde!.. Merde encore!*

Al leer esto tuve algo así como una revelación, repentina y contundente. ¿Por qué no hacer una tesis sobre la influencia en Darío de la poesía francesa, que según el propio poeta había sido determinante? La corazonada me pareció genial, y aún más cuando, unos días después, me leí de un tirón *Los raros*, en el cual Darío expresa su fervor por la poesía francesa contemporánea, evoca a algunos de sus epígonos y traza, al poco tiempo de su muerte, una emocionante semblanza de Verlaine.

Un tema así, pensé, me daría la posibilidad de aunar mi francofilia de siempre con mi creciente interés por España, de profundizar en ambas culturas, de utilizar los dos idiomas. Estaba eufórico.

Hablé enseguida con Mansfield para asegurarme de que si me embarcaba en una tesis doctoral sobre Darío me la dirigiría él. Me dijo que sí, pero que todo esto era un poco prematuro. ¡Que consiguiera primero una licenciatura lo suficientemente meritoria para que la universidad me aceptara como alumno posgraduado!

Yo estaba ya convencido de que iba encontrando mi camino.

Entretanto, secundado por Bill, seguí adelante con los preparativos para nuestro viaje al Sur. Alquilamos a un estudiante australiano, por un precio irrisorio, un Volkswagen Kombi de tercera mano. Volví a invitar a Julia a que viniera con nosotros. Decía ya dudar de su psiquiatra, como yo había esperado, y accedió. Pero ¿podría llevar a una amiga? No veía yo inconveniente. Con el tema de mi tesis resuelto, y la seguridad de volver a estar con Julia aquel verano, llegué a creer que la vida me sonreía otra vez.

Una orquesta de chicharras ensayando estrepitosamente bajo la batuta de un cielo azul sin una sola nube. Flotando en el aire el olor resinoso de pinos parasol. El viejo Volkswagen transita por el Massif Central, rebasado Millau, y tenemos la sensación de estar a punto de atisbar ya el Mediterráneo.

¡El Mediterráneo! Mar mítico para norteños privados de luz solar. Mar de Homero y de Virgilio. Cuna de Grecia, Roma, Egipto. Mar soñado y amado, ahora lo iba a conocer por fin al lado de la persona que más amaba en el mundo. Mi emoción era intensísima. No habíamos caído en la cuenta de que la costa de Languedoc es totalmente plana y sin interés, imaginándonosla como una prolongación del accidentado litoral de Provenza. Era una desilusión descubrir su banalidad, y no tardamos en seguir camino hasta la frontera española, deseosos de conocer cuanto antes las afamadas calas de la Costa Brava.

Esta vez no hay decepción. Cerca de Portbou damos con un camping situado al lado mismo de las olas. Es casi de noche y nos tiramos enseguida al agua. En Cornualles el mar está siempre frío. Aquí nos envuelve como un baño tibio. Julia y yo nos alejamos del grupo. La aprieto contra mí y la beso en los labios. Mi sexo se afirma potente, imperioso. Le ruego que tenga piedad de mí, que se olvide durante siquiera unas pocas semanas del resto del mundo. Le juro que me moriré de desesperación estando a su lado sin poder amarla, que no podré aguantarlo... ¡Por favor! La llegada de otros nadadores impide que pueda seguir con mi pleito.

Unos días después nos establecemos en un camping de San Feliu de Guíxols, al borde del mar. Llevamos, a modo de cuartel general, una vieja tienda circular cedida por la Brigada de los Muchachos. Es de camuflaje y parece una reliquia de la Primera Guerra Mundial. Tal vez lo es. Azules o naranjas nos rodean las tiendas de campaña modernísimas de franceses, alemanes y belgas. Al ir levantando aquella pieza arqueológica, se congrega alrededor nuestro un grupo multinacional de curiosos que, entre risas y comentarios, celebran el espectáculo. Siento intensa vergüenza al comprobar que somos unos desfasados totales, unos catetos isleños.

La segunda noche, después de asistir a un concierto al aire libre, Julia y yo nos escabullimos de los demás y bajamos a la playa. Son las dos o las tres de la madrugada. Nos sentamos en la orilla y abrazándola apasionadamente le vuelvo a implorar que me deje estar con ella como antes. Nunca olvidaré su contestación. Me dice que de acuerdo, pero sólo durante esta escapada. ¡Veinte días de amor! Minutos después, como el gitano del romance lorquiano, corro el mejor de los caminos.

No recuerdo todos los pormenores de aquel breve indulto amoroso. Sólo sé que, eludiendo como podíamos la vigilancia del resto del grupo —nada fácil, sobre todo dada la presencia de la amiga de Julia—, y sorteando el escollo de los guardias civiles que patrullaban la playa por la noche con linternas, encontramos oportunidades para revivir nuestra pasión. ¿*Nuestra*, digo? En mi caso, sin lugar a dudas. En el de ella, nunca podré saber si se me volvió a entregar por piedad, porque todavía me quería a su manera... o sencillamente porque le gustaba el sexo. De todas maneras, al irse agotando uno por uno aquellos días inolvidables, se apoderó de mí, de manera abrumadora, la certeza de que no iba a poder recuperar a Julia.

Vino a reforzarla una escena, hacia finales de nuestra estancia en San Feliu, durante la cual Julia me dijo que encontraba ridícula a mi madre por su pretenciosa manera de extender el dedo meñique cuando tomaba un café. «¡Es que cree que se hace así y no tiene idea!», me comentó con sorna. Reaccioné muy negativamente ante la crítica, sintiéndome herido en lo más hondo.

Al rememorar ahora aquel incidente veo otra vez hasta qué punto vivía yo dominado por mi G, tan dominado que, por una leve crítica a su persona, estaba casi dispuesto a perder definitivamente a Julia. ¡Qué barbaridad, cuando yo mismo era consciente de los grotescos defectos de mi progenitora!

Llegó el fin de nuestra temporada a orillas del mar latino. Hubo que deshacer la tienda de la Primera Guerra Mundial, reunir todos nuestros bártulos y disponerlos en la furgoneta, despedirnos de los amigos que nos habíamos hecho entre el resto de veraneantes. Era tristísimo.

Del viaje de vuelta sólo recuerdo que traté de hacerle el amor a Julia en un bosquecillo al abrigo del cual pasamos nuestra última noche de camping, cerca de Calais, y que ella no estaba por la labor. España y el verano ya quedaban atrás. Se había terminado mi permiso amoroso.

Nos despedimos en la estación de Dover, desde donde ella y su amiga regresaron a Londres. No pude retener las lágrimas cuando se alejó el tren. Tenía la convicción de que mi relación con Julia había acabado para siempre.

Volví a Newfield para el último curso. Traté de estudiar, pero no podía olvidar a Julia, los maravillosos momentos vividos a su lado en la Costa Brava, el sabor de su boca, su risa, el ardor de su cuerpo. Cuando hablaba con ella por teléfono me daba evasivas: tenía muchísimo trabajo, veía de vez en cuando a su amigo psiquiatra, sí, pero tampoco estaba segura, que por favor le diera un poco más de tiempo... Un día no aguanté más. La llamé y le dije que quería verla enseguida. Después de pensarlo un momento, tal vez compadeciéndome, accedió. Poco después cogí el tren de Londres. En el hotelucho de Saint Pancras, cerca de la estación, donde había reservado una habitación, me esperaba una nota suya. Me pedía disculpas, pero había decidido no acudir a la cita. Me había llamado a Newfield a la media hora de hablar conmigo, pero yo ya no estaba. Me dijo que le daba miedo volver a verme. Que no quería empezar otra vez. Que yo le cortaba las alas. Que nuestras vidas iban por derroteros distintos y que no había manera de cambiar la fatalidad. Que había que terminar. Que me escribiría para explicármelo todo. Que sentía profundamente hacerme sufrir pero que tenía que ser así.

Durante una hora lloré convulsivamente sobre la cama. Luego, recobrándome un poco e impelido por una fuerza irresistible, decidí acercarme a Highgate, donde vivía, para ver si lograba espiarla por última vez.

Delante de la casa de los padres de Julia había un pequeño y recoleto parque privado al cual sólo tenían acceso los vecinos. Allí nos habíamos paseado juntos, cogidos de la mano, e incluso, más de una vez, hecho el amor, sigilosamente ocultos entre los tupidos arbustos que embellecían el lugar. Se me ocurrió ahora, fríamente, que desde el parque podría controlar perfectamente quién entraba en la casa o salía de ella. Sólo haría falta saltar el enrejado del recinto, no muy alto, y esconderme entre la vegetación frente a la vivienda. Estábamos ya en octubre, y anochecía temprano. Pagué la cuenta del hotel, y después de vagabundear durante algunas horas como un niño abandonado, parando en numerosos bares, tomé el metro de Highgate. Serían las once de la noche.

Tuve buen cuidado de que nadie me viera saltar el enrejado del parque. Acurrucado entre las sombras, frente a la casa, empecé a esperar. Las luces estaban encendidas en la sala de estar, y de vez en cuando pasaban delante de la ventana el padre o la madre de Julia. Era evidente que ella no estaba. Tenía la seguridad de que volvería tarde, pues era un sábado. A la una se apagaron las luces. Sus padres se acostaban. ¿Cuánto tiempo duró mi vigilia? ¿Una hora, dos? Sólo recuerdo que los minutos pasaron con lentitud atroz. Finalmente apareció un coche y se paró delante de la puerta. Gracias a la luz de farola de la calle reconocí enseguida a Julia, sentada al lado del conductor. Hablaron veinte minutos, luego se abrazaron larga y apasionadamente y Julia bajó. Antes de entrar en la casa, envió, radiante, un beso a su acompañante. ¿Se trataba del psiquiatra? Me lo suponía. El chico esperó un momento, mirando la puerta cerrada. Unos segundos después el coche arrancó y desapareció de vista.

Ver a Julia en brazos de otro fue la confirmación de que todo había terminado. Fue recibir la anunciada estocada. Me quedé como paralizado durante no sé cuánto tiempo, sin poder moverme. Creía que me iba a morir, que se me iba a parar el corazón. Finalmente logré incorporarme y salir del parque. Hacía frío. Se me ocurrió que podía suicidarme, tirándome a un canal que había allí cerca. Algo me retuvo. No recuerdo nada más, sólo que decidí ir andando a la estación, a varios kilómetros de distancia, para volver en el primer tren de la mañana a Newfield.

Fueron días terribles. Debido a mi excluyente obsesión por Julia, apenas tenía amigos en quienes confiar. Estaba al borde de un colapso y no era extraño que, en tales circunstancias, resurgiera mi antigua fe en Cristo, el amigo de los que sufren.

Hacia finales de octubre pasé un fin de semana en Cornualles. Quería volver a las marismas de Tregawny y ver los ánsares, que según me había asegurado mi padre por teléfono acababan de llegar desde sus hábitats nórdicos, como hacían cada año en estas fechas. Estaba seguro de que regresar a mi paraíso infantil y volver a oír los graznidos de aquellas aves hurañas y misteriosas me devolvería algo de paz y de confianza en la vida. Y así fue.

Le conté a Bill mis penas. Resultó que él también estaba pasando por una etapa negra, luchando sin éxito contra su inclinación homosexual. Desesperado, había confiado sus problemas al tío Ernest, que se había mostrado comprensivo. A nuestro padre, tan temeroso ante cualquier confidencia íntima, Bill no había podido decirle ni una palabra de lo que le ocurría. En cuanto a mi madre, viendo que su adorado primogénito se sinceraba con Ernest en vez de con ellos, se subía otra vez por las paredes. Y se subió aún más cuando se hizo evidente que, influenciado por mi tío, Bill ya sentía el tirón de Rearme Moral, que le parecía ofrecer una salida a sus problemas.

Bill me habló con entusiasmo del movimiento. Había hecho confesión, a modo de prueba, ante Ernest y otros tres o cuatro miembros de la organización. La «pureza absoluta» había sido lo más difícil, desde luego. Allí habían salido a relucir todas sus tentaciones y tentativas sexuales, en realidad más de pensamiento que de hecho. Terminada la confesión, limpia ya la pizarra, Bill había jurado ante Dios ser todo pureza, amor, veracidad y abnegación hasta la muerte. Y vivir, a partir de aquel mismísimo momento, atento a las directrices que Dios se dignara transmitirle cada día. ¡Era mucho prometer! Todo esto en boca de mi hermano sonaba rarísimo, pues nunca antes había mostrado interés por la religión.

Me explicó Bill cómo habían ido aquellos iniciales contactos con Dios. La primera mañana de su «conversión», sentado con papel y lápiz listos, se había sentido impelido a apuntar los nombres de personas a quienes creía haber hecho daño de alguna manera. Luego se le había ocurrido que su obligación era escribir a cada una, para disculparse, o hablar con ellas. Al hacerlo había experimentado un gran alivio. ¡El sistema funcionaba! También le había dicho Dios, por supuesto, que no pensara más en historias con chicos. Bill había asentido, experimentando a continuación otro acceso de optimismo. No le cabía duda: ¡estaba en el buen camino!

Mi hermano me dijo que a mediados de noviembre iba a visitar la sede de Rearme Moral en Caux, localidad ubicada en las montañas encima de Montreux, en Suiza. El tío Ernest estaba a favor, y papá no se oponía a que Bill se ausentara un tiempo de la imprenta. ¿Por qué no le acompañaba yo una semana, me preguntó Bill? Dejar mis libros unos días no me haría ningún daño, al contrario. Le dije que lo pensaría.

Mi madre estaba desecha, echándole la culpa de todo, no sin razón, a Ernest. ¿No teníamos los metodistas religión suficiente? ¿No nos dábamos cuenta de que la gente de Rearme Moral eran unos chiflados y unos malvados y unos neuróticos acomplejados?

C, según su costumbre, se inhibía, no decía nada, no opinaba. La casa durante aquellos días era más infierno que nunca.

Volví a Newfield. No podía concentrarme en mis estudios. Confié a un médico algo de lo que me ocurría. Me recomendó que viera a un psiquiatra. Lo hice. Después de escucharme, me dijo que lo que necesitaba era más bien un psicoanalista. Pero no había psicoanalista en Newfield. Entretanto me presionaba Bill para que le acompañara a Suiza. Pedí permiso a mi jefe de estudios para ausentarme brevemente, alegando no recuerdo qué excusa. Me lo concedió.

Unos días después Bill y yo nos encontrábamos en el funicular que sube desde Montreux a Caux, mientras se desplegaban ante nosotros unas vistas cada vez más impresionantes del lago de Ginebra.

La sede de Rearme Moral era imponente, como un enorme palacio de congresos dividido en varios pabellones. Se veía enseguida que allí había dinero. Una multitud de gente de distintas razas hormigueaba por las salas. Recuerdo sobre todo las cocinas, donde se preparaban platos autóctonos para las distintas nacionalidades. Platos servidos, desde luego, sin alcohol. Durante los diez días que estuve allí —algunos más de los previstos—, no bebí una gota de vino o de cerveza, algo ya impensable en mí. Tampoco pedí jamás una segunda porción del plato que fuera, por temor a que me acusasen de gula. El empeño de aquella gente en transformar el mundo a toda costa era tal que te afectaba, quisieras o no, y no había resquicio para el placer.

¿Qué coño hacía yo allí, el estudiante de literatura que quería liberarse de su metodismo, de su entorno familiar, de sus sufrimientos, y que proyectaba hacer una tesis doctoral sobre Rubén Darío? Repasando las breves notas que apunté entonces, no me cabe la menor duda de que la crisis que padecía era tan aguda que estaba dispuesto a probar cualquier sistema que me prometiera alivio. Y Rearme Moral, por las peculiares circunstancias del momento, era el que más tenía a mano. No hay otra posible explicación.

Adiestrado por Bill, sabía que iba a tener que confesarme ante unos adeptos para que el deseado alivio se hiciera realidad. Contagiado por aquella locura, estaba dispuesto a hacerlo. Se nombró a un grupo de dos o tres personas —supongo que después de consultar previamente con Dios—, se acordó el día y empecé a preparar unos folios en los cuales iba relacionando mis pecados. El resultado, inevitablemente, fue un recuento de mi experiencia sexual con Julia.

El día señalado leí aquella confesión delante de los miembros del grupo, que me escucharon desabridos. Fue horrible, una intromisión repelente en la vida de una persona, pero yo estaba en un momento de tanto abatimiento que no protesté. Leídos mis folios, fueron discutidos. Uno de los presentes declaró que no me había sincerado del todo. Era norteamericano, se llamaba Richard, y le odié desde el momento en que pronunciara aquellas palabras. Me dijo que de haber seguido con Julia mi vida habría sido un desastre, pues la relación en absoluto podía estar acorde con los designios de Dios. Los otros dos confesores *ad hoc* estaban de acuerdo. A su juicio era mi obligación escribir a Julia y ¡pedirle disculpas por haberla sumergido en tanta impureza! De todas maneras, Dios me diría personalmente su opinión durante mi próxima «sesión silenciosa».

Efectivamente, a la mañana siguiente la convicción de que tenía que escribir a Julia era férrea. Se lo comuniqué a aquellos inmisericordes, que me exigieron que les mostrara la carta antes de enviarla. Así lo hice. Richard me dijo que era demasiado blanda. Tenía ganas de mandarle a la mierda, pero me contuve. Escribí, pues, otro borrador. Esta vez se aprobó. Mandé la carta enseguida.

¿Cómo no sentir el mayor desprecio por mí mismo al evocar aquel episodio, quizás el más abyecto de mi vida? ¿O soy demasiado duro conmigo mismo? Es cierto que, debido a mi familia, yo era un neurótico, tal vez algo peor. Me habían llenado de miedos y de vergüenzas, y probablemente había heredado en los genes una disposición a la depresión. Pero ¿y el libre albedrío? ¿La posibilidad de elegir? Nunca he podido resolver el problema de si tenemos libertad o no para ser otro de lo que somos en un momento dado.

Después de mi confesión, viví unos días de euforia. Ya pertenecía a Rearme Moral, había entregado mi vida a Dios, iba a participar en la magna empresa de cambiar el mundo. Los jerifaltes de segundo rango de la organización —nunca llegué a conocer a los de más arriba— me expresaron su afecto y me dijeron que, con intelectuales como yo a su lado, todo iba a ser posible. Que confiaban en mí. Que había sido valiente al renunciar a todo, y que ahora iba a poder dedicarme en cuerpo y alma a la obra. Me daban la enhorabuena.

Compartía habitación con un tipo absolutamente rígido, creo recordar que danés. Una mañana me increpó porque pasaba demasiado tiempo en la ducha. Luego resultaba que dejaba mi peine lleno de pelitos en el cuarto de baño. «Con estos modales —me dijo— no vas a cambiar a un primer ministro». A aquel imbécil, como al inquisidor Richard de mi confesión, tuve inmediatamente ganas de quitarle de en medio.

Durante mi estancia en Caux oí varias confesiones espontáneas.

Un día —acudo a mis apuntes— un personaje inglés a quien no conocía se me acercó y me dijo: «Me siento *guiado* a decirte que esta mañana en la cama no pude resistir la tentación de acariciar a mi mujer. Ahora he perdido mi fuerza (*the power has gone out of me*). Te he estado observando y creo que me comprenderás y que me podrás ayudar». Pero ¿qué le iba a decir yo a aquel pobre tipo? Supongo que personas así, avergonzados como yo de su sexualidad, notaban en mí una sensibilidad afín a la suya.

A veces se confesaban cosas terribles, dignas de figurar en un manual de aberraciones sexuales. Había en Caux numerosos individuos procedentes de las escuelas públicas británicas. Las revelaciones, a menudo de cariz sadomasoquista, eran espeluznantes, y me alegré una vez más de haberme librado del sistema.

A la semana de llegar a Caux, Rearme Moral y sus seguidores, ya me repateaban. Sobre todo las mujeres que eran un espanto. Habían perdido toda su vitalidad en aras de su dedicación a la tarea de cambiar el mundo. Sus caras parecían hechas de parchemina gris, o de cera. Ningún hombre normal habría sentido el menor deseo de hacerles el amor.

En Caux, desde luego, no follaba nadie. Y si alguna vez, por desliz, la naturaleza se salía con la suya, pues a confesar. Lo mismo, por supuesto, con la masturbación. Yo había trabado cierta amistad con un pobre tipo llamado Sidney, que siempre tenía un aspecto cabizbajo. Era de Nottingham. Intuí que se masturbaba. «Sidney —le dije una mañana— me siento impelido a decirte que creo que eres onanista». El pobre se ruborizó hasta las orejas. «Tienes razón, gracias por decírmelo —me contestó humildemente, añadiendo—, trataré de no volver a hacerlo».

Un día invitaron a Frank Buchman, el Fundador, a que presidiera un mitin multitudinario con la finalidad de recaudar fondos para no recuerdo qué iniciativa. Resultó viejo, calvo, corpulento y nada agraciado, con una nariz prominente y labios repelentemente finos. Hubo canciones, interpretadas por representantes de distintas naciones, y testimonios de algunos personajes anónimos «cambiados» por su contacto con el movimiento. El viejo Buchman farfulló unas palabras. Era una especie de momia, algo así como Franco en los últimos años. Y éste era el hombre que, con «los cuatro requisitos absolutos» en la mano, iba a revolucionar moralmente el mundo.

Disipada ya mi inicial euforia me encontraba cada vez más incómodo ante lo que veía a mi alrededor. Además no me sentía nada «cambiado» y mi timidez seguía igual. Estaba haciendo el ridículo. Tomé la resolución de escaparme enseguida. Y digo escaparme, pues estaba convencido de que mis tres «confesores» me vigilaban estrechamente, temiendo lo peor, y de que harían todo lo posible por impedir mi regreso a Inglaterra. Así que me presenté cautelosamente en la agencia de viajes que tenía la organización a la entrada del pabellón principal. Pedí billete de avión para Londres al día siguiente.

—¿Está usted seguro? —me preguntó la encargada de la agencia, mirándome fijamente. Se me ocurrió que probablemente tenía experiencia de casos como el mío. No sería sorprendente.

—Sí, sí, claro —le contesté—, tengo que *cambiar* allí a una persona importante para nosotros. Luego volveré.

Me preparó el billete.

Aquella noche expliqué a Bill —a quien apenas había visto desde nuestra llegada a Caux— lo que hacía, y le rogué que no dijera nada a nadie hasta que no hubiera desaparecido. Ello le ponía en un apuro pero era mi hermano, al fin y al cabo, y me dijo que respetaría mi voluntad.

A la mañana siguiente, temprano y sin que nadie me viera, cogí el funicular y me bajé a Montreux. Me latía acelerado el corazón, pues temía que la encargada de la oficina de viajes me hubiera denunciado y que, descubriendo que el pájaro había volado, me siguieran y me detuviesen antes de poder subir al tren. Era una situación kafkiana. Afortunadamente no apareció nadie. Creo que nunca en mi vida he conocido alivio comparable al que sentí cuando se puso en marcha aquel tren para llevarme a Zúrich y su aeropuerto. Apenas recuerdo nada del viaje. Sólo aquel inmensísimo alivio.

Había salido ileso de un percance muy peligroso. Juré que nunca más me sometería al dictado de nadie, que nunca más me embarcaría en ninguna aventura religiosa. Y así sería.

Regresé a Newfield con unas ganas locas de llevar a buen puerto mi licenciatura. De aquellos siete u ocho meses sólo recuerdo mi intensa y fervorosa entrega a mis estudios.

Llegaron los exámenes. Un amigo me había recomendado unas píldoras homeopáticas muy idóneas para situaciones de mucho estrés. Decidí probarlas. Y era verdad. Aquellas bolitas minúsculas me quitaron la ansiedad y, a lo largo de las tres semanas de pruebas, me permitieron dar lo mejor de mí. No sé qué contenían. Apenas pude creer mi suerte.

Sabía que, en las secciones lingüísticas, tanto en francés como en español, me había esmerado, no me cabía la menor duda de ello, pues todo me había ido de perlas. No así en literatura, donde mis conocimientos, sobre todo de la española, eran sin duda muy deficientes. Pero hubo una gran selección de temas y pude explayarme a mis anchas sobre algunos de mis autores preferidos. Al terminar mi última prueba tenía la convicción de que iba a conseguir un grado suficientemente alto como para poder emprender el doctorado.

No me equivocaba, y de hecho las notas eran mejores de lo que esperaba. Me dieron la enhorabuena mis maestros, sobre todo Mansfield, con quien ahora podría empezar mi tesis sobre Darío. Tendría derecho, además, a una pequeña beca de investigador, lo suficiente para poder subsistir muy modestamente en París durante unos seis meses.

Mis padres estaban encantados con mi éxito. No podían decirlo abiertamente, dado el fracaso escolar de mi hermano, pero les producía orgullo que un hijo suyo tuviera título universitario.

Unos meses antes, al volver de Suiza, le había puesto a mi padre al tanto de mis planes, diciéndole que, de salir bien parado de los exámenes, quería pasar un año en París. No había protestado ni tratado de disuadirme. Encajó con dignidad el que su segundo hijo no quisiera dedicar su vida a la empresa familiar.

En cuanto a mi madre, el hecho de que no iba a tenerme cerca constituía, sin duda, un respiro, pues cuando estábamos juntos ella y yo casi siempre nos enzarzábamos en fútiles discusiones. G no había evolucionado tanto como mi padre a lo largo de los últimos años, y seguía incapaz de tener cualquier idea original o punto de vista propio. Era penoso.

Para la discusión del alojamiento en París, Mansfield me aconsejó que le escribiera a un amigo suyo de la Embajada irlandesa, Patrick Bourke, que le debía unos favores y que tal vez me podría orientar en la materia. Según Mansfield, Bourke —que había estado destinado antes en Madrid—, era un diletante de la literatura, con un notable don de idiomas. Como buen irlandés que era, sabía mucho de Joyce y le gustaba empinar el codo. Además contaba infinitas anécdotas de su estancia en España. Valía la pena conocerle. Era un caso. Mansfield estaba seguro de que nos llevaríamos bien.

Escribí a Bourke y me contestó afablemente, diciéndome que le llamara al llegar a París y que haría todo lo posible por complacerme.

Pasé un mes en Bridgetown antes de embarcarme. Mi hermano se había separado de Rearme Moral después de unas experiencias bastante desagradables, y estaba decidido ahora a asumir su homosexualidad. Tenía mejor cara. Mi madre estaba de enhorabuena: ¿no nos había dicho que aquella gente estaba loca? En cuanto a mi tío Ernest, estaba en relaciones formales con una norteamericana a quien había conocido en Caux. Me confió que el mismísimo Buchman había dado su beneplácito a la unión. Según Bill, que había tratado a nuestra futura tía en Suiza, era poco agraciada.

Tuve tiempo de sobra durante el mes para reflexionar sobre mi carrera universitaria y mi situación actual.

Mis tres años en Newfield habían sido ansiosos y a menudo depresivos, gracias sobre todo a mi traumática relación con Julia.

Obsesionado con conseguir un buen título, casi había abandonado los deportes. No había ingresado en ninguna sociedad dramática, cinematográfica o política. Había hecho muy pocos amigos de verdad. Apenas había salido con otras chicas. Todo había sido trabajar y trabajar, y ello me parecía de una ceguera lamentable. Era muy consciente, además, de no haber digerido adecuadamente las muchas lecturas requeridas por la licenciatura. Lo que necesitaba ahora, urgentemente, era leer despacio, profundizar, escribir, conocer a gente. Para mi tesis sobre Rubén podría y debería tomar el tiempo que quisiera. En París, acabada la beca, haría cualquier cosa para poder permanecer allí un año, enseñar inglés, hacer traducciones, lo que fuera. Además mi padre ofreció, muy generosamente, sacarme de apuros si hacía falta. Le prometí que, de tener que prestarme dinero, un día se lo devolvería y que además me haría merecedor su apoyo.

Estábamos a finales de agosto, y el verano —el incierto verano de Cornualles— se iba extinguiendo lentamente entre lluvias torrenciales y fuertes rachas de viento. Hice una última visita a Tregawny. La playa estaba casi desierta, a excepción de algún bañista empedernido, y había pocos pájaros. Dentro de dos meses, sin embargo, regresarían los ánsares, y las marismas recobrarían su voz más auténtica, la que desde mi niñez me había hablado del impenetrable misterio de la vida y del universo. Pero yo ya estaría en Francia.

En una papelería de Bridgetown compré un hermoso cuaderno envuelto en piel marrón. En él llevaría mi diario íntimo parisiense. Al hojear sus folios inmaculados, e imaginarlos llenos de punzantes observaciones sobre mis aventuras —¿no era París la capital del amor, de la poesía y del arte?— tenía la impresión de que ahora iba a empezar mi vida verdadera y auténtica, decidida por mí, libremente, y por nadie más.

Unos días después me despedí de mi familia y de Inglaterra.

Con Rubén Darío en París

3 de septiembre de 1963. Café de Flore. 10 de la mañana.

¡París! *¡Consummatum est!* Al ver alejarse los acantilados blancos de Dover, sentí un alivio casi tan profundo como cuando me escapé del cuartel general de Rearme Moral en Suiza y pude comprobar que nadie me seguía. Mi emoción fue intensísima. Recordé el famoso cuadro de Ford Madox Brown y la desesperación que vela los ojos azules de aquella pareja obligada a abandonar para siempre —se supone que para siempre— Inglaterra. En mi caso era todo lo contrario.

Llegué aquí al atardecer. Al saltar del tren casi tuve ganas de besar el suelo parisiense. Dejé mis maletas —una llena de libros— en la consigna de la estación. Saqué mi plano de la ciudad, y, sin pensarlo dos veces, enfilé la rue de La Fayette para luego ir bajando despacio hacia el Sena.

Qué gozada. Al cruzar la rue de Rivoli y alcanzar el fabuloso recinto monumental y artístico, me adentré en los jardines del Palacio Real y me senté en un banco. Cerca había dos jóvenes amantes besándose como si sólo existiesen ellos en el mundo, y de una manera tan suave, tan armoniosa, que parecían elementos consustanciales de aquel rincón clásico y simétrico. ¡Mi primera pareja de amantes parisienses! Nadie se besa así, a la vista de todos, en Inglaterra. Tampoco en España, donde seguramente, de producirse un caso, tomaría cartas en el asunto la Guardia Civil. Bajo la fuerte impresión del conjunto, se hizo insistente en mi cerebro el estribillo de Baudelaire:

Là, tout n'est qu'ordre et beauté,
Luxe, calme et volupté.

Y, luego, pisándole los talones, la estrofa de Rubén Darío:

Amo más que la Grecia de los griegos
la Grecia de la Francia, porque en Francia,
al eco de las Risas y los Juegos,
su más dulce licor Venus escancia.

Llevaba en el bolsillo la pequeña autobiografía de Darío, y busqué las páginas donde evoca su primera visita a París, en 1893. «Yo soñaba con París desde niño —escribe—, hasta el punto de que cuando hacía mis oraciones rogaba a Dios que no me dejase morir sin conocerlo. París era para mí como un paraíso donde se respirase la esencia de la felicidad. Era la ciudad del Arte, de la Belleza y de la Gloria; y, sobre todo, era la capital del Amor, el reino del Ensueño».

Así también se me aparecía ayer a mí. ¿Conocía el poeta este rincón donde yo estaba sentado? Seguramente, pensé. Y tal vez presenció aquí escenas amorosas como la que yo tenía delante de los ojos.

Hacía una tarde agradable de finales de verano, y el sol acariciaba las piedras doradas del Louvre. Algunas nubes tenues bogaban hacia el oeste. Me parecía que soñaba.

Crucé el río por el Pont Neuf, parándome largo rato a contemplar la Île de la Cité, con Notre Dame, imponente, al fondo.

Luego me interné en el Barrio Latino, dejándome llevar por el impulso del momento: rue Jacques Callot, rue des Saints Pères, rue de Seine, place du Panthéon... Casi todos los hoteles estaban completos, llenos de turistas. Finalmente, a eso de las diez, logré conseguir una habitación en el último piso de un establecimiento situado en la rue de la Serpente, a dos pasos de la confluencia de los bulevares de Saint Michel y Saint Germain. Hôtel de l'Espérance. Su nombre se me antojó un buen augurio.

Fui en taxi a recoger mis maletas. Luego, ya instalado en el hotel, otra vez a la calle, a vagabundear. Me acosté a las dos de la madrugada.

He decidido iniciar este diario en una de las más famosas terrazas de Saint Germain. Después de todo, había que dar el debido lustre al momento. Pero ¿el Flore o Les Deux Magots? Ésa era la cuestión. La resolví al darme cuenta de que el Flore tiene la ventaja de dominar no sólo el bulevar sino la esquina de la rue Saint Benoît. Ofrece, por tanto, más ventajas para la observación. De modo que no dudé más.

Es increíble el espectáculo de la gente que pasa por la acera... y que se sienta. ¡Qué sofisticación! No se trata de un mito: las parisienses son *ravissantes* y desenfadadas, con una risa incomparable y yo diría que inconfundible. No me extraña que Man Ray decidiera ser fotógrafo para tener la seguridad de poder acceder con toda facilidad a estas portentosas criaturas.

Hoy, a seguir explorando y orientándome. Ya vendrá el momento de llamar a Patrick Bourke.

4 de septiembre. Hôtel de l'Espérance. 11 de la mañana.

Acabo de leer la crónica de Darío sobre la muerte en 1900 de Oscar Wilde, a quien había conocido unas semanas antes en un bar del bulevar des Italiens. A Rubén, que está en París para cubrir la Exposición Universal, le fascina la caída de Wilde desde la más alta cumbre imaginable de la gloria literaria —cuando es el ídolo de todo Londres—, hasta el nadir del desprecio y del abandono por parte de sus amigos. «Como un perro murió —escribe Rubén—. Como un perro muerto estaba en su cuarto de soledad su cadáver». Darío cree que Wilde se ha suicidado, con estricnina. Seguramente corrieron voces en este sentido. Pero no murió así, claro. No dudo que a Rubén, profundamente católico a su manera, le habría complacido saber que el gran Óscar tuvo el consuelo de recibir los sagrados sacramentos antes de fenecer.

Ayer, después de mi desayuno inaugural en el Flore, decidí visitar la tumba de Wilde en el Père Lachaise, que desde hacía mucho tiempo quería conocer. Fui en metro, en el simpático metro parisiense, que todavía conserva en numerosas estaciones las originales entradas *art nouveau*.

El famoso cementerio no me decepcionó. Es inmenso, escarpado, con abundantes árboles frondosos —ocupados por ruidosas urracas— entre los panteones. A cada paso uno tropieza con la tumba de una celebridad.

No había nadie delante del panteón de Wilde. Sobria construcción de Jacob Epstein, la encargó una innominada admiradora del poeta. Una inscripción reproduce cuatro versos de la *Balada de la cárcel de Reading* en los cuales Wilde evoca el miserable agujero sin cruz al cual se tirará el cuerpo del ahorcado:

> *Y lágrimas foráneas llenarán para él*
> *la urna de la piedad, desde hace mucho tiempo rota,*
> *porque los que le lloran serán los rechazados*
> *y los rechazados siempre lloran.*

Justo cuando me iba llegó ante la tumba una muchacha delgada, de largo pelo negro y tez pálida, con cuatro rosas rojas en la mano. Llevaba un hermoso abrigo marrón. Después de leer la cita, absorta, depositó las flores, con gesto reverencial, al pie del mausoleo. Me miró un segundo, justo un segundo, como si yo fuera un intruso. ¿Era inglesa, francesa? Mi timidez me impidió dirigirle la palabra. ¡Maldita timidez! ¿Cómo pude desperdiciar una ocasión tan propicia para actuar decisivamente, de acuerdo con mi nuevo programa? Habría sido tan fácil. Podía haberle abordado con algo así como «perdone, pero veo que usted admira como yo a Wilde...». En vez de hacerlo, de arriesgarme, me alejé cobardemente, espiándola desde detrás de un arco roto. Seguía allí, en actitud meditativa. Algo me distrajo un momento y, cuando volví a mirar, había desaparecido. Ahora casi dudo de si apareció allí realmente aquella mujer o fui víctima de una visión o de algún vago recuerdo literario, fruto de mi estado hipersensible en esos momentos.

Poco después me encontré de repente delante del panteón de la poetisa Anna de Noailles. Mirando por la puerta de cristales, vi que, sobre una mesita, había una fotografía suya de cuando era joven y guapa. Me impresionó la inscripción, escrita en tinta: «Hélas! Je n'étais pas faite pour être morte».

¡Y quién! Luego tropecé con la tumba de Marcel Proust, de reluciente mármol negro. Iban y venían sobre la piedra horizontal, afanosamente, unas hormigas, llevando pequeñas briznas de hierba seca para —me lo suponía— tapizar con ellas sus palacios de invierno. Me pareció adecuado: sobre la tumba de quien dedicó su vida al intento de recuperar el tiempo «perdido» se movían pequeñas criaturas que muy pronto, pese a sus previsiones, serían inexorablemente arrastradas hasta la nada.

Sintiéndome de repente abrumado de tristeza, tuve ganas de volver atrás y ver si localizaba a la misteriosa muchacha del mausoleo de Wilde, que tal vez no habría salido todavía del recinto. Pero no lo hice, pensando que sin duda me invadiría otra vez mi habitual timidez.

Subí luego a lo alto del cementerio. El cielo estaba casi despejado, con unas pocas nubes algodonosas. A mis pies se tendía la ciudad de mis sueños, desplegada a lo largo de su río. Llevaba tres años deseando conocer este mirador. Desde, exactamente, el momento en que terminé de leer *El padre Goriot*. Porque es aquí donde Balzac pone en boca de Rastignac, que acaba de enterrar al viejo, su inmortal reto al París del *beau monde* al cual se desvive por pertenecer: «Y ahora, ¡a nosotros dos!».

Cuando abandoné el cementerio había recuperado mi buen humor. Aunque sólo llevaba pocas horas en París ya había homenajeado, a mi manera, a Wilde y a Balzac, y eso antes de ver el Louvre. Tenía la impresión de que la capital de la cultura, si no la del amor, ya era un poco más mía.

De Rastignac no tengo, desafortunadamente, ni el apellido aristocrático, ni el buen parecer ni el arrojo —¡él no habría dudado un segundo en hablar con la pálida muchacha de la tumba de Oscar!—. Pero ello no me impedirá sacar de mi estancia en París todo el provecho posible.

5 de septiembre.

No exageraba Mansfield: Patrick Bourke es todo un personaje. Me citó anoche a las ocho en una pequeña *brasserie* cerca de la rue des Beaux Arts. Gordinflón, no muy alto, frisando, yo diría, la treintena, con el pelo revuelto, ojos sorprendentemente azules detrás de unas gruesas gafas de miope, piel rojiza manchada de pecas, labios carnosos y una sonrisa pícara, me pareció el arquetipo irlandés.

Lo primero que me dijo fue:

—Te he citado aquí porque es el bar más cerca de donde murió Wilde, a quien vosotros los ingleses perseguisteis hasta la muerte.

—No le perseguí yo —contesté—. Además, ya he ido a ver su tumba en el Père Lachaise.

Vi que Bourke estaba bastante impresionado. Y aún más cuando le conté lo de la chica morena que había depositado allí las rosas.

—¡No hay que dejar pasar nunca una ocasión así! ¡Nunca! —exclamó—. Yo también soy un tímido de la hostia, pero trato siempre de superarme. A veces lo consigo, ¡sobre todo después de unas copas!

Y soltó una risa estentórea.

Sacó a continuación una carta y empezó a leérmela. Era de Mansfield. Decía más o menos que yo era su mejor alumno, que iba a hacer la tesis doctoral sobre Rubén Darío bajo su supervisión, y que confiaba en que me orientara Bourke, sobre todo en la cuestión de alojamiento.

—Mansfield es un tío cojonudo —sentenció éste—. Le debo mucho, un día te contaré. Si a mí me pide algo, no tengo más remedio que cumplir. De modo que, a no ser que resultes un hijo de puta, me puedes considerar amigo tuyo a partir de esta tarde. ¡Vamos a brindar ahora mismo por tu éxito! Luego seguiremos hablando.

Pidió una botella de champaña. Media hora después yo estaba un poco trompa. Menos por el alcohol que por la euforia de encontrarme con un alma afín nada más llegar, y que además me iba a ayudar a encontrar un rincón donde instalarme. Hablamos durante tres o cuatro horas seguidas de literatura. Bourke es un gran conocedor de Joyce —ya me lo dijo Mansfield— y se ha encargado de identificar cada lugar de París relacionado con el escritor. Es del oeste de Irlanda, y licenciado en filología celta por la Universidad de Dublín. Habla torrencialmente, con un fortísimo acento irlandés, y emana vitalidad. Después de muchos esfuerzos, me dice, se ha «medio liberado» de la influencia del catolicismo. No puede ver a los curas: «¡Me han quitado miles de polvos!» Le cuento mi experiencia con el metodismo. Me insinúa que, pese a estar casado, con dos niños jóvenes, no es del todo ajeno a la frecuentación de las alegres damas de la noche parisina. Le pregunto por su experiencia en Madrid. Allí estuvo tres años, a partir de 1958. No sabía nada del idioma al llegar pero puso hombro al arado y ahora lo lee y lo habla con soltura. Durante su estancia fue comprando toda la colección de Clásicos Castellanos, de Espasa Calpe. Da la impresión de haberla leído entera. Uno de sus poetas predilectos es el Arcipreste de Hita, y sabe de memoria muchos versos del *Libro de buen amor*. Me recitó estupendamente las dos estrofas en que Juan Ruiz apela a los griegos antiguos para justificar su amor a las mujeres:

Como dize Aristóteles, cosa es verdadera:
El mundo por dos cosas trabaja: la primera,
Por aver mantenençia; la otra cosa era
Por aver juntamiento con fenbra plazentera.

Si lo dixies'de mío, sería de culpar;
Dízelo grand filósofo: no so yo de reptar;
De lo que dize el sabio nos devedes dudar,
Ca por obra se prueba el sabio é su fablar.

«¡Si lo dixies' de mío, sería de culpar!», repite una y otra vez Bourke, riéndose otra vez estrepitosamente. A mí también me impresiona la socarronería del poeta, y le pido que me copie en una servilleta los versos que ha citado.

De Juan Ruiz mi nuevo amigo pasa a otras «cosas de España», mezclándose en el torrente de su facundia celta nombres, citas y anécdotas de gentes y lugares.

En un momento dado de nuestra larga noche de copas, empezamos a cambiar impresiones acerca de los relativos méritos, como idiomas, del francés y del español. Le digo que para Victor Pritchett, el amigo de Gerald Brenan, el castellano es «latín de desierto». Le encanta la ocurrencia. Convenimos en que el francés, sobre todo en boca de mujer, es el idioma románico más armonioso, más sutil.

—¡París, además, es una ciudad femenina! —recalca teatralmente—. Esto lo sabían los simbolistas y luego los surrealistas. ¡Y París hizo el idioma! Madrid es una ciudad masculina, surgida del duro suelo de la meseta castellana. Y el idioma que allí se habla es masculino. ¡Nada de *douceur*! Pero a mí, si te digo la verdad, a veces me revienta el francés, lo encuentro demasiado suave; todo el mundo hablando en voz baja en los restaurantes y tal. Echo de menos Madrid, el ruido, el bullicio, la generosidad. ¡Aquí nadie te invita a una copa! ¡Y no hay una jodida tapa en toda la ciudad!

—¡No echarás de menos el río de Madrid! —se me ocurre decirle, pensando en el majestuoso Sena visto desde el Père Lachaise.

Bourke me mira con sus ojos acuosos.

—¿El río, dices? Mira, Lope de Vega se cansó de oír chiste tras chiste a costa del Manzanares. Y compuso una copla tan pequeña como este dedo —y Bourke levanta el meñique, de hecho muy pequeño— para confundir a los que se metían con él. ¡A que no la conoces!

Admití de buena gana mi ignorancia.

—Pues, ¡toma ya!

Y, poniéndose de pie y extendiendo el brazo derecho, declama:

Manzanares claro,
río pequeño,
por faltarle el agua
corre con fuego.

Dios sabe de dónde habrá sacado la coplilla. ¿Tiene citas para todas las ocasiones? Parece que sí.

Pasada la medianoche, Bourke se acuerda de que tiene que decirme algo. Se trata de la cuestión del alojamiento. Me explica que un amigo suyo, diplomático belga, tiene un pequeño estudio que a veces alquila en la rue Mabillon, cerca de la place Saint

Sulpice. El estudio quedará vacío dentro de quince días. El belga le ha dicho que me lo dejaría a un precio razonable, por ser Patrick amigo suyo. ¿Por qué no ir a verlo? Le digo por supuesto que sí. Insiste en que debo coger el toro por los cuernos, pues con el regreso de los estudiantes no va a ser fácil encontrar lo que quiero. Me doy cuenta de que, si no ha sacado antes el tema del alojamiento, es porque quería tener primero la seguridad de que yo le caía bien.

Veremos el pisito del belga la semana que viene.

Nos despedimos después de pasar unos minutos delante del hotel donde murió Wilde, a la vuelta de la esquina. Nos hemos llevado estupendamente. Al acostarme tengo la seguridad de que la suerte me sigue favoreciendo.

6 de septiembre. Les Deux Magots. 8.30 de la mañana.

Me despierta un insistente tamborileo en el tejado, y queriendo disfrutar al máximo mi primera experiencia de París bajo la lluvia salgo corriendo para poder conseguir una mesa al lado de la ventana. Café con leche y *croissants* en Les Deux Magots, servido por un camarero elegantísimo, con mandil y todo. ¿Qué más podría pedir un recién evadido de Inglaterra? Desde luego el establecimiento es carísimo y no podré venir aquí a menudo. Pero hoy tenía que ser una excepción.

El pub inglés expresa el empeño de los británicos en no ver lo que pasa en la calle, en crear un espacio acogedor *exclusivamente interior*. No así el típico café francés. Con cristales hasta el suelo, o sea hasta el nivel de la calle, el lugar permite observar minuciosamente todo lo que pasa fuera además de dentro. Y lo que pasa fuera es... mujeres. ¿Cómo se iba a privar el francés, a la hora de tomar un vermú, de la vista de las lindezas que transitan por la acera?

Que transitan, además, como emperatrices, como puedo constatar desde aquí a cada momento.

He descubierto que una mesa en la ventana de un café parisiense es el mejor sitio donde perderle el miedo a mirar a las chicas. Sólo es cuestión de clavar los ojos en la hermosa de turno, resolver no quitarlos de allí y, si se entera, sonreírle. Me cuesta mucho trabajo hacerlo. Es un poco como subir a un trampolín no muy alto y luego descubrir que te faltan los huevos para tirarte al agua. Sentado en este sitio, con una barrera de cristal en medio, ¿qué peligro puede haber en mirar descaradamente a una mujer? Ninguno. Pero me resulta difícil. Seguiré practicando.

En pocos días he sucumbido a los encantos de esta ciudad. No podía ser de otra manera. Ya estaba enamorado de ella antes de llegar. ¿Qué me importa a mí si aquí hay una porción de gentes de mala leche, chovinistas, *je m'en foutistes* y autocomplacientes? El gran París es el París de la libertad, del amor sin complejos, de la creatividad, de las barricadas, del individualismo.

Si no fuera por este dietario ingenuo y entusiasta, llevado a rajatabla durante mis primeros meses parisienses, y luego, casi inevitablemente, a intervalos cada vez más espaciados, me sería imposible reconstruir hoy tan decisiva etapa de mi vida. Imposible porque, como biógrafo que soy, sé que la memoria es espantosamente incompleta además de muy poco fiable.

Llevar un dietario íntimo no ha sido jamás una costumbre muy cultivada entre españoles o hispanoamericanos. De tal escasez se queja Gerald Brenan, apuntando que, sin esta clase de documentos, es casi imposible escribir biografías. ¿Por qué tal carencia? ¿Porque el español practica tan intensamente su *carpe diem* individual que no le queda tiempo para apuntar nada? Tal vez. ¿Porque no le atrae, por falta de curiosidad, el análisis en profundidad de sus sentimientos más íntimos? Quizás. ¿Porque teme que un texto demasiado personal podría ser contraproducente, de caer en manos ajenas, revelando debilidades inconfesables? Es posible. No sé las respuestas, pero el hecho es que los diarios íntimos escasean en los países de habla española.

Yo he sido mi propio cronista sólo en momentos en que lo que me pasaba me parecía revestir una especial relevancia. Fue el caso de París. Gracias a mi diario sé que, exactamente quince días después de mi primer encuentro con Bourke, ya estaba instalado en el pequeño estudio de la rue Mabillon, que se encontraba en la última planta de un edificio algo desconchado. Desde su gran ventana se veían los tejados del Barrio Latino. Tenía los muebles estrictamente necesarios, nada más: una cama, una minúscula cocina, un váter, algún sillón. No podía creer mi suerte. ¡A las tres semanas de llegar a París ya tenía mi escondite, gracias a Mansfield y a Bourke! El diario no da fe de cuánto me costaba mi *garçonnière*, pero no era demasiado cara: Bourke había mediado con eficacia ante su amigo belga.

Sin perder un instante ordené los libros que había traído conmigo y empecé a planificar mi trabajo.

El primer objetivo era familiarizarme de verdad con las obras completas de Darío. Familiarizarme, no: imbuirme de ellas a fuerza de una frecuentación diaria, continua, apasionada. Había llevado conmigo a París la edición de Afrodisio Aguado, en cinco tomos. Cinco tomos, encuadernados en piel, que sumaban, entre prosa y poesía, más de seis mil páginas y que tenían la ventaja de ser pequeños, y, por lo tanto, fáciles de llevar en el bolsillo. Sabía, por supuesto, que se había escrito mucho, muchísimo, sobre Darío, pero por el momento ello no me preocupaba. Al contrario. Lo que quería era conocer y anotar por mí mismo toda la producción del poeta, e ir formando mis propias opiniones acerca de ella, sin la mediación de otras personas. Más adelante vendría la consulta de los críticos.

El segundo objetivo era leer detenidamente a los poetas franceses de quienes Darío se había alimentado, y que le habían impulsado a llevar a cabo su renovación de la lírica española. O sea, profundizar no sólo en los grandes como Hugo, Baudelaire y Verlaine sino en la pléyade de poetas menores, algunos de ellos poco conocidos, que tanto le habían atraído.

Luego tenía otras metas de menor relieve: adquirir un francés hablado lo más perfecto posible, y relacionarme con el mundo del exilio español en París, que por Mansfield sabía nutrido y abigarrado. Y por si no fuera suficiente, lecturas de literatura actual, sobre todo inglesa, y cine.

Respecto a Darío, empecé con una relectura a fondo de *Los raros*. ¿Cómo no, si el libro había sido inspirado por su primera visita a París en 1893?

Con sus viñetas de veintiún escritores más o menos bohemios del siglo XIX, casi todos ellos franceses, el librito me volvió a encandilar. Me había hecho con un ejemplar de la segunda edición ampliada de Barcelona, de 1905, y durante cuatro semanas lo llevé conmigo a todas partes, devorando sus páginas en el metro, en los bares, en el Jardín de Luxemburgo, en la calle, en cualquier sitio en que me encontrara.

De la identificación de Rubén con los estrafalarios personajes retratados en el libro no cabía la menor duda. Darío era tan raro como cualquiera de ellos. A quien más se parecía, sin duda, era a Paul Verlaine. «Raras veces ha mordido cerebro humano con más furia y ponzoña la serpiente del Sexo —escribe Rubén—. Su cuerpo era la lira del pecado. Era un eterno prisionero del deseo. Al andar, hubiera podido buscarse en su huella lo hendido del pie».

Más tarde comprendería hasta qué punto Darío hablaba aquí de sí mismo.

Me costó trabajo convencer a Patrick Bourke de la importancia y vigencia del poeta nicaragüense. Obsesionado como estaba con Joyce, no veía en Rubén más que sus aspectos más superficiales... las princesas pálidas, la marquesa Eulalia que ríe y ríe, los cisnes, el exotismo, la sonoridad. Con todo, hizo un esfuerzo y a instancias mías se dignó leer *Los raros*. El libro le gustó y estuvo de acuerdo conmigo en que sendos capítulos dedicados a Verlaine y al Conde de Lautréamont eran los más entretenidos.

Yo no había oído el nombre de Lautréamont antes de conocer, en Newfield, los comentarios de Darío, y al llegar a París no había leído todavía su tremendo, tremendísimo libro *Los cantos de Maldoror*. Comprendí que ya era hora de que lo hiciera.

Rubén se había fijado, como luego harían André Breton y los surrealistas, en los extraordinarios símiles de Lautréamont: «El gran duque de Virginia era bello, bello como una memoria sobre la curva que describe un perro que corre tras de su amo»; «el escarabajo, bello como el temblor de las manos en el alcoho-

lismo»; «el buitre de los corderos, bello como la ley de la detención del desarrollo del pecho en los adultos cuya propensión al
crecimiento no está en relación con la cantidad de moléculas que
su organismo asimila»; y, sobre todo, la comparación de la belleza
de un adolescente con la del «encuentro fortuito de una máquina
de coser y un paraguas sobre una mesa de disección».

Dichas comparaciones entusiasmaron tanto a Bourke como a
mí, y acordamos leer enseguida *Los cantos de Maldoror* y comentarlo juntos.

A ambos nos pareció genial aquel libro, con su furibunda rebel-
día contra un Dios capaz de crear un mundo tan cruel e injusto.

Descubrí que Lautréamont había vivido en un miserable hotelucho de la rue Vivienne, cerca de la Bibliothèque Nationale donde,
casi cada mañana, yo dirigía mis pasos para leer a los parnasianos
y simbolistas. Busqué infructuosamente la casa, creyendo que
habría una placa. Pero no, París se había olvidado de aquel raro
entre raros, nacido en Montevideo en 1846 y muerto sólo veinticuatro años después, desconocido y paupérrimo, en la capital del
Arte y del Amor pero también de la Miseria.

Mansfield me había dicho que para conocer a los exiliados del
franquismo lo mejor era frecuentar la Librairie Espagnole, en la
rue de Seine. Patrick me lo confirmó.

No tardé en hacerme asiduo de ella. Por allí circulaban todo
tipo de opositores al régimen, desde anarquistas irredentos y
comunistas dogmáticos hasta viejos republicanos liberales y
socialdemócratas. No se hablaba más que de España: de cuándo
iba a caer o morirse Franco, de lo que vendría después, de la
posibilidad de que, pese a las apariencias, el príncipe Juan Carlos
fuera buen chico (sabiamente aconsejado por su padre a espaldas del Caudillo), de la eventual entrada del país en el Mercado
Común, de si podía haber otra guerra fratricida, del concordato
con el Vaticano, de las bases norteamericanas...

Entre aquella grey de insatisfechos se encontraban varios ex
combatientes que habían luchado al lado del maquis francés a

partir de 1939, y para quienes la idea de volver a España antes de la muerte de Franco era del todo inconcebible. Aquellos tipos curtidos en la guerra y luego en la lucha antinazi daban la impresión en general de estar escasamente informados acerca de la realidad actual de España, donde, gracias sobre todo a la creciente presión del turismo, las costumbres cambiaban muy deprisa. O sea, donde el cambio sociológico iba muy por delante del cambio político.

Un día entablé conversación allí con un chico que leía absorto, sentado en un rincón y fumando incansablemente, un libro de Luis Cernuda.

Joaquín García, así se llamaba, era un saco de nervios. Gallego, delgadísimo, de tez cetrina y nariz aguileña, padecía un temblor de manos tan agudo que apenas era capaz de sostener un vaso sin que el líquido se desparramara por la mesa. Decía que ello era el resultado de las palizas que le habían dado en los sótanos —de infame recuerdo— de la Dirección General de Seguridad, en la Puerta del Sol, a raíz de repartir unas octavillas; y, luego, de las penalidades de su recién terminado servicio militar en Ceuta, muy duro.

Después de los militares y los policías, a quienes más odiaba Joaquín era a los curas. Les odiaba con odio profundo, metódico, riguroso, y el hecho de que su propio hermano fuera uno de ellos le parecía el peor de los sarcasmos. Al hablar de los curas, a Joaquín se le arremolinaba en las comisuras de los labios una baba verdosa que no he visto nunca en nadie más. Para conjurar aquella manía, que amenazaba con destruirle, dibujaba obsesivamente al enemigo, a todas horas y en todas partes, en cualquier trozo de papel que encontrara a mano. Conservo servilletas y hojas atiborradas de caricaturas anticlericales suyas. Curas delgadísimos echando la bendición, diciendo misa o bailando borrachos; curas gordísimos —los más— poniéndose morados en mesas cargadas de suculentos manjares; curas masturbándose en el confesionario mientras escuchan los pecados de lindas muchachas; curas aporreando a «rojos» con crucifijos enormes; curas defecando; curas arengando a una clase —Joaquín había estudiado con ellos—; curas orinando; curas enanos sentados sobre las rodillas de prostitutas con enormes pechos al aire; y, por si faltara algo, algún obispo podrido inspirado en Valdés Leal... Si Joaquín no hubiera machacado así, cada día, simbólicamente, a cincuenta o cien curas, creo que no habría podido seguir viviendo. Era la válvula de escape para un resentimiento potencialmente mortal.

Joaquín, que me llevaba tres años, era licenciado en literatura francesa y trabajaba en una tesis sobre Albert Camus, cuya muerte en accidente de coche, ocurrida en 1960, le había privado de la posibilidad de conocer personalmente a su héroe, para íntima congoja suya. El hecho de que yo admirara *El extranjero* y *La plaga* ayudó a que nuestra amistad cuajara. Además compartíamos otros entusiasmos literarios, tanto franceses como españoles, entre ellos Quevedo y Flaubert.

Joaquín quería mejorar su inglés y yo mi español, de modo que decidimos vernos varias tardes a la semana para trabajar juntos. El ejercicio fue utilísimo para ambos. Solíamos reunirnos en cafés de distintos barrios —nada de tertulia fija— para ir conociendo también más rincones de la ciudad. Un día recalamos en la Place Blanche, en los aledaños de Montmartre, y nos sentamos en un café que luego resultó haber sido el Cyrano, frecuentado por Rubén a principios de siglo y, veinte años después —consumada ya la tragedia de la Primera Guerra Mundial— por el grupo surrealista. Sentirnos rodeados de los manes de escritores de tal categoría dio más intensidad a nuestra sesión de aquella tarde.

Joaquín vivía en una pensión de mala muerte en la rue du Dragon, no lejos de mi estudio. Daba clase de español en una escuela norteamericana, y estaba harto de sus alumnos, por lo visto bastante insoportables. Tenía una novia española, también profesora, llamada Ramona. Con ellos fui una noche a ver una proyección especial de *Morir en Madrid*. Me conmovió profundamente la cinta, y me dio vergüenza no estar más al tanto de la tragedia desencadenada en 1936. El libro de Hugh Thomas sobre la guerra acababa de ser publicado en París por Ruedo Ibérico, la recién fundada editorial del exilio, y todo el mundo lo comentaba. Empecé a leerlo poco después. También otro libro editado por

Ruedo Ibérico, *El mito de la cruzada de Franco*, por el investigador norteamericano Herbert Southworth, que me pareció genial. El libro dejaba en ruinas la credibilidad de los seudohistoriadores del régimen, empezando con Ricardo de la Cierva. Southworth visitaba de vez en cuando la Librairie Espagnole y una tarde tuve la suerte de coincidir con él. Era un tipo encantador, entrañable. *El mito de la cruzada de Franco* le convirtió en una de las personas *non gratas*, más *non gratas* de la dictadura.

Por lo que tocaba a Rubén Darío, Joaquín creía hasta cierto punto un error que yo me dedicara al vate modernista, a quien apreciaba poco.

—¿Por qué no investigas la obra de Cernuda, por ejemplo? —me decía una y otra vez—. ¡Éste sí que es un poeta!

Para contentar a Joaquín, empecé a leer con detenimiento *La realidad y el deseo*, que hasta entonces sólo conocía de manera superficial. De aquellos poemas impregnados de dolor y rabia me impresionó sobre todo «Birds in the Night», con su evocación de la breve temporada pasada por Verlaine y Rimbaud en un inmueble del entonces miserable barrio londinense de Camden Town. No había topado con nada comparable con el sarcasmo que provoca en Cernuda la colocación, en dicha casa, de una placa conmemorativa:

¿Oyen los muertos lo que los vivos dicen luego de ellos?
Ojalá nada oigan: ha de ser un alivio ese silencio interminable
Para aquellos que vivieron por la palabra y murieron por ella,
Como Rimbaud y Verlaine. Pero el silencio allá no evita
Acá la farsa elogiosa repugnante. Alguna vez deseó uno
Que la humanidad tuviese una sola cabeza, para así cortársela.
Tal vez exageraba; si fuera sólo una cucaracha, y aplastarla.

Cernuda me parecía muy valiente, sobre todo por no ocultar su condición de homosexual. Pero llegó a cansarme el resentimiento que rezuma poema tras poema a lo largo de los años.

Por la Librairie Espagnole aparecía a veces Juan Goytisolo, que entonces trabajaba, si no me equivoco, en *Señas de identidad*. La novela lleva, entre sus epígrafes, un verso de Cernuda, «Mejor la destrucción, el fuego». Al leer el libro, unos años más tarde, no tardé en comprender la razón de la cita, porque el resentimiento y el sarcasmo de Goytisolo, la rabia que expresa la novela, hacen pensar enseguida en los de Cernuda, con quien el escritor catalán se sentía, indudablemente, en profunda sintonía.

Poseído como estaba por la fiebre de mi investigación preliminar sobre Rubén Darío, apenas me enteraba de las semanas que pasaban. Fiel a mi programa, seguía día tras día con el poeta y su mundo —sus libros, sus versos, sus epígonos— y cuando no lo hacía me dedicaba a explorar París, solo o con Joaquín.

Releí la autobiografía de Rubén, aquel relato caótico escrito con la sola ayuda de la memoria, carente de fechas, salpicado de pequeños errores y preñado de silencios impuestos por las circunstancias en las que se publicara. Mi diario registra algunos descubrimientos. En primer lugar, la «fatal timidez» que, según el poeta, le duraba todavía a los cuarenta y tres años. ¿Darío, el adorador de las mujeres, *tímido*? Nunca se me había ocurrido tal cosa. Podía ser una clave biográfica de primer orden, una pista digna de seguir. Luego, su apego al alcohol, que, si no confesado abiertamente, se daba a entender en numerosos momentos de la narración. ¿Bebía Darío para combatir sus achaques de timidez, para sentirse más relajado socialmente? Me parecía probable.

Tomé nota, por otro lado, de que el libro, escrito a vuelapluma, entraba muy poco, por no decir nada, en los detalles íntimos de la vida de Rubén. Balumba: se me ocurre la palabra al evocar una vez más, después de tantos años, la intranquila existencia del poeta, siempre rebotando de sitio en sitio, siempre forzado por las circunstancias a moverse de un lado para otro. Y casi siempre con el acuciante problema del dinero.

En el libro no se proporcionaba el nombre del primer amor de Rubén, Rosario Murillo, aunque se aludía a un episodio con ella, no explicado, que al joven poeta le causara, en sus palabras, «la mayor desilusión que pueda sentir un hombre enamorado», y que le empujó a salir de Nicaragua. ¿Qué había pasado entre ellos? Ni la menor pista.

Inmediatamente después leí, por vez primera, su *España contemporánea*. Conocer este libro, publicado en París en 1901, me ratificó en mi vocación de hispanista.

Darío, como se sabe, fue mandado a España por *La Nación* de Buenos Aires en 1898 con la finalidad de tomarle el pulso a la «madre patria» después de su desastrosa guerra con los Estados Unidos, que conllevó la pérdida de Cuba, Puerto Rico y Filipinas, sus últimas colonias americanas.

No me esperaba un libro tan comprometido, tan apasionante. Rubén se encuentra con una España muy venida a menos, con la excepción de Cataluña, cuya industria, seriedad y —como hoy la llamaríamos— ética del trabajo le impresionan, así como la gran calidad de sus productos, sean edificios, revistas o tejidos.

Madrid ofrece un espectáculo absolutamente opuesto. Los cafés rebosan de desocupados, los mendigos y las prostitutas pululan (entre éstas muchas menores) y hay atracos y robos diarios en plena calle. Rubén, que insiste en que su misión es decir la verdad y sólo la verdad sobre la situación de España, sin ocultamientos, encuentra en el ambiente «una exhalación de organismo descompuesto». Pese a que acaba de producirse «el más espantoso de los desastres», los políticos capitalinos dan la impresión de no enterarse de nada. Todo parece tomarse más o menos a guasa, hay una frivolidad exasperante.

Entretanto los soldados repatriados siguen llegando. El espectáculo de tanto harapiento y lisiado conmueve al poeta. En un diario lee el caso —que le parece sacado de la Biblia— de uno que vuelve moribundo a su pueblo. Es de noche. Hace frío. Llama. Sus padres no reconocen su voz y se niegan a abrir la puerta. A la mañana siguiente encuentran al hijo muerto junto al quicio. Orgulloso de haber iniciado un movimiento de renovación literaria en América, Rubén comprueba ahora que en España, la «tierra de las murallas», la «tierra de la tradición indomable», nadie sabe nada de Argentina o Chile, y menos del modernismo. Tal cerrazón impide, lo constata diariamente, «la influencia de todo soplo cosmopolita».

El país con que se encuentra el poeta a finales de 1898 da la impresión de estar dejado de la mano de Dios. Y, hablando de Dios, Rubén opina que la Iglesia española es probablemente la mayor culpable de tal postración. Por todos lados el poeta tropieza con indicios de una «religiosidad nefasta».

Me interesó mucho constatar que, al ir analizando «el problema de España», Darío subrayaba (a diferencia de lo que yo había leído de Ganivet y de Ortega) la importancia de la expulsión de los judíos y los musulmanes, en su opinión error funesto. En cuanto al «Descubrimiento», su opinión era tajante: fue un acontecimiento desastroso que se convirtió pronto en un «Klondike continental», atrajo a todo tipo de aventureros, y envenenó «de oro fácil las fuentes industriales de la península». Mejor, mucho mejor, que no hubiera ocurrido nunca.

¿Qué iba a pasar ahora con la vieja madre dolorida y desamparada? ¿Estaba abocada a la muerte? Rubén, orgulloso de su puesto como condición de impulsor de la renovación poética americana, cree ir percibiendo un tenue rayo de esperanza, personificado, sobre todo, en Miguel de Unamuno que en 1900, cumplidos sus treinta y cuatro años, era sin lugar a dudas la voz más crítica del país. Si la poesía de Unamuno le dice poco a Rubén, sus artículos periodísticos le parecen magníficos. Unamuno da la impresión de desconocer el miedo, arremetiendo denodadamente allí donde hay que arremeter. Para el recio bilbaíno, la España contemporánea es un erial intelectual y moral, sin entusiasmo, sin ética, sin fe en el futuro. Sólo reincorporándose a Europa, de la cual vive aislada desde hace tanto tiempo, será posible un resurgimiento. España y el idioma tienen que estar abiertos al mundo. Darío aplaude. ¡Si hubiera más cerebros y corazones como los de Unamuno!

Joaquín no conocía *España contemporánea*. Contagiado por el fervor que me había suscitado, lo leyó enseguida. Le impresionó y a partir de aquel momento empezó a cambiar su opinión de Rubén. Captó que había en el poeta una profunda compenetración con los que sufren y que era a su manera un revolucionario. No todo eran Versalles y las ninfas de carne rosada.

Preso de una especie de fiebre, me leí inmediatamente el librito *Peregrinaciones*, en el cual Rubén, después de recorrer España, recoge sus artículos sobre la Exposición Universal de París. Luego, seguí, día a día, con las crónicas enviadas posteriormente a *La Nación* y recogidas en libros sucesivos: *La caravana pasa, Tierras solares, Todo al vuelo, Letras, Parisiana*... Entre mucha hojarasca periodística iba hallando pequeñas joyas —a veces sólo una frase, o una imagen— que, de no haber procedido metódicamente, leyendo con lupa, seguramente me habrían pasado por alto. Cada nuevo hallazgo me producía un intenso placer. Y es que invertía mucha energía e ilusión en mi trabajo, imaginándome el magnífico libro que más adelante publicaría sobre mi héroe.

Un día, en la Bibliothèque Nationale, se sentó a mi lado un personaje alto y moreno, algo caído de hombros, de aspecto oriental, con ojos saltones. Tendría unos cuarenta años. Cuando se ausentó un momento, dejó sobre la mesa, entre varios papeles, su carné de lector. Vi que se llamaba Herman Cohen y que era ciudadano norteamericano. Al volver, se sumergió en la lectura de un libro sobre el poeta Sem Tob de Carrión, aquel judío que, según los manuales de literatura, fue el primero que escribió en castellano. Cuando coincidimos en la cafetería, me presenté. Así empezó una relación que iba a ser muy fructífera para mí.

Cohen enseñaba en el departamento de filología de una pequeña universidad de Ohio y se especializaba, como buen judío que era —aunque no ortodoxo—, en literatura española hebrea. Preparaba entonces un ensayo sobre Sem Tob, de quien —si no me equivoco tantos años después—, la Bibliothèque Nationale tenía algunas ediciones imprescindibles para su trabajo.

Nunca había conocido a un judío. Además se trataba de un judío que iba a resultar muy especial, un cachondo mental y muy provocador.

Yo había topado con el nombre de Américo Castro en Newfield, pero no había leído nada suyo. Cohen hablaba de él constantemente —lo había tratado en Estados Unidos, creo— y me recomendó que me familiarizara cuanto antes con el libro fundamental suyo, *La realidad histórica de España*. «Es el único historiador español que se da cuenta de que España es el resultado de una mezcla de culturas —machacaba una y otra vez mi nuevo amigo—, el único que capta lo que para nosotros, los judíos —y para los musulmanes— es absolutamente obvio. El medioevo español, precisamente por su mezcolanza de religiones y culturas, es único en el mundo. Luego, en 1492, con la Inquisición, sobrevino la represión de aquella realidad y una amnesia de cinco siglos que dura hasta hoy».

Aquel hombre era una mina de conocimientos, no sólo sobre España sino sobre la cultura europea en general. A diferencia de mí, tenía una personalidad muy consolidada. Sabía quién era, de dónde venía y adónde iba. Durante los siguientes dos meses —los últimos que le quedaban antes de volver a su cátedra— nos vimos con frecuencia y yo apuntaba en mi diario casi todo lo que me decía, incluyendo los títulos de los muchos libros que me iba sugiriendo, pues era consciente de que no había que desaprovechar aquella oportunidad imprevista para ir ensanchando mis horizontes de hispanista.

Cohen —casado y con familia en Estados Unidos— había venido solo a París, donde no conocía a casi nadie, y le encantaba cenar conmigo y seguir hablando.

Nunca había tratado a un hispanista parecido, lo cual no era difícil, pues entre ellos muy pocos sabían hebreo. Además Cohen se había encargado de adquirir unos conocimientos del árabe medieval, si no profundos creo que más que aceptables, y leía con facilidad latín y griego. Se aproximaba, por tanto, al ideal de «hispanista completo». Tenía bastante de fanático, y se le encendían los ojos cuando hablaba de la expulsión de los sefarditas y de la manera de ser de conversos y criptojudíos. Le obsesionaban los «significados secretos» ocultos en los textos del Siglo de Oro, y a veces sacaba las cosas tremendamente de quicio, o así me parecía a mí. Recuerdo que le fascinaba la frase «cagarse en la mar». Dicha mar, insistía, no tenía nada que ver con la de peces y barcos, voz latina, sino que era una palabra aramea homófona que significaba Dios.

A Herman le repateaba la noción de que España existiera antes de la invasión musulmana, se extraviara durante siete siglos y luego fuera recuperada en 1492 con la entrega de Granada. No soportaba la idea de una perenne esencia española oculta debajo de las cambiantes apariencias de la historia (naturalmente no podía ver al Ortega esencialista de *España invertebrada*). Me contaba las tremendas discusiones que había tenido sobre el particular con algunos colegas españoles, ninguno de los cuales sabía nada de árabe ni de hebreo, y gustaba de recitar los famosos versos de *Peribáñez y el comendador de Ocaña* en que el protagonista insiste sobre el hecho de ser cristiano viejo:

> *Yo soy un hombre, aunque de villana casta,*
> *limpia de sangre y jamás de mora ni de hebrea manchada.*

«Hitler no necesitaba inventar nada —recalcaba Herman—. Su odio a los judíos, su racismo, su obsesión con la limpieza de sangre... todo ello lo tomó directamente de la Iglesia Católica española.»

A veces nos acompañaba Patrick Bourke y entonces podía pasar cualquier cosa, dado el apasionamiento de ambos y también el mío. ¡Un judío norteamericano, un católico irlandés y un metodista inglés, cada uno a su manera un rebelde y un renegado, discutiendo hasta las altas horas de la noche parisiense sobre lo divino y lo humano y, más que nada, sobre España! Recuerdo aquellas conversaciones con nostalgia.

Patrick y yo nos moríamos de risa cuando Herman nos hablaba de sus alumnos —blancos y negros— y de las cosas que pasaban en aquel campus de Ohio. Tenía frases dignas de Woody Allen. Una noche nos dijo que los estudiantes eran tan sexualmente promiscuos que le daba miedo que le tocasen. «Hasta me pongo guantes cuando corrijo sus ejercicios», apostilló.

Cada dos o tres años Herman organizaba un curso de verano para sus alumnos en la Universidad de Granada. Solía alquilar entonces un carmen en el Albaicín, perteneciente a un amigo suyo y que, según él, era un paraíso, con una pequeña piscina, profusión de flores y unas vistas increíbles de la Alhambra y Sierra Nevada. Fue él quien me puso al tanto de que la palabra carmen procedía de una voz árabe que significaba viñedo, y que no tenía nada que ver, como se cree a menudo, con el latín *carmen*, canción. A su juicio el carmen era la versión musulmana del «huerto encerrado» de *El cantar de los cantares*, un lugar creado para el amor y defendido de la mirada del mundo exterior. Un día, pensé, tendría que conocer las delicias de un carmen granadino en compañía de la mujer amada.

Si por un lado Herman me contagiaba su entusiasmo por Granada y Américo Castro —por cierto, hijo de la ciudad de la Alhambra—, Patrick Bourke me transmitía, paralelamente, el suyo por James Joyce.

Leí *Retrato de un artista joven*. Me impresionó. La lucha de Stephen Dedalus por liberarse de su familia dublinesa, y de las trabas de una sociedad asfixiante, se parecía en muchos aspectos a la mía. También sus inquietudes religiosas: las suyas católicas, las mías protestantes. Al llegar al pasaje en el cual Stephen, pronto a abandonar Dublín, explica a su amigo Cranly el programa que ha confeccionado para su liberación personal, me quedé tan afectado que copié la frase clave en mi diario. Se hizo parte de mí:

> Te diré lo que haré y lo que no haré. No serviré a aquello en lo que ya no creo, llámese mi casa, mi patria o mi religión. Y trataré de expresarme en alguna modalidad de vida o de arte lo más libremente que pueda y lo más plenamente que pueda, utilizando para mi defensa las únicas armas que me permito utilizar: silencio, exilio y astucia.

Así preparado, me desvivía ya por leer *Ulises*. Bourke había hecho una excelente publicidad a favor de su compatriota. Y empecé a adentrarme en la inmensa novela poco tiempo después.

Yo visitaba a menudo la famosa librería de lance Shakespeare and Company, a orillas del Sena, tan frecuentada por la comunidad angloamericana de París como la Librairie Espagnole por la del exilio antifranquista. Allí se podían encontrar libros muy interesantes a precios a menudo irrisorios. El hecho de que Joyce, Hemingway y Orwell hubieran sido asiduos de la casa era otro aliciente. Se trataba de un establecimiento espacioso, laberíntico, de varias plantas atestadas de estanterías. Casi más biblioteca que librería, se podía estar allí horas y horas leyendo sin que nadie te molestara. Creo que desaparecían muchos libros —por Shakespeare and Company circulaban intelectuales indigentes de distintas nacionalidades—, pero por lo visto no le importaba demasiado al dueño, un simpático inglés que vivía para la literatura y que solía transitar en bicicleta por las calles del Quartier con un montón de libros atados detrás.

Una tarde de mediados de noviembre estaba yo sentado en un rincón de la primera planta de la librería, hojeando una novela de Henry Miller, cuando cruzó delante de mí, escudriñando atentamente los estantes, una chica. Como había allí poco sitio, rozó sin querer mi silla y dio media vuelta para disculparse. Sobresaltado, la reconocí en el instante. No me cabía la menor duda. ¡Era ella, la del abrigo marrón que, unos meses atrás, había visto delante del panteón de Wilde en el Père Lachaise!

Esta vez no hubo escapatoria posible.

—¡Tú eres la chica de Oscar Wilde! —exclamé.

Me miró sorprendida.

—¿Cómo?

—¡Eres la chica que depositó las rosas al pie de la tumba de Wilde!

Ante su extrañeza, le conté atropelladamente lo sucedido.

Ella no recordaba haber visto a nadie allí aquella tarde.

—Estaba tan emocionada —dijo— que no me enteraba de nada más. Wilde me apasiona y se me ocurrió dejar unas flores en su tumba. Es que lo trataron horriblemente.

—A mí también me gusta mucho Wilde —contesté, por eso casi lo primero que hice en París fue ir al cementerio.

Me presenté, le pregunté quién era ella y qué hacía en París. Resultó que se llamaba Tess Danbury, que era de Brighton, que estudiaba inglés y francés en Cambridge y que, como parte del curso, pasaba un año en París, perfeccionando el idioma y preparando una tesina. Vivía en el Colegio Británico, en la Ciudad Universitaria, y enseñaba inglés tres veces a la semana en una escuela de adultos.

La invité a tomar un café conmigo. Aceptó. Cinco minutos después estábamos sentados frente a frente en una *brasserie*.

Me parecía un milagro lo que me ocurría: la coincidencia de haber visitado la tumba de Wilde la misma tarde que ella, mi torpeza entonces, que me había impedido hablarle, nuestro reencuentro ahora... No podía ser verdad. Era demasiado novelesco. Pero sí: Tess Danbury estaba allí, delante de mí, hablando conmigo, escuchándome.

Mi diario de aquella noche y los días siguientes me ayuda a reconstruir mis impresiones iniciales de quien iba a ser mi primera novia de verdad después de Julia. Nunca había conocido a una chica con una elegancia tan innata: elegancia en la manera de hablar, de vestir, de mover las manos —que eran bellísimas—, de mirar. Los ojos de Tess —grandes y oscuros— poseían una serenidad que hacía pensar en aguas tranquilas pero hondas, en apacibles remansos iluminados por rayos de sol filtrados a través de grandes hojas. Era de mediana estatura, y más bien delgada. Tenía una cara oval, pelo negro, largo y espeso, una nariz correcta y una boca sensual, con dientes perfectos. Me parecía muy hermosa.

Durante mis casi tres meses en París apenas había hablado con una chica. A veces me había sentido muy solo. Pero, en general, el fuerte estímulo de mis lecturas de Darío, la ilusión que no dejaba de producirme estar por fin en París y mi amistad con Joaquín y Bourke habían bastado para que no me sintiera desamparado. Ahora, al estar con Tess, me di cuenta de que había habido en todo ello una considerable dosis de autoengaño y que la naturaleza obsesiva de mi trabajo constituía, en parte, una defensa contra la depresión de encontrarme sin pareja. Después de la pérdida de Julia mi necesidad de volver a encontrar el amor era inmensa.

Tess me habló, aquella tarde, de su familia. Su padre era ingeniero. Había conocido a su mujer, que era de Dublín (como Wilde y Joyce) cuando hacía la carrera en el famoso Trinity College de la capital irlandesa. ¡Otra vez Irlanda! Parecía claro que yo estaba destinado a tener una relación especial con un país que todavía desconocía. Los padres de Tess eran anglicanos, no muy practicantes. Ella no sentía inquietud religiosa alguna.

La tesina que preparaba Tess giraba en torno a Louis Aragon y su libro *El campesino de París*. Yo había hecho un cursillo sobre el surrealismo en Newfield, y el movimiento capitaneado por Breton me interesaba mucho (algo que me olvidé de mencionar antes). Sólo conocía muy superficialmente *El campesino de París*. Me apresuré después de mi reencuentro con Tess a leerlo a fondo para poder compartirlo con ella.

El Passage de l'Opéra, tan magistralmente evocado por Aragon, ya no existía —el libro, publicado en 1924, lamenta su próxima desaparición, con toda la bulliciosa y abigarrada vida que contenía—, pero París conservaba otros «acuáriums humanos» bastante parecidos, que Tess y yo empezamos a frecuentar juntos —el Passage Jouffroy, el Passage des Princes, el Passage du Caire, el Passage Verdeau, etc.—, deteniéndonos ante los escaparates, donde a menudo se juntaban los objetos más dispares y más inesperados, o instalándonos en algún pequeño café, que en nuestra imaginación se convertía en el Certa de Aragon, Breton y sus amigos, y desde donde, cómodamente sentados, podíamos observar lo que ocurría fuera, envuelto en la luz habitualmente tenue que dejaban pasar los cristales de estos lugares de tránsito peatonal tan característicos de la capital francesa.

Recorrimos otros sitios mencionados en el libro. Una tarde —¡cómo olvidarla!— visitamos el parque des Buttes-Chaumont, tan célebre, gracias a Aragon, como el desaparecido Passage de l'Opéra. Él, Breton y Marcel Noll se habían acercado al recinto una noche brumosa de 1924. Temían que estuviera cerrado, pero no, encontraron la cancela abierta. «Entramos en el parque con la sensación de la conquista y la verdadera ebriedad de la disponibilidad del espíritu», consigna Aragon. *Disponibilité de l'esprit:*

los surrealistas, enemigos de la lógica, se esforzaban con tesón casi religioso por estar siempre receptivos ante las incitaciones del momento. Había que saber descubrir en las cosas más aparentemente banales las pepitas de oro de lo maravilloso. Había que vivir al azar, a la búsqueda del azar, la única divinidad —según Aragon— que había sabido mantener su prestigio. Todo ello encajaba con mi propia voluntad de vivir creativamente cada día.

El parque des Buttes-Chaumont tiene un puente que en tiempos de los surrealistas adquirió fama por la atracción fatal que ejercía sobre los depresivos, cobrándose numerosas víctimas. Corona el montículo más alto del lugar un belvedere desde el cual, de acuerdo con su nombre, se obtienen hermosas vistas. Subimos hasta allí. Hacía una tarde gris, fría. Los castaños estaban ya desprovistos de hojas y pronto caería la noche. De repente, mientras veíamos encenderse las luces de París, le pasé el brazo alrededor del hombro de Tess y la atraje hacia mí. Segundos después nos fundimos en un largo beso. Nuestro primer beso. Salimos del parque cogidos de la mano. Pasamos la noche en la pequeña cama de mi estudio. Tess lloró. Me contó que había roto con un chico justo antes de venir a París y que se sentía culpable por haberle hecho sufrir. Yo le conté todo el dolor de mi relación con Julia. Creo que lloré también. ¡Éramos dos sentimentales! Cuando la pálida luz invernal de París penetró por la gran ventana del estudio y sentí el cuerpo de Tess apretado contra mí, di las gracias a los dioses.

Se aproximaban las navidades y ambos teníamos mucho que hacer. No por ello dejamos de vernos con frecuencia, continuando nuestras pequeñas excursiones. Era la complicidad del amor y de la aventura literaria compartidos. Tess empezó a leer *Los cantos de Maldoror*. Le sorprendió mucho el libro, por lo que tenía de precursor del surrealismo, y entendió que podía ser importante para su tesina.

Una tarde de mediados de diciembre, con el pie prácticamente en el estribo —habíamos prometido reunirnos con nuestras familias en Navidad— me topé en la calle con Bourke, a quien no veía desde hacía un mes.

—¿Dónde cojones has estado? —me espetó.

—No lo vas a creer —le dije—. Es que se me presentó una segunda oportunidad.

—¿Cómo, una segunda oportunidad?

—Con la chica de la tumba de Wilde.

—¡Mecachis en la mar!

Se la presenté dos días después. Patrick se quedó bastante impresionado e hizo todo lo que pudo por lucir *bella figura* ante su «medio compatriota», como la llamaba (por su madre irlandesa), complaciéndose de que fuera admiradora del gran Oscar, pero frunciendo el ceño al enterarse de que no había leído nada de Joyce.

—Después de Navidad —le dijo— empezaremos con él y verás lo bueno que es. Ya habrá tiempo después para gente menor como Louis Aragon. Y además hay otro irlandés aquí que vale casi tanto como Joyce, Sam Beckett. ¿Qué sabes de Beckett, Hill?

Tuve que admitir mi ignorancia. Había oído hablar mucho del escritor, pero no había leído nada suyo. Ni siquiera *Esperando a Godot*.

—¡Menos mal que has venido a París! —exclamó Bourke, lanzando una de sus sonoras risas—. Al llegar aquí apenas sabías nada. No sé qué coño enseñan en las universidades inglesas. Ahora te vas enterando un poco, pero te queda mucho camino. Ya veremos. Si te comportas bien tal vez te llevaré un día a conocer a Beckett. Pero primero tienes que leerle.

La insistencia de Bourke sobre la necesidad de vivir plenamente la época que a uno le toca era refrescante. Yo estaba de acuerdo. Resolví no permitir que mi obsesión con Darío, con mi tesis, me impidiera ver lo que había a mi alrededor en el aquí y ahora.

Por las mismas fechas presenté a Tess a Herman Cohen, que en unos pocos días volvería a Estados Unidos. Le invitamos a una pequeña cena de despedida en un *bistrot* del Quartier. Herman y yo habíamos hablado a menudo del psicoanálisis. Él conocía a Freud en alemán, «la única manera de conocerle», decía, ya que traducido al inglés resultaba ilegible. «Te quiero dar un consejo —me dijo Herman a continuación—. Si un día decides someterte a un análisis, hazlo con un judío, no con un protestante». La razón, explicó, era que un analista de procedencia protestante, por ateo o liberado que se considerara, tendría exactamente los mismos problemas que yo. Llegado el momento recordaría aquella advertencia.

De vuelta a París después de Navidad, Tess y yo seguimos con nuestra empresa amorosa y literaria a la vez. El dinero ya escaseaba —mi beca resultaba más insuficiente de lo que había previsto—, y tuve que recurrir a mi padre. A finales de marzo abandoné el estudio y me trasladé a la pensión de Joaquín en la rue du Dragon. Regida por una ex actriz de vodevil venida a menos, madame Florian, aquella casa tenía la ventaja, además de económica, de ponerme más en contacto con franceses. Ya hablaba el idioma con considerable facilidad, y podía defender mis puntos de vista con una contundencia que no dejaba de impresionar a los comensales que cada noche se congregaban alrededor de aquella mesa.

Nunca había leído tan vorazmente, en distintas direcciones a la vez. París, entonces, era así de estimulante. Todo el mundo hablaba de libros, sugería títulos, te preguntaba si conocías tal obra de tal autor. Unos cuantos años atrás yo había leído *Dorian Gray*. Patrick Bourke me puso al tanto ahora de que el dandi inglés de Wilde estaba calcado sobre Des Esseintes, protagonista de *A Rebours*, la novela de Huysmans. Me vino bien la información porque justamente por entonces iba encontrando numerosas referencias a Des Esseintes en Darío. En una de ellas declaraba que en aquel personaje, Huysmans había querido encarnar «el tipo finisecular del cerebral y del quintaesenciado, del manojo de vivos nervios que vive enfermo por obra de la prosa de su tiempo». Enterado ahora de que, al llegar a Buenos Aires en 1893, después de dos meses en París, Rubén había publicado artículos en la prensa porteña bajo el seudónimo de Des Esseintes, decidí que había llegado el momento de internarme en *A Rebours*.

La lectura dio sus frutos y no me sorprendía que a Wilde le hubiera fascinado aquel «pequeño volumen envenenado», como lo llama Dorian Gray.

Al descubrir que Des Esseintes posee un famoso cuadro de Gustave Moreau, *Salomé danzando delante de Herodes*, recordé enseguida que Darío decía haber visto el lienzo en la Exposición de París de 1900. También que el poeta había visitado la casa-museo de Moreau y expresado el placer de poder admirar en un solo lugar toda la obra de un gran pintor. Estaba, por otro lado, el estupendo poema dedicado a Salomé en *Cantos de vida y de esperanza*:

> *En el país de las alegorías*
> *Salomé siempre danza*
> *ante el tiarado Herodes*
> *eternamente.*
> *Y la cabeza de Juan el Bautista,*
> *ante quien tiemblan los leones,*
> *cae al hachazo. Sangre llueve.*
> *Pues la rosa sexual*
> *al entreabrirse*
> *conmueve todo lo que existe*
> *con su efluvio carnal*
> *y con su enigma espiritual.*

Yo quería conocer aquel cuadro, de modo que un día de abril —ya apuntaba la primavera— Tess y yo acudimos al museo del pintor. El portentoso cuerpo de Salomé me deslumbró y comprendí por qué había llegado a obsesionar a Des Esseintes. ¡Aquellos largos muslos! ¡Aquellos brazos! ¡Aquellas caderas! Pensé enseguida en la palabra española amazona. Me pareció que la Salomé de Moreau era la amazona por antonomasia. Yo nunca había conocido a una mujer así y todas mis amigas hasta la fecha —y ahora Tess— habían sido de mediana estatura. ¿Cómo sería hacer el amor con una mujer así, alta y atlética? ¿Lo sabría algún día?

Visitamos juntos otros museos. El Louvre, por supuesto, y el Grevin, cuyas figuras de cera fascinaban a los surrealistas. Releímos el manifiesto de André Breton, hicimos prácticas de escritura automática, recorrimos el Bois de Boulogne, lleno de despampanantes travestís, subimos a la Torre Eiffel... Mis recuerdos de París son inseparables de Tess.

Era obvio que yo tenía que conseguir un trabajo a partir de septiembre. Había salido de Inglaterra con muchísima ilusión, pensando que me iba a comer el mundo. Pero no me lo iba a comer, por lo menos no todavía. Sin la ayuda de mi padre no habría tenido más remedio que volver a casa. Tenía la seguridad absoluta de que quería ser hispanista y de que iba a hacer una tesis estupenda sobre Darío. Pero nada más.

Escribí a Mansfield, al fin y al cabo mi supervisor, poniéndole al corriente de la marcha de mi trabajo, a mi juicio bastante satisfactorio, y de mis inquietudes económicas. En su contestación me aconsejó que tratara de conseguir un puesto en algún departamento de español en Inglaterra el siguiente curso. Ello me daría un sueldo y óptimas condiciones para seguir con mi tesis dentro de un ambiente propicio. Si me decidía, se comprometía a tenerme al tanto de los puestos que fuesen anunciándose. Vi que no había otras posibilidades y le dije que sí. Lo fundamental era encontrar la manera de poder vivir mientras terminaba la tesis. A Tess le quedaba un año más en Cambridge y quería estar cerca de ella. Todo tenía, pues, su sentido.

Entretanto, seguía día a día con Darío, leyendo minuciosamente el resto de sus voluminosas obras en prosa y ahondando en su poesía.

Me fascinó aprender que, a los cuatro o cinco años de publicar *España contemporánea*, Rubén ya creía notar que iba cambiando el ambiente intelectual de España, debido, en parte, a la influencia de su propia poesía sobre los jóvenes. Juan Ramón Jiménez, por ejemplo, había empezado a darse a conocer, siendo para Darío la voz poética más personal que se escuchaba en España desde Bécquer. Allí estaban también Antonio Machado, el Machado de *Soledades*, para Darío «quizá el más intenso de todos», su hermano

Manuel, Pío Baroja, Azorín, Ramiro de Maeztu... España daba la impresión de estar desperezándose.

En el último tomo de las obras completas de 1950 —la edición que manejaba—, encontré unos datos cautivadores acerca de una novela incompleta y desconocida del poeta, *El oro de Mallorca*, empezada en el otoño de 1913. Según el encargado de la edición, el protagonista de la novela era un músico llamado Benjamín Itaspes, sin duda alguna trasunto del propio Rubén.

Resultaba, según la misma fuente, que en opinión de un temprano biógrafo de Darío, Francisco Contreras, el autor no terminó la novela porque, obsesionado con su propio futuro, que intuía sombrío, le fue imposible decidir sobre el sino de su protagonista.

¿Por qué se anunciaba sombría la suerte de Darío en 1914? ¿Porque veía en la recién iniciada guerra, una premonición de su propio y temprano fallecimiento? ¿Porque ya sospechaba —y no andaba equivocado— que lo mataría el alcohol?

Yo quería saber más, mucho más, acerca de *El oro de Mallorca*. ¿Se había encontrado ya el manuscrito?

Le escribí a Mansfield. Me contestó que no tenía noticias en este sentido. Añadió que en el libro de Alberto Ghiraldo, *El archivo de Rubén Darío*, editado en Buenos Aires en 1943, se reproducían algunas páginas de la novela.

Por suerte había un ejemplar de la obra de Ghiraldo en la Bibliothèque Nationale. Resultó que el archivo del título era el conservado por Francisca Sánchez, la compañera del poeta, en su pueblo natal de Navalsáuz, en la provincia de Ávila. Mi interés creció al constatar que, efectivamente, Ghiraldo reproducía tres o cuatro páginas de la novela.

Dichas páginas no pudieron por menos que fascinarme. En ellas se cuenta la llegada a Mallorca de Itaspes, que, exactamente como Rubén, espera encontrar en la isla paz y salud. Allí Itaspes conoce a una atractiva artista francesa llamada Margarita Roger —antigua «gamine» de la *orilla izquierda*—, a quien, sintiendo nuevamente la llamada de Eros, relata las peripecias de su historia amorosa. Empieza con las de su precoz niñez y luego evoca su primera relación de verdad, brutalmente truncada. Se trata, sin lugar a dudas, de Rosario Murillo, la «garza morena» de *Azul*...:

> Había acariciado la visión de un paraíso. Su inocencia sentimental, aumentada con su concepción artística de la vida, se encontró de pronto con la más formidable de las desilusiones. El claro de luna, la romanza, el poema de sus logros, se convertía en algo que le dejaba el espíritu frío; y un desencanto incomparable, ante la realidad de las cosas, le destrozó su castillo de impalpable cristal. Ello fue el encontrar el vaso de sus deseos poluto... ¡Ah, no quería entrar en suposiciones vergonzosas, en satisfacciones que le darían una explicación científica! La verdad le hablaba en su firme lenguaje; el «obex», el obstáculo para su felicidad, surgía.
>
> Un detalle anatómico deshacía el edén soñado... La razón y la reflexión no pueden nada ante eso. Es el hecho, el hecho el que grita. Su argumento no permite réplica alguna. Una ausencia larga lograría traer el relativo olvido.

¿Qué «detalle anatómico» de la amada había deshecho tan brutalmente «el edén soñado», dejando «el vaso» de los deseos del poeta «poluto»? ¿Se trataba del descubrimiento de que la amada no era virgen? Tal interpretación parecía imponerse.

Pero había más. El narrador describe cómo, pasados los años, Itaspes, ya famoso y mimado, vuelve, exactamente como Rubén, a su país natal. Su celebridad internacional enorgullece a la patria. Es profeta en su tierra. Triunfador. Hijo pródigo. Ve otra vez a la antigua amada, y ocurre algo atroz que ahora cuenta a la francesa:

> ...y luego fue el renovar, a causa de un vulgar incidente, de una celada, más bien dicho, las antiguas relaciones, con la complicidad de falsos amigos, y el criterio obtuso de gentes de villorrio, la trampa de alcohol, la pérdida de voluntad, una escena de folletín, con todo; y la aparición súbita de un sacerdote sobornado y de un juez sin conciencia; y el melodrama familiar; y el comienzo del desmoronamiento de dos existencias [...] Y él continuó, continuó

contándole el subsiguiente abandono de la que había sido a la vez víctima y victimaria, quizás inconsciente; la fuga, digámoslo así, hacia muy lejanos lugares, la náusea moral, el horror de lo cometido en un momento de razón perdida; y la palabra de la pobre amante, que se daba cuenta del crimen trascendente que se había realizado y que, después de todo, no tenía más disculpa que su deseo personal.

Por fin tenía ante los ojos una explicación del malhadado matrimonio de Darío con Rosario Murillo en 1893, escamoteada en la *Autobiografía*. Era evidente que *El oro de Mallorca* poseía una inmensa importancia biográfica. ¿Cuántos capítulos llegó a escribir el poeta? ¿Existía un manuscrito completo de la novela? ¿Se conservaba en Navalsáuz, donde Ghiraldo había exhumado las páginas que cita?

Como sabueso que de repente encuentra las huellas de la presa, resolví regresar aquel verano a España y tratar de averiguar la situación del archivo. Rabiaba por volver a pisar los campos de Castilla, esta vez con una misión. ¿Vivía todavía Francisca Sánchez? ¿Me dejaría ver los papeles de quien había sido el amor de su vida?

Un día de junio me llega una carta urgente de Mansfield. Me informa de que se ha anunciado una convocatoria para un puesto en el departamento de español del Irving College, de la Universidad de Londres. Se trata de un colegio nocturno para «alumnos maduros», o sea para gente que trabaja de día y a quienes se les da la oportunidad de poder volver ahora a los estudios y conseguir un título universitario. El puesto es para el otoño. Puesto modesto, desde luego. Necesitan a alguien para ocuparse sobre todo de poesía española del siglo XIX. Mansfield ha hablado con el titular del departamento. Aunque no he terminado mi tesis doctoral todavía, Mansfield considera que el hecho de que esté trabajando sobre Darío y de que además tenga un título de literatura francesa les puede interesar. Naturalmente me recomendará.

Me aconseja enviarles cuanto antes un *currículum vitae* y un esquema de mi tesis. Habrá otros candidatos, me dice, claro está. Tal vez muchos. Pero tengo una ventaja añadida: resulta que el titular de español, que se llama Ralph Willis, ¡está loco por el críquet! Mansfield le ha puesto al tanto de mis aptitudes en este terreno. El colegio tiene un equipo y siempre hay una demanda de jugadores nuevos de calidad. ¿Por qué no yo? No lo dice del todo en broma: en una universidad británica no sólo cuenta el rango intelectual del profesor sino que tenga otras cualidades que puedan contribuir a la vida comunitaria de la misma. Me puede ayudar, pues, saber manejar con ventaja el bate. Mansfield termina señalando que el colegio tiene un gran aliciente, que es su proximidad al Museo Británico, cuya biblioteca es una de las más importantes del mundo. El sueldo no sería muy alto, desde luego, tratándose de un principiante, pero sobraría para poder alquilar un piso modesto. El colegio estaría dispuesto a ayudar al candidato elegido a encontrar alojamiento. Total, que le dijera mi respuesta.

Apenas me lo pensé dos veces. A Tess también le parecía que debía probar fortuna. Mandé enseguida mi currículum. Tres semanas más tarde me invitaron a una entrevista en Londres. Estuvieron presentes aquella tarde Willis, el presidente del colegio y varias personas más que no recuerdo. Su afabilidad me hizo sentir muy a gusto y, cuando me preguntaron por mi tesis, comprendí que mi entusiasmo les ganaba.

—¿Quiere usted realmente este puesto? —me preguntó final- mente el presidente.

—Sí, señor, ardientemente —le contesté.

—Y si le damos el puesto, ¿jugará usted al críquet con nosotros?

No me lo creía.

—Naturalmente —le contesté, sonriendo.

—¡Pues se lo vamos a dar!

Les di efusivamente las gracias.

Cuando nos encontramos solos, Willis me explicó que había habido otros candidatos pero que por distintas razones creían

—en primer lugar por la recomendación de Mansfield—que yo era el más idóneo. Si no metía la pata en la entrevista el puesto era para mí. Y no la había metido. Me congratuló.

De repente, pues, habiendo dicho siempre que no quería ser profesor de literatura, iba a ser exactamente eso, profesor de literatura por necesidad, no por vocación. Me prometí que se trataría de una solución económica y logística estrictamente provisional, y que una vez terminada mi tesis me escaparía definitivamente de Inglaterra.

Hablé por teléfono con Mansfield y le agradecí calurosamente su apoyo. Le puse al tanto de mi próxima visita a España y acordamos vernos aquel otoño.

Tess tenía la obligación contractual de quedarse en París hasta mediados de junio, cuando terminaban sus clases de inglés. Luego iríamos juntos a Madrid. Ella tenía ganas de conocer España.

Entretanto seguimos explorando París en nuestros momentos libres, a veces acompañados de Patrick o de Joaquín.

Llegado julio yo había leído y anotado detenidamente las obras completas de Rubén, y estaba muy satisfecho de lo conseguido. Tenía una base muy sólida sobre la cual construir mi tesis. Quedaban, claro, muy numerosas preguntas a las que habría que identificar y explorar. Docenas de referencias de libros que sería preciso consultar o leer. De hecho, sólo había empezado el trabajo, pero estaba convencido de haberlo hecho de la mejor manera posible, es decir, sumergiéndome en la obra, saturándome de ella, antes de consultar la opinión de los críticos.

Con la conciencia tranquila, pues, cogí el tren de Madrid con Tess y Joaquín. Éste, profundamente nostálgico de España, pese a Franco, ya no aguantaba más París y nos había invitado a pasar quince días con él y su madre en su piso de Cuatro Caminos. Aceptamos encantados. Y aquí recurro a mi Diario:

Madrid, 7 de agosto de 1964.

¡Otra vez el padre sol sobre los campos de Castilla! ¡Qué gozada! En un viejo Seat renqueante vamos charlando animadamente, en alegre excursión por tierras de Ávila, Joaquín, su primo —el conductor—, Tess y yo. La meta: Navalsáuz y la casa de Francisca Sánchez, de aquella que no pudo ser la legítima mujer de Rubén pero que fue su leal pareja durante los últimos años de su breve y atormentada vida:

Ajena al dolo y al sentir artero,
llena de la ilusión que da la fe,
lazarillo de Dios en mi sendero,
¡Francisca Sánchez, acompáñame!

Llevo conmigo el artículo, publicado en *La Nación* de Buenos Aires y luego incluido en *España contemporánea,* en el cual el poeta describe su visita, en un noviembre frío de 1899, al pueblo de su amante. Viaja hasta Ávila en tren y luego, a lomos de un simpático burrito, camina por la hoy C-502, guiado por un vecino de Navalsáuz.

Cruzamos, mucho más cómodamente que Rubén, unas inmensas llanuras calcinadas por el sol y salpicadas de pueblos de aspecto bastante pobre: El Salobral, Solosancho, Robledillo —tal vez fue aquí donde Rubén pasó la noche, en una miserable venta digna de George Borrow o Richard Ford—, La Hija de Dios, Menga Muñoz, Fonda de Santa Teresa... Me imagino el terrible frío que debe hacer aquí en invierno. Luego subimos por el empinado Puerto de Menga. De repente, después de Cueva del Maragato, con la imponente mole de Gredos al fondo, divisamos allí arriba a nuestra derecha, a Navalsáuz, que da la impresión, luego no desmentida, de seguir siendo, como en tiempos de Darío, «un montoncito de casucas entre peñascos».

Paramos el coche a la entrada del pueblo. Acuden a escudriñarnos unos chiquillos. Es evidente que hasta aquí llegan poquísimos automóviles. Y menos forasteros. Nuestra llegada constituye todo un acontecimiento.

Preguntamos a un viejo por doña Francisca Sánchez.

—¡Pero ella se murió el verano pasado! —exclama—. Viven ellos en Madrid, y ella se murió el verano pasado.

Cubo de agua fría.

¿Y su casa de ella? El viejo se ofrece a acompañarnos.

169

Doblamos una esquina.

—Ésta es —dice, señalando una casa baja, hecha, como todas las del pueblo, con piedras de granito. Cerrada a cal y canto. Encima de la puerta hay una placa que reza:

FUE AQUÍ DONDE

FRANCISCA SÁNCHEZ GUARDÓ

DURANTE CUARENTA AÑOS EL

ARCHIVO DE RUBÉN DARÍO

Contemplo la casa con intensa emoción. De repente aparece un hombre corpulento, de aspecto campechano. Nos explica que hace unos ocho años vinieron desde Madrid las autoridades y llegaron a un acuerdo con doña Francisca para trasladar los papeles del poeta a Madrid. A cambio le dieron un piso en Carabanchel y poco tiempo después la familia se fue a vivir allí. ¿Si doña Francisca estaba casada? ¡Claro que sí! Con el señor Villacastín, que murió hace más de veinte años.

Mi desilusión al saber que nunca voy a poder saludar a Francisca Sánchez es tremenda. El hombre gordo nos dice que el hijo de Francisca está enterrado en el cementerio, al lado de la iglesia. ¿El hijo? Allí vamos. La minúscula iglesia está rodeada de tumbas pobrísimas. Nos señala una lápida medio enterrada. Reza:

EL NIÑO RUBENCITO DARÍO SÁNCHEZ SUBIÓ

AL CIELO EL 10 DE JUNIO DE 1905 A LA EDAD

DE 2 AÑOS...

Se trata de la tumba de Phocás el Campesino, como lo llamaba cariñosamente el poeta, muerto de una bronconeumonía. Como llevo conmigo la pequeña edición Aguilar de las *Poesías completas*, comprada en mi primera visita a Madrid, busco el estremecedor soneto que dedicó Rubén al niño, poco después de nacer, y en el cual le pide perdón por haberle traído «a este mundo terrible en duelos y espantos». Se lo paso a Joaquín para que lo lea en voz alta:

Phocás el campesino, hijo mío, que tienes
en apenas escasos meses de vida, tantos

dolores en tus ojos que esperan tantos llantos
por el fatal pensamiento que revelan tus sienes...

Nos emocionamos todos. ¿Cómo sería la vida de la pobre y sufrida Francisca Sánchez tras la muerte de Darío? ¡Tantas preguntas me bullen en la cabeza!

Dos días después —parafraseo mi diario— me presento en la Biblioteca Nacional, donde me informan de que el archivo del poeta se conserva en las dependencias del Ministerio de Educación, calle de Alcalá, número 93. Pero allí me dicen que no, que se trasladó tiempo atrás a la Facultad de Filosofía y Letras de la Universidad de Madrid.

Me dirijo presuroso a la facultad en taxi. Y es cierto: allí están los papeles. Un bedel me muestra la puerta del Seminario Archivo Rubén Darío —que así se llama, según reza una placa en la puerta—, y añade renglón seguido que está cerrado hasta mediados de septiembre. ¡Hasta mediados de septiembre! ¡Qué amargura! Si vuelvo entonces, me asegura, el doctor Antonio Oliver Belmás, director del archivo, me atenderá. Viendo que se me ha caído el alma al suelo, me dice el bedel a continuación que el Seminario publica un boletín que se puede conseguir en la librería del Consejo Superior de Investigaciones Científicas, situada en la calle de Medinaceli, detrás del Hotel Palace. En ellos tal vez encuentre información de utilidad.

Allí voy. Efectivamente, tienen ejemplares del boletín. Compro los dos primeros números, ya un poco amarillentos. Según me informa uno de los empleados, Oliver Belmás publicó, unos años antes, un libro basado en la documentación del archivo, titulado *Este otro Rubén Darío*, ya agotado. Podría consultarlo sin duda en la Biblioteca Nacional.

Me siento en un banco del paseo del Prado para hojear los dos boletines del Seminario. Allí me entero de que, cuando Darío la conoció, Francisca Sánchez era analfabeta, y que fue el mismo Rubén, secundado por su amigo el poeta Amado Nervo, quien la enseñó a leer y a escribir. ¡Qué cosas! ¿Cómo pudo convivir

Rubén tantos años con una analfabeta, con una mujer sin cultura literaria, por muy atrayente que fuera? No me lo explicaba.

Los boletines contenían algunos datos interesantes acerca de los 4.000 documentos entregados al Estado por Francisca. Un cuaderno de hule negro, por ejemplo, contenía —lo leí con emoción— «unas copias en incipiente letra femenina de algún capítulo de *El oro de Mallorca*». ¿Copias hechas por Francisca? ¿Por qué copias? Me desvivía por tener entre mis manos, ya, el cuaderno. Pero no había nada que hacer hasta el otoño. ¡Qué rabia que aquella gente se hubiera ido de vacaciones así por las buenas, haciendo imposible el trabajo del investigador llegado de fuera! ¿No podían haber dejado a un suplente?

La Biblioteca Nacional tenía el libro de Oliver Belmás, como era de esperar, y lo pedí. Se había publicado en 1960 y, al hojearlo, vi que contenía una información importantísima sobre el poeta, con muchas citas de documentos inéditos guardados en el archivo. Claro, de haberlo conocido antes me habría ahorrado tiempo... pero no la satisfacción de haber ido descubriendo cosas por mí mismo, poco a poco.

Era evidente que, nada más volver a Londres, tendría que leer el libro con lupa.

No hay más entradas en mi diario correspondiente a aquel verano. Recurriendo a mi memoria, sólo recuerdo, vagamente, unos animosos encuentros con amigos de Joaquín, todos ellos tan rabiosamente antifranquistas como él; alguna indagación más en la Biblioteca Nacional y en la Hemeroteca Municipal —ubicada entonces en la pintoresca Plaza de la Villa—; y la visita obligada a la calle de Altamirano, donde Luis y su madre seguían tan estoicos como siempre ante la tristeza de una vida monótona y aparentemente irremediable.

Ya era hora de ir preparando mis clases, que empezarían a principios de octubre. Decidí pasar el resto del verano tranquilamente en casa de mis padres. ¿Qué remedio me quedaba? Estaba sin un duro. A mediados de agosto, pues, Tess y yo volvimos a París. Allí reunimos nuestros bártulos —libros sobre todo— y nos despedimos de Patrick, con quien yo me sentía ya muy en deuda. Unos días después nos encaminamos hacia Inglaterra. Confiaba en que sería por poco tiempo: sólo lo estrictamente necesario para terminar el doctorado. Luego buscaría la manera de trasladarme definitivamente a España, siguiendo el ejemplo de mi admirado Gerald Brenan.

Otra vez Inglaterra

Creía que iban a ser un par de años como máximo, antes de escaparme de una vez por todas al Sur, a España. Pero los dos se convirtieron en diez. ¡En diez! Así había sido yo de ingenuo. No todo resultó desastroso sin embargo. Aquéllos eran tiempos renovadores, excitantes, cuando se rompían por fin los viejos esquemas ingleses, al compás de las canciones de los Beatles, y se imponía triunfal la minifalda. Tiempos en que vimos derrumbarse la Inglaterra trasnochada y represiva. La Inglaterra que, pese a haber vencido en dos guerras mundiales y a creerse el ombligo del mundo, seguía impertérrita con los tabúes heredados de la época victoriana. La Inglaterra que sólo en 1959 había permitido, después de una enconada querella criminal, la publicación legal y abierta de *El amante de Lady Chatterley,* considerado hasta entonces como rematadamente obsceno por el hecho de utilizar con liberalidad la palabra *fuck,* (follar), la voz más prohibida del idioma, y de cantar impúdico los gozos de la carne.

Es imposible recordar sin nostalgia la vitalidad de aquellos años, la nueva libertad sexual, el frenesí de bares y salas de fiestas, la vorágine editorial. De repente Londres se había vuelto epicentro mundial de la movida.

Me llevé bien con Ned Willis, el titular de Español, desde el primer momento. Era un tipo elegante y afable, procedente del sistema de las escuelas privadas y luego de Oxford, especialista en el Siglo de Oro, amante de las carreras de caballos —donde apostaba cantidades desorbitadas—, gran bebedor de cerveza y homosexual sin complejos y nada afeminado.

Ned hablaba abiertamente de sus relaciones sexuales, de su amante más o menos estable y de sus muchos contactos superficiales. Era de una promiscuidad desenfadada, y le gustaba rememorar sus años en la marina británica, ricos en episodios subidos de tono. Algunos de sus chicos eran poco más que chorizos, y con cierta frecuencia tenía que comparecer en la comisaría local —vivía en el extrarradio— donde, gracias a su condición de catedrático y a su acento de clase dirigente, su apoyo al delincuente de turno se revestía de cierta autoridad. En cualquier momento podía encontrarse envuelto en un escándalo de envergadura y salir en los periódicos, y la dramaticidad de estos episodios parecía gustarle sobremanera. Por algo era especialista en teatro. Siempre llegaba a final de mes con apuros económicos, y eso que ganaba un sueldo más que aceptable.

Si Willis vivía así, prestando más a sus muchachos que a sus investigaciones literarias, otro colega mío, Brian Dudley, era mujeriego cien por cien. Nunca he conocido a nadie que ligara con tanta facilidad ni que follara tanto sin complejos. Era la contundente demostración de que, en el sexo como en todo, la confianza en uno mismo es fundamental. Alto y gordo, medio calvo y nada agraciado, Dudley se creía irresistible. Y, en puridad, era un atleta sexual. Por la tarde se encerraba a menudo en su despacho con alguien —habitualmente alumna de otro colegio—, y allí pasaba las horas muertas, que para él eran todo lo contrario. Qué follador más increíble.

Por otro lado Dudley contaba muy bien los chistes, algo para lo cual, como ya he dicho, yo no tenía aptitud alguna. Los suyos eran realmente divertidos, sobre todo los verdes, y la gente se moría de risa al escucharlos. También era experto en la pesca y manejo de frases de doble sentido. Decías algo, inocentemente, y el cabrón, percibiendo un insospechado juego de palabras en la frase que acababas de pronunciar, emitía, a carcajadas, una agudeza a tu costa. Era de una insensibilidad radical. De haberse enterado las autoridades universitarias de sus actividades amatorias de la tarde, las cosas se habrían puesto feas. Pero no se enteraron. Willis no decía nada, sin duda por la irregularidad de su propia vida, y tampoco la secretaria, la señora Clarke, que probablemente temía perder su puesto si se quejaba.

En cuanto a mí, dedicaba todo mi tiempo libre a la tesis. Lo primero que hice fue leer cuidadosamente, en el Museo Británico, el libro de Oliver Belmás, *Este otro Rubén Darío,* hojeado en Madrid. Al llegar al capítulo «Mallorca, 1913» descubrí una pista fascinante. Y era que, según Oliver, Rubén había mandado a *La Nación* de Buenos Aires, a partir de octubre de aquel año, varios capítulos de *El oro de Mallorca.* Y no sólo esto, sino que Oliver decía haberlos consultado. ¿Dónde? ¿Recortes contenidos en el archivo de Francisca Sánchez? ¿Consulta directa del gran diario portense? No lo decía.

El Museo Británico tiene una hemeroteca extraordinaria, situada en Colindale, barrio del norte de Londres. En ella se encuentra no sólo toda la prensa británica desde el siglo XVIII hasta hoy, sino muchísimos periódicos y revistas extranjeros. De repente una corazonada. ¿Tendría Colindale, por casualidad, los tomos de *La Nación* de Buenos Aires correspondientes al último trimestre de 1913? En la famosa sala de lectura circular del museo Británico se podía consultar el catálogo de la hemeroteca. Lo hice en el acto y descubrí, con enorme conmoción, que el museo no me fallaba, pues no sólo tenía *La Nación* de 1913 también la de 1914.

Aquella tarde cogí el metro y me fui a Colindale. Quien no ha conocido la emoción de investigar en una hemeroteca no sabe lo que se ha perdido. Mis horas más intensas, más cargadas de adrenalina, las he pasado en ellas. Unas veces hay suerte enseguida, otras hace falta mucha paciencia, y a menudo no se encuentra lo que se busca. Se trata de una actividad parecida a la caza. Y cuando, tal vez después de prolongada espera y de infinita paciencia, aparece de repente la pieza deseada, la reacción puede ser casi orgásmica. Por lo menos ha sido mi experiencia a lo largo de muchos años.

Así fue aquella vez. Un empleado me trajo los tomos de *La Nación* correspondientes al último trimestre de 1913. Coloqué el de octubre sobre el sólido atril de madera. Se trataba de un diario grueso, de muchas páginas, y había que proceder despacio, metódicamente, desde el primer día del mes. Era fascinante penetrar en un mundo distinto a todo lo que había conocido anteriormente, y me llamó la atención la gran cantidad de información que allí se desplegaba sobre la política europea y la amenaza de guerra que ya se cernía sobre el Viejo Continente. Buenos Aires siempre fue una ciudad cosmopolita, culta, inquieta.

Al repasar todo el mes no había encontrado lo que buscaba, pese a la indicación del libro de Oliver.

Tampoco había nada en noviembre. Empezaba a preocuparme. Seguí. Al volver la página 8 del diario correspondiente al día 4 de diciembre de 1913, di de repente con el tesoro buscado. ¡El primer capítulo de *El oro de Mallorca*! ¡Allí, delante de mí, mirándome! Probablemente nadie había abierto aquella página desde la fecha de ingreso del periódico en Colindale cincuenta años antes.

Me puse de pie, temblando, y respiré hondo. Me palpitaba el corazón. Sin duda me había puesto pálido. Era uno de los momentos más apasionantes de mi vida hasta entonces. ¡Mi primer éxito de detective literario!

No fue difícil localizar el resto de la serie. Había seis capítulos en total, y al pie de la última entrega, en marzo de 1914, se estampaba la indicación: «Fin de la primera parte». Busqué en vano una segunda parte, revisando los meses siguientes, pero no encontré nada.

Antes de abandonar la hemeroteca conseguí fotocopias de los seis capítulos encontrados. Las leí en el metro, un poco por encima, y luego, sosegadamente, en casa aquella noche. No me cabía duda. Se trataba de un documento de enorme interés, si no de gran valor literario. Llamé a Tess para ponerla al tanto, y estaba casi tan emocionada como yo.

Esos textos trasminaban sobre todo la terrible soledad amorosa de Rubén en 1913 y 1914. Era evidente que la relación con Francisca Sánchez ya no estaba funcionando y lo que anhelaba el poeta era tener un nuevo amor. Así se explicaba la llegada a Mallorca de la escultora francesa, Margarita Roger, a quien desea Itaspes nada más verla pero que rechaza sus pretensiones después.

Eufórico, comuniqué enseguida mi hallazgo a Mansfield, que me aconsejó que publicara los seis capítulos de la novela cuanto antes en una revista especializada, con un comentario mío. Remachó *cuanto antes*, ya que si no me daba prisa otro investigador, siguiendo las mismas pistas que yo, se podía quedar fácilmente con la primicia. El milagro era que nadie lo hubiera hecho ya. No me lo explicaba, ni él tampoco.

Puse manos a la obra inmediatamente y un mes más tarde envié el trabajo a la prestigiosa *Revista Hispanoamericana* de Nueva York. Otra vez tuve suerte: estaba prácticamente cerrado el próximo número de la misma, pero, en vista de la importancia de mi descubrimiento, decidieron incluir el artículo, que tampoco era muy largo. Me dijeron que tardaría unos cinco meses en salir.

Entretanto le escribí a Oliver Belmás, contándole mi frustrada visita de agosto y preguntándole por el famoso cuaderno de hule negro que, según uno de los boletines del Seminario Archivo que había comprado en Madrid, contenía «unas copias en incipiente letra femenina» de algún capítulo de *El oro de Mallorca*, es decir, en letra de Francisca Sánchez. Oliver me contestó, muy amablemente, que se trataba de una equivocación, y que el texto no pertenecía a *El oro de Mallorca* sino a *La isla de oro*, grupo de artículos escritos por Darío sobre Mallorca unos años antes de empezar su novela. Se trataba de una copia hecha por Francisca Sánchez, tal vez como ejercicio. No había manuscrito alguno de *El oro de Mallorca* en él archivo.

Le volví a escribir. ¿Qué había pasado, entonces, con el capítulo de la novela reproducida por Alberto Ghiraldo en 1943, procedente, según el mismo, del archivo de Francisca Sánchez?

Como respuesta, Oliver me hizo un regalo estupendo e inesperado: un ejemplar del libro de su mujer, Carmen Conde, *Acompañando a Francisca Sánchez (Resumen de una vida junto a Rubén Darío)*, que se acababa de editar en Nicaragua. En una nota adjunta me decía más o menos que encontraría la contestación a mi pregunta en sus páginas.

Fascinado, leí de un tirón el libro. Aunque caóticamente organizado, demasiado sentimental e intelectualmente algo flojo, contenía un enorme acopio de datos interesantes. Y la siguiente acusación:

> En Navalsáuz y en Villarejo del Valle el señor Ghiraldo vivió una temporada en el hogar de Francisca Sánchez, estudiando su archivo; y del archivo salieron para no volver jamás a su punto de origen muchos de los documentos que figuran en ese libro de Losada.

Así se explicaba la ausencia, en el Seminario Archivo, del capítulo de *El oro de Mallorca* reproducido por el argentino.

¿Dónde se encontraba el material secuestrado? Puesto que el libro de Ghiraldo se había publicado en Buenos Aires, era de suponer que allí. Pero ¿quién lo detentaba ahora? Qué expolio más vergonzoso, de todas maneras, máxime teniendo en cuenta que, según Carmen Conde, la editorial Losada no le había pagado nada a la ingenua Francisca Sánchez por poner el archivo a su disposición.

De la documentación aportada por Carmen Conde, sobre todo la correspondencia cruzada entre Darío y Francisca, se desprendía la imagen de un hombre profundamente neurótico y, ya para 1913, carente de sentido del humor. Resultaba ahora que, bebedor empedernido desde los veinticuatro años, Rubén recurría al alcohol para espantar los terrores sin nombre que le asediaban habitualmente, sobre todo por la noche.

Según datos aportados por Carmen Conde, Darío se habría llevado consigo a América en su último viaje sin retorno el manuscrito de *El oro de Mallorca*, mostrándoselo allí a varias personas. Pero ¿el capítulo encontrado por Ghiraldo después en el archivo de Francisca Sánchez sería una copia? Posiblemente. O un recorte de *La Nación*. Conde aventura la hipótesis de que Darío, ya moribundo, tal vez entregara a Rosario Murillo los originales de la novela, y sugería la posibilidad de que ésta los destruyera. Menos mal, si fue así, que el poeta hubiera publicado aquellos seis capítulos en *La Nación*. ¡Y que yo los hubiera encontrado!

Después de leer el libro de Carmen Conde me sentía más cerca que nunca de Darío. Se confirmaba, con documentos contundentes, que ambos éramos agnósticos de día y angustiados de noche; que a los dos nos poseía el terror a la muerte y al castigo eterno que nos habían inculcado desde niños y que, pese a nuestros razonamientos y esfuerzos, no podíamos desterrar. Yo, como Rubén, adoraba el cuerpo femenino y, como él, tenía un complejo de tímido que a menudo me abrumaba. Compartía su profundo amor a la naturaleza. Y, como él, gustaba de empinar el codo, aunque no tan inmoderamente. Estaba ya convencido de que, a la larga, escribiría una biografía completa del poeta. Casi lo veía como mi obligación.

Por el momento, lo que urgía era llevar a buen puerto mi tesis. Decidí titularla *Rubén Darío y Francia*, lo cual me permitiría abordar tanto los aspectos biográficos de la vida del poeta en París como la influencia de la literatura francesa sobre su obra. Tenía otra ventaja: evitarme por el momento la necesidad de visitar América Latina, viaje entonces imposible por múltiples razones.

En junio de 1965 se publicó en Nueva York mi trabajo sobre Darío, con la recuperación de los seis capítulos de *El oro de Mallorca*. Fue mi primera publicación importante y obtuvo una considerable resonancia en círculos hispanistas. Tenía la sensación de que mi carrera arrancaba ya seriamente. El artículo me iba a servir de excelente carta de presentación, abriéndome además muchas puertas.

Aquel mismo mes Tess terminó con sobresaliente su licenciatura de francés en Cambridge. Decidió empezar una tesis doctoral sobre el surrealismo en Inglaterra y consiguió una beca bastante generosa.

Tess quería que nos casáramos para poder vivir abiertamente conmigo y no contrariar a sus padres, tan convencionales. Lo malo era que éstos insistían sobre una boda religiosa oficiada en la iglesia anglicana de su parroquia de Brighton. Es decir, nada de casarse por lo civil en una chabacana oficina municipal cualquiera, sin ceremonia y sin dignidad, como hubiera preferido yo. En cuanto a los míos, les habría parecido monstruosa una boda civil. Tess, que nunca había sido creyente, no veía inconveniente alguno en acceder a los deseos de unos y otros. ¿Qué daño hacía? A mí, al contrario, me parecía una traición a mí mismo casarme en una iglesia cuando había perdido la fe. Pero cometí el error de transigir para no crear problemas.

Durante los meses anteriores a la boda, Tess y yo tuvimos que asistir varias veces —yendo a posta a Brighton—, a una especie de cursillo que insistía en imponernos (si no, no nos casaba) el pastor de aquella iglesia, un tipo que desde el primer momento encontré repugnante, por su esnobismo y su suficiencia. Snell —así se llamaba— nos instruyó sobre las obligaciones de un matrimonio cristiano. Aquello fue un calvario. Muchas veces quería llevarle la contraria, decirle que no creía en nada de lo que nos decía, y largarme. Pero no tuve la valentía suficiente. De no haber sido yo tan cobarde, Tess y yo habríamos podido vivir juntos sin que nadie se metiera con nosotros, pues las costumbres británicas iban cambiando ya con ritmo frenético. Pero es que, pese a mi año en Francia y a mi programa de liberación personal, me costaba todavía mucho trabajo oponerme tajantemente a los demás.

Así que nos casamos como Dios y ambas familias mandaban. A la boda asistieron las dos casi al completo. La ceremonia, oficiada por un Snell más pomposo que nunca, me reventó. Tenía ganas de huir pero era ya demasiado tarde. Efectuado el enlace, Snell subió al púlpito y largó una homilía en la cual agradeció el privilegio de haber podido casar a dos jóvenes cristianos universitarios que, unidos en Jesús, iban ahora a poder aportar mucho a la sociedad. Sentí asco de mí mismo.

Pasamos nuestra luna de miel en España, recorriendo durante dos semanas —en un precioso Volkswagen Variant azul de segunda mano, comprado adrede—, el País Vasco, Cantabria y Castilla la Vieja, y luego bajando a Madrid, donde paramos otra vez en casa de Joaquín, quien, más antifranquista y anticlerical que nunca, nos presentó a un grupo de amigos suyos, profesores universitarios. Algunos de ellos pertenecían al Partido Comunista, y todos estaban desesperados con la situación del país. Dos o tres habían estado en la cárcel, como el propio Joaquín, y hablaban con odio de los represores. Sin excepción trasmitían un profundo resentimiento: hijos de los vencidos, se sentían derrotados ellos mismos, y su vida diaria era una constante lucha por mantener la dignidad en circunstancias netamente adversas. Si Francia y Gran Bretaña habían traicionado a la República en 1936, ahora Estados Unidos era el enemigo número uno, fortaleciendo a Franco a cambio de la concesión de bases militares. Con casi veinticinco años en el poder, el Caudillo por la gracia de Dios parecía inamovible, y todo indicaba que sólo con su muerte sería posible algún cambio. ¿Su muerte? A sus setenta y tres años Franco daba la impresión de gozar de una salud férrea y, por lo que tocaba a un posible asesinato, la guardia pretoriana que le rodeaba, así como los demás resortes del estado policial, casi omnímodos, hacían prácticamente impensable tal posibilidad. «Humillación tras humillación en nuestras comparaciones con Europa —escribiría Vicente Verdú cuarenta años después en *El País*—, los hijos de aquel tiempo nos vimos forzados a aceptar que nuestro país, nuestra economía, nuestra situación política y hasta nuestra inteligencia eran inferiores a las de los países que más sonaban». «A los que no se habían ido les cerraron la boca, y los del exilio hablaron sin eco —recordaba por su parte Juan Cruz en el mismo diario—. España fue un país dominado por la tortura del miedo, y por la tortura misma. Fue nuestro universo cotidiano». Así fue, efectivamente, y al leer estas palabras recordé mis conversaciones con Joaquín y su círculo de amigos amargados y desilusionados cuando a Franco le quedaban todavía diez malditos años en el poder.

Desde Madrid bajamos a Granada. Yo llevaba mucho tiempo anhelando conocer la Alhambra, y aquel deseo se había acrecentado recientemente al releer el breve capítulo dedicado por Darío a la ciudad en *Tierras solares*. Rubén había llegado a Granada a principios de año —no como nosotros en un tórrido agosto—, y había podido recorrer los palacios y jardines de la Colina Roja sin tener que compartirlos con otros turistas. Le entusiasmaron, naturalmente. Haciéndose eco de Washington Irving, Chateaubriand y tantos otros viajeros románticos, lamentó la expulsión de los árabes y recordó haber aprendido, de niño, una «romanza» sobre la incomparable belleza de la ciudad nazarí:

Aben Amet, al partir de Granada,
su corazón desgarrado sintió,
y allá en la vega, al perderla de vista,
con débil voz su lamento expresó...

Lector fervoroso en su juventud de *Las mil y una noches*, Rubén no puede por menos de evocar, mientras deambula por las fastuosas estancias de la Alhambra, las sombras de las bellas mujeres de los sultanes. Por su cabeza revolotea un enjambre de Zorayas, Marienes, Fátimas y Zaidas, cada cual más atrayente. Luego, contemplando desde la Torre de Comares la colina opuesta del Albaicín, con su «amontonamiento oriental de viviendas», intuye que, para los amantes, no puede existir escenario más idílico sobre la faz del mundo que un carmen granadino —Alhambra en miniatura—, con su pequeño jardín encerrado, su cal y su surtidor, reflejo del Paraíso musulmán.

Herman Cohen nos había recomendado el carmen Matamoros —famosa pensión sobre cuyo solar se levantaría después el Auditorio Manuel de Falla—, y yo había tenido la sensatez de reservar con antelación una habitación. Allí pasamos Tess y yo una semana inolvidable. El Matamoros tenía un jardín lleno de laureles, arrayanes y boj, con un típico surtidor alhambreño y una pila con un mascarón que echaba agua. A partir de aquella estancia el olor del boj siempre simbolizaría para mí el caluroso verano granadino.

Los palacios nazaríes superaron todo lo que nos habíamos imaginado. Desde entonces he vuelto a recorrer la Alhambra y el Generalife muchas veces, pero me quedan todavía clavadas en la memoria mis primeras impresiones del recinto, acompañado de Tess.

Una tarde, al bajar desde el Matamoros al atardecer, notamos que, sentados en la terraza de una casa situada detrás del hotel

Alhambra Palace, había un grupo de cinco o seis personas que hablaban animadamente inglés. Nos informaron en la pensión de que se trataba de la residencia de un personaje célebre en Granada, William Davenhill, el vicecónsul británico, que cada tarde reunía allí a varios amigos a quienes su hermana, Maravillas, servía cócteles reputados como los más explosivos de Andalucía.

A la tarde siguiente tuvimos la osadía de presentarnos. Los Davenhill nos invitaron a sentarnos con ellos. Los brebajes no desmerecieron su fama, y a los dos sorbos comprendí por qué aquella tertulia tenía tanto renombre.

William Davenhill nos contó que García Lorca solía visitar la casa y nos explicó que «el cónsul de los ingleses» que aparece en el romance «Preciosa y el aire»... ¡era él! Sacó a continuación las obras del poeta y nos leyó el romance. No cabía duda. Además se veía enseguida que Lorca les tomaba un poco el pelo a aquellos ingleses extraños que vivían «más arriba de los pinos» y que sólo raras veces se dignaban bajar a la ciudad propiamente dicha. En el poema el cónsul ofrece a la gitana, asustada por el viento caliente y fálico, «un vaso de tibia leche que ella no se bebe». «Uno de los cócteles de mi hermana le habría venido mucho mejor», se rió Davenhill.

A pesar de tantos paisajes excepcionales, y de muchas horas de felicidad, la luna de miel no pudo ser todo lo maravillosa que yo hubiera deseado. Obsesionado con la torpeza y cobardía de lo que acababa de hacer, sólo para complacer a nuestras familias, sufrí un amago de depresión que hice todo lo posible por disimular. Tess me seguía encantando, por su belleza, su innata elegancia, su bondad, su inteligencia, su valentía y tantas otras cualidades. Pero no era necesario habernos casado, y de aquella manera.

De vuelta a Londres, mi estado de ánimo no mejoró. Decidí consultar a un psicoanalista, para tener otro punto de vista sobre lo que me pasaba. Recordé entonces que Herman me había aconsejado que por nada del mundo viera a un analista de procedencia cristiana, porque tendría los mismos problemas que yo. La advertencia me había parecido razonable entonces, y me parecía razonable ahora. Hablé con el titular de psicología de nuestro colegio. Después de reflexionar un momento, me dijo que un tal doctor Max Gross podría ser la persona indicada. Era, como daba a entender su apellido, judío, y gozaba de prestigio.

Le llamé y le pedí una entrevista. Tenía su consulta cerca de Regent's Park, no lejos del colegio. Alto, un poco encorvado y sombrío, frisaría los sesenta años. Tenía una cara larga y delgada, de tinte oliváceo, una nariz generosa y una voz pausada. Durante media hora le hablé de mi familia, de la angustia sin nombre que tan a menudo me atacaba por la noche, de mi madre castradora y, sobre todo, de mi relación con Tess. Me escuchó atentamente. Al final me dijo que a su juicio un análisis me podría resultar beneficioso, y que estaba dispuesto a aceptarme. El precio por sesión —cinco libras de entonces—, no era una cantidad desorbitada. Si yo quería, estaba dispuesto a empezar la semana siguiente. Dije que sí, que cuanto antes mejor.

El análisis, que seguí durante más o menos seis meses, no me ayudó mucho. Y no me ayudó mucho porque, después de cinco semanas, me parecía evidente —sin duda me equivocaba— que, para Gross, la meta era que yo me adaptara a Tess, no un mayor conocimiento de mí mismo. Claro, nunca me aconsejaba nada —no lo hace ningún analista freudiano ortodoxo, y Gross lo era—, pero el mensaje subliminal que yo recibía era aquél. Ello no me parecía correcto. Y había otro problema, y era que con cada sesión le encontraba más feo. Probablemente no lo era, pero a mí me parecía que sí. Si la libre asociación siempre me costaba trabajo, cada vez que pensaba en la fealdad de Gross se me atragantaban las palabras en la garganta. «¿En qué está pensando?» me preguntaba entonces, tras mis largos silencios. ¿Cómo le iba a explicar que le veía feo? Cada vez más cerrado, más renuente a hablar, no sabía cómo sortear aquel problema. Era una farsa, que además me costaba dinero.

Mi madre y Julia protagonizaban mis sesiones con Gross. Mientras yo discurría interminablemente sobre mis obsesiones, no decía ni pío. ¿Me escuchaba? ¿Estaba pensando en otra cosa? ¿Estaba hasta los huevos de ganar su pan diario escuchando a neuróticos como yo?

Sea como fuere, yo no aprendía nada nuevo acerca de mí mismo, no avanzaba nada, no mejoraba nada. Una tarde llegué a la consulta después de haber bebido varias pintas de cerveza con Willis y Dudley, y la sesión fue un desastre. A la semana siguiente decidí cortar por lo sano y me di de baja, explicando que me parecía inútil continuar, que yo estaba demasiado bloqueado. Nunca le volví a ver. Años después, tras la publicación de un libro mío en Londres, me envió unas líneas afectuosas, diciendo que seguía mi carrera con interés y que se congratulaba por mis éxitos literarios. Le contesté brevemente. Nunca más supe de él.

Un día, después de una sesión con Gross, me había dado un garbeo por el barrio de Marylebone antes de ir al colegio. Al entrar en una plaza para mí desconocida, que resultó ser Manchester Square, noté que en un lado de la misma se erguía un palacio impresionante. Me acerqué. Y así fue como descubrí la Wallace Collection, una de las muestras de arte francés del siglo XVIII más ricas del mundo. Al traspasar el umbral de la augusta mansión, apenas pude creer el testimonio de mis ojos. ¿Cómo era posible que hasta aquel momento yo desconociera tan fabuloso recinto?

A partir de aquel momento me convertí en asiduo de la Wallace, visitándola cuatro o cinco veces al mes durante un año. Por ello es la pinacoteca que mejor conozco.

La colección debe su nombre a Sir Richard Wallace, que frecuentaba un pequeño círculo en París que incluía a Baudelaire y Meissonier. Wallace trajo su colección a Londres en 1871, cuando la guerra francoprusiana. Luego su viuda la cedió generosamente a la nación. Ofrece la inmensa ventaja añadida de seguir en el mismo edificio en el cual la instalara su creador.

Conocer la Wallace Collection es constatar la extrema finura, delicadeza y elegante sensualidad del arte francés del siglo XVIII. Exquisitas porcelanas *bleu de roi* de Sèvres, pebeteros y *tazze* de jaspe, *sécretaires* que pertenecieran a María Antonieta, espléndidas mesas Luis XIV, candelabros y relojes de Boulle, cuadros de

Fragonard, Boucher, Pater, Poussin, Lancret y Watteau... todo allí habla de buen gusto y de mesura. Comprendí enseguida que el hallazgo de la Wallace Collection me iba a ayudar, y mucho, con mi tesis sobre Darío, dada la profunda admiración que profesaba el poeta por el siglo XVIII francés, y que se refleja en su obra.

La galería tiene unos Watteau bellísimos. ¡Qué elegantes estas jóvenes mujeres, con sus sedas, sus cinturas de avispa y, sobre todo, sus cuellos de cisne que hacían las delicias de Verlaine!:

> Parfois aussi le dard d'un insecte jaloux
> Inquiétait le col del belles sous les branches,
> Et c'étaient des éclairs soudains de nuques blanches,
> Et ce régal comblait nos jeunes yeux de fous.

¡Atisbos repentinos de nucas blancas! La moda femenina de entonces imponía la recogida del pelo en *chignon*, dejando libre la nuca. Las de las mujeres de Watteau son para cubrirlas de besos. Uno de los cuadros del pintor en la Wallace se llama *Descanso durante la caza*. Se trata de una *fiesta galante*. Allí hay un cortesano que ayuda a bajar de su caballo a una preciosa mujer de perfil finísimo. Luce un cuello adorable. Sentada a dos pasos sobre la hierba, otra bella, a quien entretiene un galán, le hace la competencia. Una vez contempladas estas maravillosas criaturas son inolvidables.

Si el meollo de la Wallace es la colección francesa del siglo XVIII, no por ello faltan maravillas de otras épocas y escuelas. A mí me encandilaba, sobre todo —en cierta medida por el contraste que ofrecía con los Watteau—, *La dama del abanico*, de Velázquez. Esta señora, la pobre, no ha estado jamás en una *fiesta galante* —si hubiera nacido unas décadas más tarde, inaugurada ya la dinastía de los Borbones en España, tal vez le habría tocado más de una en Aranjuez o La Granja.

Vestida severamente de negro y tocada con mantilla, la dama tiene labios rojos y ojos tristes, contrastando la alumbrada voluptuosidad de los senos, indicada por el escote, con el rosario que, colgando de la mano izquierda, hace pensar en el oído atento del severo confesor católico de Pirineos abajo. La dama del abanico es una española apasionada a quien la religión no le permite expresar abiertamente su sensualidad. O así me parecía a mí.

Cuando, más de una década después, vi *Este oscuro objeto del deseo*, no pude por menos que pensar inmediatamente en la Wallace Collection y en la dama velazqueña rodeada de tanta francesa sonriente y *insouciante*. ¡Qué bien había escogido Buñuel a sus actrices! Ángela Molina y Carole Bouquet eran la mismísima encarnación física de dos arquetipos nacionales.

Recuerdo la Wallace como una de mis experiencias más enriquecedoras, y digo experiencias porque, habiéndola encontrado al azar, la viví con la intensidad y la gratitud de quien acaba de recibir un maravilloso regalo inesperado. Transitando por sus salas era difícil no estar otra vez de acuerdo con lord Byron. Somos lo que admiramos y yo admiraba profundamente la sensibilidad que expresaban aquellos objetos y cuadros tan finos, tan exquisitamente trabajados y, sobre todo, tan exentos de preocupaciones religiosas.

En el fondo yo hubiera querido ser hombre del siglo XVIII francés.

Después del fracaso de mi análisis con Gross, decidí probar suerte con la terapia Gestalt. Me habían entusiasmado algunos libros del fundador de la misma, Fritz Perls, recomendados por Herman Cohen. Perls empezó como freudiano ortodoxo, pero no tardó en abandonar la clásica práctica del diván después de llegar a la conclusión de que no servía para nada y de que el psicoanálisis era, en sí mismo, una enfermedad. A juicio de Perls, la libre asociación sólo conducía a un callejón sin salida. Tampoco servía el convencional análisis de los sueños. Lo que había que hacer era verbalizar lo que ocurre aquí y ahora, experimentar a fondo los síntomas, asimilándolos en vez de combatirlos, afrontar y reincorporar los aspectos rechazados de la personalidad, expresar la furia soterrada, mover el cuerpo, gritar, llorar... Ya no era cuestión de que el terapeuta estuviera sentado detrás de ti, escuchando —por lo menos teóricamente— tus asociaciones o ponderando tus silencios. En la terapia Gestalt, según me había ido informando, te podían decir de repente que gritaras, a voz en cuello, pestes de tu padre o tu madre, o tiraras una silla contra la pared. Es decir, la terapia movilizaba el cuerpo, lo implicaba en la expresión de las emociones reprimidas. A mí, después de meses tumbado en un diván con el lúgubre Gross detrás sin decir casi nada, tal método me parecía ofrecer muchas más posibilidades.

Alguien me habló de un psiquiatra que había trabajado con el propio Perls en Estados Unidos. Se llamaba John Hunter. Fui a verle y me cayó estupendamente. Le expliqué lo ocurrido con Gross, y que había leído varios libros de Perls. Me aceptó y la verdad es que esta vez todo me fue mucho mejor.

Y yo necesitaba que fuera mejor porque mi relación con Tess no mejoraba. Yo seguía obsesionado con mis amazonas, y además la presencia de mi madre dentro de mí se hacía cada vez más insistente.

Hunter me convenció de que mi problema principal era la *introjection* (interiorización) de G, debido al proceso defensivo según el cual metemos dentro de nosotros cuando niños, casi incorporándolos, a los que nos controlan o amedrentan. Es decir, me convenció de que mi madre —la clásica madre devoradora de Freud— me dirigía todavía desde dentro, oponiéndose a mis deseos de independencia.

Había que tratar de expulsar de una vez por todas a aquella presencia.

Hunter me ayudó, con una serie de técnicas desarrolladas por Perls, a liberar en primer lugar la tremenda furia que me habían forzado a reprimir a lo largo de mi niñez, y que iba dirigida sobre todo contra G. Descubrí que yo era casi incapaz de gritar mi rabia, mi cólera por temor a que se me infligiese un terrible castigo. Hunter me estimuló a gritar delante de él, y a veces de un grupo, con todas mis fuerzas. Me producía un tremendo alivio.

Hunter también me pudo demostrar hasta qué punto yo era incapaz de decir no, de negarme tajantemente a hacer algo. «Una persona que no sabe decir no, y decirlo con contundencia, está perdida», insistía. Tenía toda la razón del mundo. Yo recordaba, escuchándole, mis estancias en España y los centenares de veces que había oído a niños gritar, furiosos, a su madre, o padre, o a ambos juntos: «¡¡¡No quiero!!! ¡¡¡No quiero!!!» Y ello sin producir reacciones coléricas en sus progenitores. ¡Qué diferencia con la Inglaterra que me había tocado a mí, tan imbuida de actitudes procedentes de la época victoriana! ¡La Inglaterra en la cual los niños no tenían el derecho a afirmarse!

Las sesiones con Hunter eran, en realidad, clases: clases para reeducar unos reflejos impuestos por una sociedad puritana. En vez de ser un problema, «decir que no» empezó poco a poco a ser para mí una experiencia positiva, y tanto era así que al cabo de unos meses casi anhelaba que, en mi vida diaria, surgiesen situaciones conflictivas en las cuales una rotunda negativa fuera la única respuesta posible.

Siguiendo una sugerencia de Hunter, construí, con una mezcla de alambres, almohadillas y cartón piedra, una efigie a tamaño real de mi madre, que coroné con una ampliación de su cara sacada de la fotografía de cuando tenía unos cuarenta años y en la cual fruncía el ceño y ofrecía al mundo aquel aspecto de mujer agriada, agresiva y resentida que yo tanto conocía. Ya he hablado de esta fotografía. Realmente la escultura resultó bastante divertida. Luego me fui a una tienda de deportes y me compré una escopeta de aire comprimido con varias cajas de balas de plomo. Coloqué la efigie contra la pared del salón, y durante varias semanas, diariamente —y luego a intervalos más espaciados—, me entretuve disparando contra la autora de mis días, acompañando el ejercicio con enérgicas afirmaciones de mi derecho a ser yo y con gritos de «¡¡¡no quiero!!!» imitados de los que había oído tantas veces en España.

También me compré un *punchball*. No había vuelto a hacer boxeo desde mis días de Greytowers, y disfruté enormemente dándole ahora con saña al maleable cilindro, imaginando que, una a una, se trataba de la cabeza de mis adversarios —empezando por el detestable Bloggs— y gritando «¡no, no, no, no, no!» por cada golpe.

Qué bien saber decir no con firmeza, sin perder los estribos, en vez de mentir o prometer algo que luego no se va a poder cumplir. La terapia Gestalt me ayudó a darme cuenta de mi deficiencia a este respecto y a empezar a superarla. Con todo, me costaría trabajo y siempre habría el peligro de recaídas.

Solía fusilar a mi madre «interiorizada» de día, para no molestar a los vecinos, pero de vez en cuando había que actuar contra ella de noche, empujado por una imperiosa necesidad, lo cual provocaba más de una protesta de la gente que vivía debajo y encima de nosotros, a quienes, después de ofrecer mis disculpas, trataba siempre de explicar que no pasaba nada grave, que no agredía a nadie realmente y que sólo era cuestión de unos ejercicios de psicología aplicada.

Antes de empezar con Hunter yo había comenzado a frecuentar los *sex shop* de Soho, donde, además de revistas eróticas, se podían ver películas porno no muy duras. Al hacerlo, recordaba siempre mi inesperada iniciación en la pornografía cuando, años atrás, visitara Londres con mi padre.

Tenía que superar una resistencia tremenda para entrar en dichos establecimientos. Hacerlo era una demostración de una necesidad, de una culpabilidad, de una soledad, y, además, en cualquier momento, pese al anonimato de la metrópoli, existía el riesgo de que algún conocido te cogiera *in fraganti*. Efectivamente, una noche tropecé en uno de esos sitios con el catedrático de italiano de nuestro colegio, a quien reconocí de espaldas mientras hojeaba unos libros. Salí casi corriendo para que no me viera.

Rodeado de incitaciones sexuales en aquel Londres frenético, obsesionado conmigo, le hacía la vida imposible a Tess, sobre todo cuando bebía, que no era infrecuente. Entonces a veces le decía cosas espantosas, crueles, que me producían vergüenza a la mañana siguiente.

Pese a todo Tess y yo seguimos teniendo momentos de gran felicidad. Ella me quería de verdad y estaba convencida de que en el fondo yo no era mala persona sino un irremediable neurótico. Y yo la admiraba. Ambos creíamos que, con el tiempo, todo se podría solucionar. Pero por desgracia no iba a ser así.

Mi colega Dudley seguía con sus ligues, y llegó el día en que yo, cada vez más deprimido ante el espectáculo de aquel desfile de chicas, decidí tratar de emularle o por lo menos hacerle un poco de competencia. O sea, lo de siempre: me sentía en la necesidad de demostrar, a mí mismo y a los demás, que valía tanto como el prójimo, en este caso Dudley.

No había muchos jóvenes en Irving, pues, como ya he explicado, se trataba de un colegio nocturno para gente mayor. Supongo que el promedio de edad de nuestros estudiantes sería del orden de unos cuarenta años. Las excepciones a la regla eran los alumnos de otros departamentos de Español de la universidad que a veces participaban en algún cursillo nuestro. Así fue como había empezado a asistir a mi clase sobre poesía española del siglo XIX una negra alta y despampanante, hija de un oficial de la embajada francesa en Londres. Se llamaba Martine y era realmente espectacular. ¡Una amazona negra! El hecho de que fuera francófona le prestaba un poderoso atractivo añadido, por lo menos para mí, y cuando coincidía con ella en los pasillos solíamos hablar francés.

Decidí abrir campaña con Martine. Una noche, mientras salíamos del colegio, la invité a tomar una copa conmigo. Aceptó radiante. Resultó que durante meses, sin que yo me percatara de ello, me había estado tratando de ligar. Me lo dijo con toda franqueza. También me dijo que, cuando yo entraba en la clase, ella sentía algo así como una descarga eléctrica. Nunca me había dicho nadie una cosa parecida. ¡John Hill transmitiendo electricidad! No era el concepto que tenía de mí mismo, por supuesto. Aquella noche hicimos el amor en su piso y la cosa funcionó estupendamente. Era la lubricidad misma.

Empecé a llevarla a todas partes y disfruté enormemente al constatar que mi conquista producía en Dudley la envidia deseada. Incluso, pagándole con su propia moneda, le di cumplida cuenta de la destreza de la chica en la cama, que era de verdad excepcional.

A Martine le gustaba mucho Darío, y cuando recitaba versos suyos, con su inconfundible acento parisiense, era para morirse. Yo la llamaba «La negra Martina» por un poema de Rubén, «La negra Dominga», escrito al paso del poeta por La Habana, y que Martine recitaba con una gracia inolvidable:

¿Conocéis a la negra Dominga?
El retoño de cafre y mandinga
es flor de ébano henchida de sol.
Ama el ocre y el rojo y el verde,
y en su boca, que besa y que muerde,
tiene el ansia del beso español...

Aquella relación no pudo durar mucho tiempo. Martine tenía un apetito sexual insaciable, era extremadamente vanidosa y, naturalmente, estaba rodeada de admiradores. Por lo que supe después había follado con media Universidad de Londres antes de hacerlo conmigo. Muchas veces, retozando con ella, pensaba en Tess y sentía vergüenza al decirle cosas cariñosas a aquella satiresa, digna de un emperador africano.

Después de Martine hubo otras. Recuerdo sobre todo a una formidable judía a quien conocí una noche en una discoteca del King's Road y que trabajaba en un importante banco de la City. Se llamaba Ruth. Era aún más fogosa que Martine, si cabía, con un ímpetu erótico tan arrollador que a veces creía que me iba literalmente a hacer pedazos. Yo no sé si era normal entonces entre judías inglesas teñirse el bello púbico con alheña, pero Ruth sí lo hacía, además de empaparse de almizcle y de otros perfumes orientales que me recordaban *El cantar de los cantares* y el famoso soneto de Baudelaire que tanto me había impresionado unos años atrás. Estar en la cama con Ruth era todo un peligro, primero porque te podías ahogar al tener que tragar tanto perfume fuerte, y luego porque el sexo para ella era una especie de lucha libre.

Me cansé de Ruth a los pocos meses. Era muy exigente y quería que dejara a Tess por ella. ¡Qué locura! Llegué a detestar sus grandes pechos, que, liberados del sostén, casi le colgaban hasta la cintura. De joven, aquellas turgencias le habían creado complejo, pero un amigo suyo psiquiatra le había convencido de que eran estupendas y de que debía enorgullecerse de ellas. Le había sentado tan bien aquel consejo que, cuando hablaba con un hombre que le interesaba, adelantaba el busto hacia él, arrogante, y casi empujaba con los pezones. ¡Qué mujer! Su desparpajo me encantaba, y era muy inteligente.

Un día nos citamos en el Museum Tavern, frente al Museo Británico. Bajaba por Gower Street en coche, buscando un sitio donde aparcar, cuando de repente la vi, corriendo calle abajo para no llegar tarde a nuestro encuentro. Me pareció de repente horriblemente gorda y no me presenté en el bar. Aquella noche me llamó furiosa. ¡A ella nadie le daba un plantón! Le dije que lo sentía pero que había decidido romper, que Tess se había enterado —lo cual no era verdad— y que no podía arriesgar aquella relación. Reconozco, al contar estas miserias, que entonces yo era un egoísta repugnante, un macho despreciable.

Nunca volví a ver a Ruth. Me escribió años después desde algún país exótico... Luego desapareció para siempre. La recuerdo con cariño. Era cachonda de verdad en todos los sentidos, además de una gran conversadora.

Yo no contaba a Tess lo que hacía, naturalmente, y dado el carácter nocturno de nuestro colegio era fácil mantener el vergonzoso engaño. Razonaba, para tranquilizar mi conciencia, que necesitaba tales experimentaciones para poder liberarme de mis resentimientos e inmadureces, y que además la experiencia adquirida a través de ellas redundaría en beneficio de nuestra relación. ¡Qué equivocado estaba!

A principios de febrero de 1966, aprovechando un permiso de tres semanas, volví a España para examinar, por fin, el archivo de Rubén Darío. Bajo el brazo llevaba un manojo de separatas de mi trabajo sobre *El oro de Mallorca*. No pudo acompañarme Tess, enfrascada en su tesis.

Me encontré con un Madrid tensísimo por las recientes protestas estudiantiles, a consecuencia de las cuales el régimen acababa de expulsar a dos profesores de la Facultad de Filosofía y Letras muy populares, Agustín García Calvo y José Luis Aranguren, enconando con ello aún más el ambiente ya de por sí muy desagradable.

Unos días después de mi llegada me llamó Joaquín muy excitado. Quería verme enseguida. Era urgente. No me podía decir nada por teléfono, dijo, y me citó en el café Gijón.

Resultó que el día 20 de febrero, domingo, se iba a hacer un homenaje a Antonio Machado en Baeza consistente en colocar una cabeza del poeta en bronce —obra de Pablo Serrano— en el lugar donde le había gustado al poeta pasear al atardecer, fuera de las murallas. El Club de Amigos de la Unesco se encargaría de fletar autobuses, y probablemente irían varios miles de personas, entre ellas destacados intelectuales y escritores de la oposición. Se trataba de un acto de subversión, de insumisión; de reivindicar la memoria de uno de los adversarios más ilustres de la sublevación fascista que había acabado con la República, y cuya obra seguía siendo censurada en la España de Franco.

Joaquín me dijo que iba a asistir con algunos de sus amigos habituales. Quería que yo les acompañara, un poco a guisa de representante del hispanismo británico. Iríamos en coche el día antes.

Yo llevaba una década admirando a Antonio Machado y empapándome de su obra. Además aquel año daba un curso monográfico en Irving College sobre *Soledades, galerías y otros poemas*. Acepté en el acto.

Entretanto pasé unos días muy felices en el Seminario Archivo de Darío, donde me recibió amablemente Antonio Oliver Belmás y me mostró el tesoro guardado tan celosamente por Francisca Sánchez en Navalsáuz, ordenado ahora en un sinfín de archivadores dispuestos alrededor de aquella cueva de Aladino literaria insertada en el corazón de la Facultad de Filosofía y Letras.

Puesto que mi tesis se ceñía al tema de Darío y Francia, me interesaba sobre todo averiguar qué correspondencia había mantenido con escritores galos. Poca, desafortunadamente. Excepto dos o tres cartas, sin mucho interés, de los poetas Saint Pol Roux y Jules Supervielle, no había ningún nombre famoso entre los veinte que figuraban en la carpeta correspondiente. De todas maneras era evidente que tendría que pasar varias semanas en el archivo antes de terminar la tesis, cosa que no podía hacer ahora.

Vivía entre el Seminario Archivo y la Hemeroteca Municipal, poseído de aquel fervor investigador que Tess llamaba mi «estado candente», y que hacía que me olvidara de todo lo que no tuviera que ver con mi trabajo, comer incluido. Por ello fue una sorpresa constatar que habían pasado diez días y que estábamos en vísperas del acto de Baeza.

Llegamos a la ciudad andaluza la tarde del 19 de febrero, instalándonos en una pequeña y barata pensión situada cerca de la catedral. Dimos un paseo por al casco viejo, tan preñado de recuerdos del poeta, y notamos que los vecinos nos miraban de reojo. Habían husmeado que iba a ocurrir algo fuera de lo normal.

Al enterarse Joaquín de que los peces gordos del acto estaban en el parador de Úbeda, fuimos allí por la noche. Y así fue como pude saludar por vez primera, en una sala llena de humo de tabaco donde la gente conversaba animadamente, a José Luis Aranguren y al poeta Gabriel Celaya. También recuerdo al cantante Raimon. Se notaba que las autoridades del Parador estaban preocupadas, temiendo, sin duda, que en cualquier momento la policía irrumpiese en el que tenía todos los visos de ser un cónclave de opositores al régimen.

A la mañana siguiente corrió temprano por toda Baeza la noticia de que Manuel Fraga Iribarne, entonces ministro de Información y Turismo, había prohibido el homenaje a Machado y que la Guardia Civil acordonaba la ciudad y sus proximidades para impedir la llegada de vehículos sospechosos. Sólo los que habíamos llegado el día antes —tal vez unos trescientas o cuatrocientas personas— estábamos en condiciones de poder acudir al lugar elegido para el monumento, o sea el paseo de las murallas, con sus magníficas vistas del valle del Guadalquivir, con la Sierra de Mágina al fondo.

Poder estar en Baeza aquella mañana fría de febrero y hacer acto de presencia en el frustrado homenaje al poeta era un honor y una gozada. Cada uno de los asistentes lo teníamos claro. Lo ocurrido después ha sido rememorado en letra de molde por muchos testigos, con la inevitable gama de matices. Lo que yo recuerdo es que nos encontramos pronto con un nutrido destacamento de la Policía Armada que nos cortaba el acceso al lugar del pretendido acto. Al darse la orden de dispersión, y negarse o querer seguir insistiendo los que iban en la cabecera, se oyeron gritos y de repente las fuerzas efectuaron una carga, produciéndose la inevitable desbandada entre los manifestantes. Antes de irme corriendo yo, impelido por el pánico, vi a un policía propinar golpes brutales a una joven. Aquello fue repelente: los representantes de un régimen chulo y machista pegando a gente pacífica por querer honrar la memoria de un gran poeta español muerto en el exilio.

Juré aquella tarde hacer todo lo que estuviera en mi poder, seguramente muy poco, para ayudar a los que luchaban por acelerar el final del franquismo.

Guardo un valioso recuerdo documental del episodio. Se trata de una copia de la «breve historia» de los acontecimientos hecha pública dos días después por el alcalde de Baeza, en la cual denuncia «la invasión de gentes (algunas de buena fe pero engañadas), delincuentes, amorales, etc., que vinieron a sueldo a soliviantar nuestra pacífica ciudad».

Al releer el papel ahora, me llama mucho la atención «a sueldo» por el absoluto desprecio que denotaba hacia los que acudieron al acto.

En 1983, pasado el susto del «tejerazo», y con Felipe González a la cabeza del Gobierno, la escultura de Pablo Serrano se instalaría finalmente en el paseo de las murallas de Baeza. El ministro de Cultura, Javier Solana, estuvo allí. Diecisiete años antes, en el mismo sitio, había corrido delante de los policías franquistas. España ya era otra.

Como he dicho, yo daba aquel año un curso monográfico sobre el Machado de las *Soledades, galerías y otros poemas,* tan influido por los simbolistas, entre ellos, en primer lugar, Paul Verlaine. Aquellos poemas me fascinaban —y me siguen fascinando— por su buceo en el mundo de los sueños. Entre ellos hay uno, muy pequeño, muy escueto, que dice así:

> *Y podrás conocerte, recordando*
> *del pasado soñar los turbios lienzos,*
> *en este día triste en que caminas*
> *con los ojos abiertos.*
>
> *De toda la memoria, sólo vale*
> *el don preclaro de evocar los sueños.*

Ante estos versos tan aparentemente sencillos me parece imposible quedarse indiferente. *La interpretación de los sueños,* de Freud, se había publicado en 1900. El poema vio la luz en 1907. Machado no sabía alemán, y la monumental obra del padre del psicoanálisis no se traduciría al español hasta quince años después. Ahora bien, sin cierta familiaridad con las teorías de Freud sobre los sueños parece difícil la confianza con la cual el poema afirma —con cada palabra en su sitio— que sólo podemos conocernos recordando aquéllos. Cosa nada fácil, se da a entender, pues se trata de un don que no puede tener todo el mundo.

Las ideas de Freud ya flotaban en el ambiente, gracias sobre todo a Ortega y Gasset, que sí sabía alemán y que fue el verdadero introductor del médico austriaco en España. Machado admiraba profundamente a Ortega, le conocía personalmente y leía asiduamente sus colaboraciones en la prensa. ¿Fue a través de Ortega como empezó a entrar en contacto con el pensamiento freudiano? Llegué a la conclusión de que sí.

Yo estaba de acuerdo con Machado (y con Freud, claro) sobre la trascendental importancia de los sueños. En medio de mi curso sobre las *Soledades,* después del episodio de Baeza, tuve una experiencia onírica extraordinaria que me sacudió en lo más hondo. Y es que una noche me desperté, llorando amargamente, en medio de un sueño. Sonaba en mi oído el verso de Machado «Era la buena voz, la voz querida», y yo sabía, dentro del sueño, que la buena voz era la de Julia. ¡Julia, a quien no había vuelto a ver desde aquella terrible noche frente a su casa!

Otros dos versos machadianos me rondaban insistentemente la cabeza:

Y todo en la memoria se perdía
como una pompa de jabón al viento.

Procedían del poemilla en que, repentinamente despertado de un sueño —como me acababa de pasar a mí—, Machado descubre, atónito que, acompañado de su madre, ha estado otra vez en el mágico jardín sevillano de su infancia, reluciente bajo un fanal de sol y de lluvia.

Me levanté con cautela de la cama para no despertar a Tess y me fui a mi despacho, donde no pude contener el llanto. Yo creía que el fantasma de Julia me había dejado en paz para siempre, que la había exorcizado. Y ahora sabía que no era así y que probablemente me iría a la tumba queriéndola todavía y lamentando su pérdida. Aquella noche sufrí por mí, por Tess y por la condición humana. Los poemas de Machado, al adentrarse en «la honda cripta del alma», me acababan de demostrar que, efectivamente, si no conocemos nuestros sueños —y no los solemos conocer— no sabemos quiénes somos. Yo seguía enamorado de Julia, de la Julia de Fernhill, que vivía dentro de mí. Era mi realidad más profunda y no me servía de nada negarlo.

El siglo xx se demostraría incapaz de asimilar los descubrimientos de Freud y sus seguidores sobre el inconsciente, en realidad mucho más importantes que los increíbles avances tecnológicos que hicieran posible, por ejemplo, la hazaña del aterrizaje en la Luna. Con cada nuevo invento, daba la impresión de que nos alejábamos más de nuestra realidad interior, de nuestro propio cosmos psíquico, en una frenética huída materialista hacia adelante. ¿Por qué tal insistencia en no conocernos? Era algo que no alcanzaba a comprender. Ni lo alcanzo ahora.

Durante mi tercer año en Irving College empezó a asistir a una mis clases una alumna de otro colegio llamada Susan Worthington que, como yo, tenía veintisiete años. Alta, inteligente, tímida, discretamente guapa, tenía una voz aterciopelada que me gustaba mucho. Trabajaba en una agencia de publicidad, estaba casada con un arquitecto, y desde mis primeras conversaciones con ella me dio a entender que aquella relación no funcionaba bien. Empecé a desearla y sin duda le llegó el mensaje.

Una noche, después de clase, tomamos una copa juntos en un bar cercano. Luego la acompañé a la estación de Saint Pancras —allí cerca estaba el hotelucho donde unos años antes me había esperado la fatal nota de Julia—. Hablábamos animadamente. «¿Qué es lo que tú realmente quieres tener en la vida?», le pregunté, de repente. «¡A ti!», me contestó. Era la respuesta que menos esperaba y me cortó tanto el aliento que me quedé parado. Luego la besé apasionadamente, allí en la calle, lo cual en mí, dada mi timidez, era tan insólito como lo que acababa de oír. «Yo también te quiero a ti, llevo semanas loco por ti, ¿qué hacemos?» «No sé». «Yo tampoco». «Mira —le dije—, no perdamos los estribos, no vayamos a hacer ninguna tontería. Hay otras personas implicadas, consultémoslo con la almohada y mañana o pasado tomamos una decisión». Y así lo acordamos.

Error fatal. A la tarde siguiente me dijo después de clase, muy pálida, que no había podido dormir en toda la noche y que había decidido que no quería herir a su marido, que había sido una locura, que en el fondo amaba a su marido y que era mejor que no siguiéramos, porque ella no podría aguantarlo y todo se vendría abajo. ¿No tenía yo a Tess? ¿No tenía ella a David? ¿Por qué crearse complicaciones? Le rogué que fuera conmigo a un hotel, o al piso de algún amigo, donde pudiéramos hacer el amor y seguir hablando. Se negó. Era increíble. Una vez más, al no actuar yo con decisión, estaba al borde de perderlo todo. No insistí más, y durante varias semanas eludí suscitar el tema. Ella, por su lado, hacía todo por esquivarme, y apenas la veía sola, pues estaba siempre acompañada de una amiga, una española llamada Pilar, gordita y simpática.

Hacia finales del curso se me presentó una oportunidad inmejorable para volver al ataque. Decidí aprovecharla a fondo. Recurro a mi diario:

Anoche fue la salida del grupo del último año, planeada por los alumnos desde hace dos meses. Se trataba de asistir a un concierto de música española en el Royal Festival Hall y luego de cenar en Soho. Como Pilar me había dicho que con toda seguridad iba a participar Susan —a quien ella sigue pegada como una lapa—, decidí acudir a la cita un poco más atildado de lo habitual, con mi nuevo traje de pana, una corbata llamativa, etc.

Cuando llegó Susan, yo había tomado ya varias copas en el bar y me encontraba en plena forma. Estaba guapísima, con minifalda roja y un panty negro que realzaba la belleza de sus largas piernas. «¡Estás despampanante!», le digo. «¡Tú tampoco estás mal!», me contesta, desplegando aquella sonrisa suya que deja ver sus dientes perfectos, y mirándome a los ojos. Creía intuir que algo había pasado con su marido y que estaba dispuesta a empezar de veras conmigo.

El resto del grupo ya iba llegando y, seguro de que todo estaba bien encaminado, me aparté de Susan para hablar con los demás. Pero me demoré demasiado y, cuando entramos en la sala, vi con rabia que ella estaba sentada entre Pilar y otra compañera y que no había manera de estar a su lado.

Primer error de la noche.

Segundo error: en el intervalo, justo cuando iba a reanudar mi conversación con Susan, invitarla a tomar una copa en el bar y luego oír el resto del concierto con ella, se aproxima una pareja de españoles a quienes conocí hace algunas semanas en una fiesta y que, sabiendo mi interés por el modernismo, empezaron a hablarme de Valle-Inclán. Me costó trabajo desligarme de ellos y cuando logré hacerlo ya sonaba el timbre para la segunda mitad del concierto y Susan seguía entre sus dos amigas. Más rabia.

Tercer error: terminado el concierto —piezas de Albéniz, Falla y Debussy, muy bien interpretadas—, y sin haber vuelto a hablar con Susan, me engancharon otra vez los españoles. No fui capaz de desprenderme de ellos, me preguntaban cosas, me comentaban un artículo de una revista... Luego vino Pilar y me dijo que ya se iban al restaurante. «No te preocupes —le contesté— os veré allí dentro de quince minutos». Imbécil de mí me enredé demasiado y no llegué al *Quo Vadis* hasta media hora después. Cuando entré en el restaurante, sintiéndome dispuesto a todo, seguro de mi triunfo, constaté en un instante, con angustia mortal, que Susan no estaba en la mesa.

Tenía ante los ojos la demostración contundente de que acababa de cometer una de las mayores torpezas de mi vida, por estupidez y por falta de arte en el amor. ¡Qué desprecio no sentiría por mí Ovidio! Al preguntarle a Pilar, con aire inocente, dónde estaba Susan, me contestó que no había podido venir. Traté de no mostrar mi terrible decepción, pero desde luego algo se notó. «¿Qué le pasa? —me preguntó una de las alumnas—. ¿No se encuentra bien?».

Claro que no me encontraba bien. No sé cómo aguanté la cena. Allí no me interesaba nadie. Sólo había ido por Susan. Y ahora resultaba que, por mi increíble fatuidad, todas las esperanzas que había puesto en la velada se venían abajo. ¿Por qué me había apartado de ella cuando los signos eran tan positivos? ¿Cómo, después del primer error, había sido capaz de cometer no sólo uno más sino *dos*?

Esta mañana, al despertarme, tomé la decisión de no repetir nunca la imbecilidad de anoche. De no permitir nunca más que nada me desvíe una vez tomada la decisión de ir a por algo. Recordé el refrán: «Quien duda se pierde». Y recordé el cuento de Henry James, *Los papeles de Aspern*, donde el investigador, puesto en una disyuntiva amorosa por la mujer que detenta el archivo de su ídolo, se da unos días para pensar si se entrega, y así lo pierde todo.

Hace media hora, pues, resuelto a no hacer más el sueco, llamé a Susan al trabajo. Me latía terriblemente el corazón. Al oír su voz le pregunto, intentando no mostrar irritación, que por qué no fue a la cena. Me explica que su suegra se ha puesto enferma y que había prometido ir a verla después del concierto, que me lo habría dicho pero que no le di la oportunidad porque hablaba con aquella gente. Que, además, tenía la impresión de que no le hacía caso, etc. Escucho lo que me dice con un inmenso alivio y me ratifico en mi opinión de mí mismo: soy un cretino. Se lo digo y le ruego que perdone mi torpeza, mi inmadurez. Le anuncio que he tomado la decisión de ser más resolutivo de aquí en adelante. «Quisiera ser así», me contesta. Y es verdad que, si a mí me falta la valentía de ir a por todas, ella también es una persona que, debido a una infancia casi tan represiva como la mía, encuentra difícil tomar la iniciativa, arriesgarse.»

Ha sido larga la cita pero la dejo tal cual porque refleja, mejor que ningún otro pasaje del dietario correspondiente a aquellas fechas, mi manera de ser tres años después de casarme con Tess.

Susan decidió seguir con su marido, y desistí. Efectivamente había perdido mi última oportunidad. El curso había terminado. Era la época de los exámenes, ella tenía que estudiar mucho, y creo que sólo volvimos a hablar un par de veces. Aquello había sido un fracaso de tanta envergadura que no sólo no había logrado pasar una noche con Susan sino que ni siquiera habíamos echado un polvo. ¡Qué desastre!

Cada dos o tres años la Asociación de Hispanistas de Gran Bretaña e Irlanda organizaba un congreso al cual acudían buen número de profesores universitarios de ambas islas, tal vez unos doscientos, así como algunos destacados invitados españoles y de otras nacionalidades. Eran magníficas ocasiones para intercambiar ideas, darse a conocer un poco, pedir orientaciones, compartir proyectos y entusiasmos y, a veces, ligar.

Recuerdo especialmente el primer congreso al que asistí, el de Oxford, celebrado, creo, en 1967. Aquel año el invitado de honor era un casi centenario Ramón Menéndez Pidal, nada menos. Después de su breve intervención, en la inauguración del congreso, hubo un debate bastante peliagudo sobre el tema de la fecha de composición del *Poema de Mio Cid*, atreviéndose a llevarle la contraria a don Ramón, muy cortésmente, varios medievalistas que abogaban por una datación bastante más tardía que la propuesta por el ilustre filólogo. El tiempo les daría la razón.

Aquel congreso me dio la plena medida, por vez primera, de la pujanza del hispanismo británico. Allí había gente especializada en casi todas las ramas de la cultura española y latinoamericana, desde sus inicios hasta sus expresiones más recientes. «Cada loco con su tema» podía haber sido el lema del cónclave, y la pregunta que más se oía era «¿en qué estás trabajando ahora?» o, en el caso de un nuevo afiliado, «¿en qué estás trabajando?». Era increíble: toda aquella gente *trabajando* sobre aspectos de una cultura ajena. Había entre ellos, además, un *esprit de corps* estupendo, producto, sin duda, de que los departamentos de español británicos han sido siempre más pequeños e íntimos que los de francés. También creo que la campechanía y la vitalidad de los españoles en general —no creo exagerar al decir esto— contagiaban a quienes nos dedicábamos profesionalmente al estudio y enseñanza de los idiomas y culturas del país. Era mi caso, desde luego, y creo que el de muchos de mis colegas.

Se bebía mucho en aquellos congresos, y el de Oxford no fue ninguna excepción. Por las noches, después de la cena, se improvisaban fiestas en los cuartos donde nos alojaban. En ellas se consumían cantidades inauditas de vino tinto —español, por supuesto— y seguían las conversaciones hasta altas horas de la madrugada.

El congreso de Oxford sirvió para convencerme de que era todavía un ignorante en cultura española, por si no lo sabía ya. Allí había eruditos de verdad. Entre ellos yo me sentía más que nunca principiante y res sin marcar. Además yo no quería ser sólo hispanista, quería poder escribir sobre cualquier tema que me atrajera, quería vivir, quería ser libre y, sobre todas las cosas, no quería ser profesor. Las interminables discusiones sobre literatura entre quienes no eran escritores me resultaban irritantes, pues seguía pensando que el saber mucho acerca de libros, si no se transmutaba en creatividad, servía para poco. Para mí la literatura era mojarse, tomar partido, actuar, comprometerse. No tenía nada que ver con vivir cómodamente de ella en universidades, con buen sueldo mensual, comités y jubilación.

Había excepciones a la regla, por supuesto, entre aquella gente —por otro lado muy decente—, profesores vocacionales como Mansfield que transmitían verdadera pasión por la literatura. En Oxford conocí a una escocesa muy simpática llamada Janet Pearson, que seguramente inspiraba a sus alumnos. Era especialista en la novela española del siglo xx. Escucharla era darme cuenta una vez más de que mi salvación —si para mí había salvación— estribaba en vivir a tope mi propia época, en literatura como en todo.

Janet me habló apasionadamente de Luis Martín-Santos y de Juan Benet, nombres que a mí apenas me sonaban, y me dio un rapapolvo perentorio por no haber leído *Abel Sánchez*. «¡Pero yo creía que todo el mundo había leído *Abel Sánchez*!», me dijo incrédula. No me atreví a confesarle que de Unamuno sólo conocía *En torno al casticismo*. Nada más volver a casa me leí de un tirón, avergonzado, la novela. Me fascinó la personalidad de Joaquín Monegro, que desde muy niño ha aspirado a anular a los demás, y que envidia en Abel, sobre todo, la calidad *innata* de su talento artístico. Pensé, enseguida, en mi hermano Bill y en la insistencia de mi madre sobre el buen parecer, las aptitudes y las preciosas manos de su primogénito.

Me llamó fuertemente la atención el prólogo a la segunda edición del libro, fechado en 1928, donde Unamuno afirma, siguiendo a Salvador de Madariaga, que la «lepra nacional española» es la envidia. ¿Era verdad? No se me había ocurrido nunca. Decidí estar atento. Entretanto le escribí a Janet Pearson para agradecerle efusivamente su regañina y asegurarle que la lectura de la novela me había resultado sumamente provechosa. Murió poco tiempo después en un accidente de coche. Nunca he olvidado mi encuentro con ella.

Después del congreso volví a Londres más seguro que nunca de que sería para mí la muerte tener que seguir dentro del mundo del hispanismo profesional, desde muchos puntos de vista admirable, y de que tenía que recuperar mi libertad cuanto antes una vez terminada la tesis.

Me ayudó en esta determinación un encuentro que iba a ser clave para mi carrera literaria.

Me explico.

A diez minutos de donde yo impartía mi clase de poesía española, en pleno Bloomsbury, había una plaza de principios del siglo XIX medio destruída por las bombas alemanas. De hecho, los aviones sólo habían dejado en pie el lado sur de la misma. Allí tenía su casa y despacho un agente literario bastante conocido en Londres —aunque no de los más prestigiosos— que se llamaba David Polunin. No recuerdo dónde le conocí —no consta en mi diario—, pero creo que en un pub que había allí cerca, The King George Arms, donde yo recalaba de vez en cuando. Al enterarse de que yo era profesor de español de Irving College, Polunin, a quien le interesaba mucho España, me invitó a su casa.

Así empezó una relación entrañable aunque, a veces, tormentosa.

Polunin, que tendría entonces unos cincuenta años, era licenciado en Historia en Oxford, especialista en la Revolución Francesa —hablaba perfectamente francés—, y había trabajado en varias editoriales antes de montar su agencia literaria. Tenía un gran sentido del humor y una mente muy aguda. Representaba a varios escritores muy conocidos y a muchos en vías de hacerse un nombre. Frecuentar su casa era para mí una gozada, y allí conocí a un círculo de gente que no tenía nada que ver con mi mundo universitario.

No tardé en descubrir que Polunin era una especie de Jekyll y Hyde, capaz, cuando bebía demasiado, de transformarse de repente en un monstruo de lengua envenenada y modales de matón.

Una noche cuando fui a su casa resultó que llevaba horas empinando el codo. Estaba en medio de un grupo de escritores, uno de ellos redactor de la revista *The New Yorker*. Discutían acaloradamente. Diez minutos después de mi llegada entró otro amigo suyo a quien yo no conocía y que, después de saludar a la concurrencia, se excusó diciendo que iba a los servicios, que estaban arriba, y que volvería enseguida. Pero no volvió. «¿Dónde diablos está Peter?» preguntó Polunin. «¡Peter! ¡Peter!», gritó al pie de la escalera. Pero Peter se había volatilizado.

Unos meses después me topé con él en la calle y le pregunté por lo ocurrido. Me dijo que nada más ver lo que se cocía había decidido curarse en salud y poner pies en polvorosa. ¡Sabía por dolorosa experiencia lo que iba a pasar! Genial determinación, desde luego, porque tuvo lugar lo previsto y la velada terminó como el rosario de la aurora, con Polunin vociferando y echando de mala manera a casi todos los que nos encontrábamos allí. Me quedé consternado ante tan bochornoso espectáculo, pero no por ello renuncié a regresar a aquella casa, habitualmente acogedora. Polunin era un tipo que, con unas copas de más, podía ser absolutamente intolerable, pero que el resto del tiempo rezumaba simpatía.

Terminé mi tesis sobre Darío en 1968, siendo recibido doctor aquel septiembre. Enseguida empecé a preparar una traducción española de la misma. Habría sido una pérdida de tiempo editarla en inglés, sin duda alguna. Pues ¿quiénes, con la excepción de algún especialista, la habrían leído? Nadie. En español sí tendría posibilidades de conseguir lectores, tanto en Europa como en América. De modo que me entregué afanosamente a la nada agradable tarea de verterla al castellano, aligerando al mismo tiempo su contenido para hacerla más amena.

El julio siguiente, acabado el curso, volví a Madrid para llevar a cabo unas últimas indagaciones en el Seminario Archivo Rubén Darío antes de entregar el libro a un editor.

Lo que yo no podía saber era que mi visita iba a coincidir con un acontecimiento histórico: la designación de Juan Carlos de Borbón como sucesor de Franco.

Joaquín y sus amigos no tenían la menor confianza en el príncipe, a quien tildaban de poco inteligente. ¿Existía la posibilidad, sin embargo, de que fuera secretamente demócrata, de que la promesa de mantener los principios del Movimiento fuera un engaño? Lo dudaban pues ¿no llevaba Juan Carlos en España desde los once años, sometido a un diario lavado de cerebro por parte de Franco y sus secuaces? En cuanto a la relación del príncipe con su padre, ni Joaquín y su grupo ni el pueblo en general sabían nada. Con una prensa tan amordazada, no podía ser de otra manera.

Después se sabría que nada más ser designado futuro rey, don Juan Carlos, instalado con su familia en La Zarzuela, había empezado a impulsar sus contactos con personajes relevantes de la oposición antifranquista, así como con un amplio abanico de personalidades notables de los negocios, de las artes y de la política tanto española como extranjera. También se sabría que la influencia de don Juan sobre su hijo había sido mucho más decisiva de lo que, presumiblemente, suponía el dictador, en el sentido de hacerle comprender que la futura monarquía tendría que ser plenamente constitucional si quería cumplir con la misión de reconciliar a «las dos Españas».

Habían pasado ocho años desde mi primera visita en el verano de 1961, cuando apenas conocía el idioma. El «tono vital» de España había cambiado notablemente desde entonces, pese a la permanencia de la dictadura. Cada verano más millones de turistas invadían las costas, y el nivel de vida había subido considerablemente. El país no sólo estaba sediento de cambio sino que, con el nombramiento de Juan Carlos, parecía que por fin algo se iba a modificar. Volví a Londres convencido de que, pasara lo que pasase, la situación mejoraría.

Todavía quedaban seis largos años, sin embargo, para que Franco se muriera de una vez.

Yo estaba ya hasta las narices de ser profesor de literatura española. A mí sólo me interesaba hablar a los alumnos de los escritores a quienes admiraba visceralmente, que en aquellos momentos eran Darío, Cernuda, Juan Goytisolo y dos o tres poetas y novelistas más (al margen de mis preferencias en otros idiomas). Pero había que respetar el programa, y dedicar tiempo a autores que a mí no me decían o aportaban nada. Era un calvario, por ejemplo, tener que preparar un curso sobre Bécquer o el teatro de Benavente. Además, nuestros alumnos «maduros» eran increíblemente ignorantes, de modo que intercambiar ideas con ellos acerca de los escritores estudiados era prácticamente imposible. Lo que ellos querían sobre todo, obsesionados como estaban con la consecución de un título, eran hechos y datos, información. Constatar que apuntaban todo lo que uno les decía me sacaba de quicio.

Me resultaba odioso, además, tener que calificar a los estudiantes. ¿Quién era yo para medir el esfuerzo invertido por tal o cual persona en escribir un ejercicio? Y luego estaba el problema de la administración, de la obligación de participar en la organización del departamento y de la relación de éste con el resto del colegio y de la universidad. Para ello tenía aún menos vocación que para la enseñanza.

También me reventaba el politiqueo universitario, al cual muchos catedráticos y profesores se dedicaban con ahínco, trabajando afanosamente por obtener las mayores cuotas de poder, emolumentos y prestigio posibles dentro del mundo académico. Yo quería salir cuanto antes de aquel ambiente y lograr, como fuera, volver definitivamente a España donde —estaba seguro de ello— encontraría la manera de sobrevivir.

Pero todavía me iba a costar trabajo escaparme.

En mayo de 1970, con mi libro sobre Darío casi listo para la imprenta —se había comprometido a sacarlo una pequeña editorial madrileña, Halcón, especializada en temas hispanoamericanos—, se me presentó la oportunidad de iniciar el primer paso de mi Operación de Desvinculación Universitaria. Y es que me enteré de que había un puesto para aquel otoño en el departamento de Estudios Europeos de uno de los Colegios Politécnicos más reputados de Londres, el de Marylebone, ubicado cerca de mi querida Wallace Collection. Yo sabía que allí se ponía el énfasis sobre la sociedad contemporánea en su conjunto —política, sociología, literatura, cine y, por supuesto, idiomas—, y, al ver el anuncio, me pareció de repente que encajaría mucho mejor en un sitio así. En Irving College había poco contacto entre los departamentos de francés, español e italiano; en Marylebone, al contrario, se daban cursos interdisciplinarios que combinaban elementos de distintas culturas, lo cual, para mi gusto, era mucho más atractivo y positivo. Decidí, pues, probar suerte y mandé mi currículum al Politécnico.

Me citaron para una entrevista y me preguntaron, naturalmente, por qué quería irme de Irving College, cambiando un puesto atractivo en la Universidad de Londres por uno de menos categoría. ¡Era la primera vez que en su experiencia alguien hacía esto! Les expuse con franqueza mis razones, explicando que estaba cansado de dar clases sólo de literatura española y que quería pertenecer a un departamento donde se ponía el énfasis sobre el estudio práctico de la actualidad europea. Expresé la convicción, fruto de mis muchas conversaciones en España, de que el régimen franquista no podría sobrevivir a la muerte del dictador, pasara lo que pasase, y que, después de décadas de aislamiento, lo que querían ahora los españoles, abrumadoramente, era volver a integrarse en Europa. Añadí que la transición a la democracia sería probablemente penosa, tal vez sangrienta, y que atraería sin duda la atención del mundo. Por ello, les dije, quería ahora dedicarme a la España contemporánea, como investigador y como profesor.

Había otros candidatos para el puesto, naturalmente, algunos sin duda mejor preparados que yo. Pero una vez más tuve suerte, pues el encargado de la sección española, Michael Walton —afable ex comunista sesentón que había publicado un excelente libro sobre las Brigadas Internacionales—, supo calibrar la sinceridad de mi deseo de cambio. Walton me preguntó entre otras cosas en la entrevista por mi opinión de Antonio Machado, lo cual me favoreció enormemente, dada la profunda admiración que yo profesaba por el poeta, y pude explayarme a gusto sobre la actitud de Machado hacia Europa y su compromiso con la Segunda República. El comité académico me escuchó atento.

Unas semanas después supe que me habían dado el puesto.

Mis cinco años en Marylebone serían muy positivos, permitiéndome preparar el terreno para mi salto definitivo a España. Después de Irving College, fue una liberación moverme en un ambiente donde los alumnos no sólo estudiaban a escritores relevantes del momento actual sino política, economía y sociedad contemporáneas. En Irving nadie leía la Prensa española. En Marylebone no sólo se leía sino que se comentaba y analizaba metódicamente en clase. Era otro mundo y en él me sentía mucho más a gusto... y mucho más útil como profesor.

Al final del primer año el lector de español se tuvo que ir, y pude organizar las cosas para que uno de los amigos de Joaquín, al que había conocido en Madrid, le tomara el relevo. Fue una buena idea, porque Jaime Martínez —así se llamaba— estaba muy al tanto de lo que ocurría en España. Es más, su preocupación por la situación del país era tan apasionada y comprometida como la del propio Joaquín. Yo tenía la seguridad de que les caería estupendamente a nuestros alumnos, y así resultó. Juntos dimos un curso sobre la literatura española del exilio, centrado en el Goytisolo de *Señas de identidad* y *Reivindicación del conde don Julián*, que acababa de publicarse en México. Ambos libros interesaron profundamente a nuestros alumnos. Incluso, en homenaje al narrador de *Señas de identidad*, cogimos afición al Fefiñanes, que a veces sorbíamos en un pequeño bar español que había entonces en Soho y que frecuentábamos asiduamente.

Para el año siguiente organicé un curso sobre Antonio Machado y la Segunda República que también tuvo mucho éxito. Acababa de salir el disco de Joan Manuel Serrat en homenaje al poeta, y aquellas canciones fueron un potente estímulo para nosotros.

Por las mismas fechas se publicó en Madrid mi libro sobre Rubén. Había hecho bien en darlo a conocer en castellano, y poco a poco me irían llegando reseñas procedentes de España y América Latina, la mayoría de ellas bastante positivas. Estaba contento con lo conseguido.

Por otro lado estaba ya algo cansado del tema de Rubén. Lo que yo quería ahora era escribir un libro sobre el declive del franquismo. Un libro actual, hecho en parte sobre el terreno.

Mi amigo Polunin, el agente literario, a quien seguía frecuentando, estaba de acuerdo con el proyecto, y empezó inmediatamente a hablar con posibles editores.

Entretanto mi matrimonio con Tess se venía irremediablemente abajo. Todavía, como antes, se apoderaban de mí depresiones que duraban días. Luego se levantaba la nube negra, salía otra vez el sol y Tess y yo volvíamos a ser íntimos. Hasta mi siguiente recaída. Era imposible vivir así, imposible sobre todo para ella. Yo la admiraba más que nunca. Muy inteligente —mucho más que yo—, generosa, fina, elegante, con un buen gusto innato en todo lo que hacía, fuera cocinando, dibujando o simplemente siendo ella..., también era una buena persona para quien importaban los demás. Me constaba que la adoraban sus alumnas —después de terminar la tesis había conseguido un puesto de profesora de francés en una de las mejores escuelas de Londres—, y me destrozaba no poder corresponderla en amor total.

Cuando bebía, yo seguía siendo capaz como antes, de decirle cosas crueles y en absoluto justificadas. Me doy asco al recordarlo. Una noche fuimos a una fiesta y había allí unas chicas despampanantes, con minifaldas y escotes escandalosos. Tess notó que tenía los ojos clavados en ellas. Al volver a casa se echó a llorar. «Estoy cansada de que estés siempre pensando en otras mujeres —me dijo sollozando—. Yo he hecho todo lo posible por hacerte feliz. Si tú no me quieres, vete y busca a tu jodida diosa. Y punto». Otra noche, después de beber, le espeté: «¡Fuiste una imbécil casándote conmigo!». «Es un insulto —me contestó—, yo me casé contigo porque te quería. Es un insulto». Y otra vez se puso a llorar amargamente.

Después de escenas así siempre dormíamos solos y yo me despertaba con deseos de pegarme un tiro.

Pasó lo inevitable. Una noche, al volver a casa, no estaba Tess. Había una nota sobre la mesa. ¡La clásica nota de despedida! Decía que no era capaz de encajar por más tiempo las cosas que le profería cuando bebía o me deprimía; que estaba hasta la coronilla de mi añoranza de Julia; y que, al no ver indicio alguno de que yo iba a cambiar, había decidido tomar ella la iniciativa e irse.

Y luego la revelación-mazazo. En Cambridge tenía un amigo que desde hacía años le hacía la corte. Ella siempre había rechazado sus pretensiones por lealtad a mí, pero durante mi reciente visita a España se habían vuelto a encontrar. Y había accedido a acostarse con él. Desde entonces se habían visto varias veces. Ahora estaba con él en Hampstead. Me dijo que me llamaría al cabo de algunos días. Que lo sentía profundamente, que no me quería herir, pero que no se iba a arrepentir, que era demasiado tarde. Además, quería tener una familia pero se negaba a tenerla conmigo porque no sería correcto traer al mundo seres que luego fuesen víctimas de un hogar infeliz. Sólo la tendría con un hombre que la amara tal como era. Y Richard la amaba así, sin pedirle nada más. Deseaba de todo corazón que yo encontrara en otra mujer la plenitud que no pude encontrar con ella.

Me quedé como anonadado. ¡De modo que mientras yo jugaba con mi chica de turno, ella había encontrado amor de verdad! Sentí que el corazón se me helaba. Los celos empezaron a rugir y mi instinto era buscarla, tratar de arrebatarla de los brazos de su amante, como si me hubiera traicionado ella cuando, de hecho, el reo era yo. Pero no lo hice. Después de unos días, como había prometido, me llamó. Hablamos largamente. Se ratificó en que no volvía. No insistí. Decidimos que era mejor no vernos por el momento. Acordamos que ella sacaría sus cosas del piso cuando yo estuviera fuera. Así se hizo. Era desolador volver a casa y encontrarme con aquel vacío, con aquella ausencia.

Luego, pasados unos meses, nos citamos. Nunca la había visto tan guapa. Se renovaron mis celos. Incluso parecía haber ganado peso. Era evidente que estaba mucho mejor con el otro. Lloramos y nos despedimos.

Fui a Cornualles para decirles a mis padres que Tess, con toda razón, me había abandonado. Estaban consternados, hechos polvo. Habíamos ido a verles varias veces a lo largo de los últimos años y, si a Tess no le caía nada bien mi madre, le cogió sincero afecto a mi padre y él a ella. Nadie en el restringido círculo de C y G se había separado ni divorciado jamás, y existía, sobre todo para mi madre, el problema del chismorreo. ¿Qué diría la gente al enterarse? ¿Cómo podrían explicarles lo ocurrido, a los Wagstaff, por ejemplo? Con toda la paciencia de que era capaz, traté de explicarles que los tiempos habían cambiado y que yo no podía vivir ya en función de la opinión de los demás. Que lo sentía, pero que seguramente nos divorciaríamos después de los dos años de separación impuestos por la ley. Que no pasaba nada, en fin, ya que no había niños implicados, lo cual era una inmensa suerte. Que no se iba a acabar el mundo.

Y no se acabó, aunque yo echaba terriblemente de menos a Tess. A veces nos llamábamos. Su relación con su amigo —profesor de francés, como ella— funcionaba bien y un día me lo presentó. Pudimos hablar como seres humanos razonables. Me alegré sinceramente de su felicidad aunque me costó trabajo disimular mi tristeza.

La desaparición de Tess me reafirmó en mi voluntad de escaparme cuanto antes a España. Por ello presioné a Polunin para que me encontrara pronto un editor interesado en apoyar mi proyectado libro sobre la decadencia del franquismo. Después de unos meses me lo consiguió. Se trataba de un amigo suyo, George Edwards, dueño de London Books, pequeña pero reputada casa, que, además de novelas y biografías, se especializaba en historia, política y sociología europeas. A Edwards le interesaba España, y en nuestra primera entrevista me habló de sus numerosos recorridos por Extremadura en busca de... ¡mariposas raras! Si yo era ornitólogo, él resultaba entomólogo. También le fascinaban los acueductos romanos, y conocía piedra por piedra los de Segovia y Tarragona. Nos caímos bien. Durante nuestra charla inicial me acribilló a preguntas acerca de la situación actual del país, y no me costó trabajo convencerle de que, con el manifiesto y rápido decaimiento de Franco, se avecinaban acontecimientos tremendos. Había que poner en marcha ya un libro. El proyecto le pareció viable y asintió. Ya tenía editor.

Corría la primavera de 1974. Decidí tomarme un año sabático. Michael Walton estaba de acuerdo, pero me dijo que tendría que esperar hasta el curso 1975-1976. Antes no podría prescindir de mí. No tuve más remedio que resignarme, al verme en la imposibilidad de financiar de otra manera mi estancia en España (era evidente que de George Edwards no iba a poder conseguir un pingüe anticipo). Me consolé pensando que entretanto podía llevar a cabo un sólido trabajo de preparación.

Los hispanistas que en Londres nos interesábamos por la actualidad española leíamos asiduamente las revistas semanales *Cambio-16* y *Triunfo*, cuya trascendencia dentro de la lucha pacífica contra el franquismo no escapaba a nadie en España, empezando por los censores del régimen, que las sometían a un hostigamiento sistemático. Por lo que a mí respecta, sentía predilección por *Triunfo*, donde había tropezado por vez primera con escritores como Eduardo Haro Tecglen, Enrique Miret Magdalena (el magnífico pensador católico progresista), Luis Carandell, Enrique Tierno Galván, Manuel Vázquez Montalbán, Jorge Semprún y tantos otros. Me preguntaba, intrigado, por la identidad de «Sixto Cámara» y «Pozuelo», que entre líneas, y con un gran dominio de la ironía, lanzaban cada semana sus dardos contra el franquismo. Y celebraba la sección «Celtiberia Show», de Carandell, con su hilarante recopilación de esperpentos vistos y oídos —entre ellos recuerdo «Se habla idiomas por señas», «Polvorones Santo Cristo Amarrado a la Columna» y el anuncio, captado en un diario de provincias, «Vendo rebaño de cabras con cabrero o sin él»—. Notoriamente fascinante era la sección «Hemeroteca», donde se reproducían, sin comentarios, extractos de la prensa franquista muy llamativos o risibles —o siniestros—, y que a veces contenían declaraciones esperpénticas de gentes del régimen. Por ejemplo, esta lindeza de Francisco Dueñas Gavilán, director general de Seguridad, en la entrega de despachos a nuevos inspectores de la Policía:

> Otro grave problema [...] es la lucha contra la subversión, que, trabajando en la sombra de la insidia y de la taimada infiltración, la encontraréis por todas partes, actuando unas veces con halagos, otras con derrotismos, sobre vosotros, vuestros familiares y amigos, para que caigáis en el lazo de la debilidad, la componenda o la tolerancia.

¡Cuidado con la tolerancia! O las declaraciones hechas a *Arriba* por Mariano Sánchez Covias, dirigente de los sedicentes Guerrilleros de Cristo Rey, en las cuales definía de la siguiente manera a dicha pandilla de matones:

> Sencillamente, se trata de una agrupación de patriotas que se reúnen espontáneamente ante cada caso particular o momento especialmente determinado, pretendiendo cubrir la falta de acción de quienes deberían actuar.

En una de mis clases de Marylebone diseccionábamos *Triunfo* cada semana, e incluso hubo alumnos que se pusieron en contacto con alguno de los que allí escribían. La verdad es que, además de aprender mucho de la revista, nos sentíamos muy solidarios con los que la hacían.

Sólo después de la caída del régimen, y con la perspectiva que da el tiempo, se podría apreciar en su justa medida el extraordinario valor demostrado por *Triunfo* en tiempos muy difíciles, así como su valiosísima contribución a la democracia que se avecinaba. «En días atroces, en las penúltimas embestidas de muerte y oscuridad que nos deparó la tiranía franquista —escribiría casi veinte años después Antonio Muñoz Molina—, *Triunfo* era como ese único amigo entero e indudable que puede salvar a uno de la absoluta desesperación haciéndole saber que no está solo». Exactamente.

Al enterarme de que el director de la revista, José Ángel Ezcurra, iba a visitar Londres aquel verano de 1974, me apresuré a invitarle al colegio para que nos diera una charla y tuviéramos la ocasión de conocerle personalmente. Accedió amablemente a nuestro requerimiento, brindándonos dos horas de gratísima compañía. Resultó ser una persona no sólo muy valiente, lo que ya sospechábamos, sino muy generosa y amable.

Le expliqué, antes de separarnos, que tenía el proyecto de escribir un libro de divulgación, para el mundo anglosajón, sobre la decadencia del franquismo. Le pareció un proyecto muy interesante. Hicimos votos por la rápida desaparición del criminal dictador y prometió ponerse a mi entera disposición en Madrid.

Durante el curso siguiente leí, metódicamente, todo lo que podía encontrar sobre la España franquista, siendo especialmente útiles en este sentido los libros que iba publicando en París Ruedo Ibérico, y que cubrían toda una larga mesa de la célebre librería de Foyles, en el Charing Cross Road, muy frecuentada por el grupo de intelectuales españoles, más o menos autoexiliados, que entonces vivían en la capital británica.

Aquella primavera Tess y yo nos divorciamos. No hubo acrimonia. Unos meses después dio luz a un niño. Fui a verles en Cambridge. Tess estaba radiante de felicidad. Me alegré profundamente por ella pero me fui con un peso sobre el corazón, como si una parte de mí hubiera muerto para siempre. Yo, entretanto, no había conseguido ninguna relación estable.

En julio de 1975 ya había organizado mi año sabático para el próximo curso, firmado un contrato con mi editor George Edwards. Con el anticipo, más sustancioso de lo que hubiera esperado, más mi sueldo de Marylebone, tendría lo suficiente para poder vivir en Madrid durante el año. Además, Joaquín se había encargado de encontrarme un pisito barato, más bien buhardilla, cerca de Callao. Lo que no le dije a Michael Walton, mi jefe de departamento, era que ya estaba decidido a no volver a Londres. De allí en adelante, pasara lo que pasase y aunque muriera en el intento, iba a ser fiel a mi vocación mediterránea.

Yo ya tenía treinta y tres años. Antes había tratado de escaparme de Inglaterra y no lo había logrado. Ahora se me presentaba tal vez la última oportunidad. No había nada que me atara. Si no me iba ahora podía terminar mis días pudriéndome como hispanista a distancia y añorando lo que no había tenido la valentía de conseguir. La idea de no hacer realidad mi sueño era odiosa. Abandoné con resolución, pues, el piso que Tess y yo habíamos alquilado durante los seis años de nuestro matrimonio y donde me había quedado después de nuestra separación, y dejé en depósito mis pertenencias, que tampoco eran muchas.

Fui a despedirme una vez más de mi familia y, después de la visita de rigor a las marismas de Tregawny, salí rumbo a Dover en un Peugeot ranchero de segunda mano repleto de libros y ropa. Corrían los últimos días de agosto de 1975.

Habían pasado doce años desde mi abortada escapada a París, desde aquel frustrado intento de huir para siempre de un país que me ahogaba. En esta segunda salida iba, como don Quijote, más experimentado, mejor preparado y resuelto, esta vez, a no volver. Y no lo haría.

En España, después de Franco

El 27 de septiembre de 1975, justo después de mi llegada a Madrid, un Franco ya decrépito ejecutó a cinco presuntos terroristas. Con ello desafió a la opinión mundial y desoyó al mismo Pablo VI.

Instalado en Callao, puestos en orden libros y papeles y disfrutando como un niño de mi liberación recién conseguida, asistí con Joaquín y otros amigos a la manifestación contra las protestas extranjeras convocada en la plaza de Oriente el 1 de octubre. Según *Le Monde,* se congregaron delante del palacio doscientas mil personas, muchas llegadas en autobuses desde provincias. No sé si fueron —si fuimos— doscientas mil. La prensa del régimen dio la cifra, probablemente muy exagerada, de un millón. Allí había infinidad de pancartas antieuropeas, pululaban camisas azules, y se prodigaba el saludo fascista. «¡Franco, Franco, Franco!» gritaba la gente. El ambiente era hostil, de extrema agresividad. Yo, con mi aspecto inglés, tenía miedo de lo que me pudiera ocurrir, y no dudé —a una señal de Joaquín— en aplaudir al aparecer el Caudillo en el balcón, acompañado del príncipe Juan Carlos.

Protegido con gafas oscuras, Franco pronunció un discurso de siete minutos con un hilillo de voz apenas audible a causa de las deficiencias de la megafonía. Cuando se retiró del balcón, la muchedumbre pidió insistentemente que volviera. Según los periódicos, el Caudillo lloró de emoción al constatar cuánto le querían sus súbditos. Aquello me pareció a mí un espectáculo lamentable: el dictador asesino vitoreado por una multitud en pleno 1975. Por la noche nos enteramos por la televisión, que retransmitió el acto, que Franco había atribuido las protestas extranjeras a un complot marxista-masónico —¡como siempre!—, prometido que el ejército y las fuerzas de orden cumplirían con su «deber» y afirmado que los españoles volverían «a ocupar su lugar en el mundo», lo cual presuponía que, por el momento, no lo ocupaban, pese a haber estado Franco tantas décadas dirigiendo los destinos del país.

Al día siguiente se supo que numerosos extranjeros, entre ellos unos periodistas, habían sido blanco de escupitajos, amenazas y burlas a lo largo del día. Yo había tenido suerte.

Al margen de su brutalidad en sí, las ejecuciones constituyeron un enorme error político. La reacción del mundo democrático fue fulminante. México pidió la expulsión de España de las Naciones Unidas. En París, el Senado y la Asamblea Nacional levantaron sus sesiones, y un gentío colérico se congregó frente a la embajada española. Los sindicatos franceses organizaron un día de acción y de boicot contra España, y Air France suspendió sus vuelos a Madrid y a Barcelona. En Inglaterra, el personal de tierra del aeropuerto de Heathrow votó el boicot contra Iberia. Hubo un minuto de silencio en el Senado italiano. Finlandia y Austria llamaron a sus embajadores. Y, lo más contundente de todo, la Comisión Europea recomendó la interrupción de las negociaciones encaminadas al posible ingreso de España en el Mercado Común, negociaciones ya de por sí espinosas.

Por aquellas fechas se le ocurrió a un periodista francés preguntarle a Salvador Dalí, tan adulador del régimen, por su opinión sobre las ejecuciones y sus secuelas. El pintor declaró que, a su juicio, las protestas extranjeras y la consiguiente concentración de Madrid eran el «mejor regalo» que se le podía haber hecho «a nuestro Generalísimo». Y siguió, conservo el recorte:

> Franco es una persona maravillosa. Esto es una garantía de que la venidera monarquía será un éxito total. Veremos enton-

ces que España es un país donde, en pocos meses, ya no habrá terrorismo, porque los van a liquidar como ratas. Lo que se necesita es el triple de ejecuciones. Pero, de momento, ya son suficientes.

Cabe añadir que, al comprobar que esta vez se había pasado, Dalí salió pitando del país rumbo a Estados Unidos, donde pronunció su donde dije digo, digo Diego. Y es que el ex surrealista catalán fue siempre, en el fondo, un redomado cobarde.

El aspecto de Franco, como pudimos apreciar por las imágenes televisivas del acto, era ya de innegable senilidad. Quince días después empezó la cuenta atrás cuando se sintió indispuesto, irónicamente, el día de la Hispanidad. Luego vino la serie ininterrumpida de partes médicos. Era evidente que Franco se moría. Y si por un lado los antifranquistas apenas podíamos disimular nuestro gozo al constatar que al enemigo le quedaba poco tiempo, por otro, teníamos la terrible incógnita de lo que pudiera ocurrir una vez desaparecido el hombre que durante tanto tiempo había tenido en sus manos un poder omnímodo.

¿Quién, entre los que vivimos aquellos dramáticos meses, no recuerda su emoción al enterarse, la mañana del 20 de noviembre de 1975, de que acababa de fallecer el Caudillo de España por la Gracia de Dios? A mí me despertó una llamada de Joaquín, que me gritó exaltado que por fin había muerto el «enano asesino», como le gustaba llamar. Estaba casi histérico.

¿Cómo olvidar el «Españoles, Franco ha muerto» de Arias Navarro en la televisión, con la cara desencajada? ¿Cómo olvidar el triste espectáculo de colas interminables despidiendo al tirano —aunque con toda seguridad muchas personas sólo querían comprobar, con sus propios ojos, que aquel personaje frío y cruel hubiera muerto real y efectivamente. ¿Y cómo olvidar el entierro del dictador, con la ausencia más absoluta de representantes de primera fila procedentes de las democracias occidentales? ¡Qué asco ver allí al miserable verdugo Augusto Pinochet, codo a codo con Rainiero de Mónaco, Imelda Marcos y el entonces vicepresidente de Estados Unidos, Nelson Rockefeller!

223

¿Murió realmente Franco el 20 de noviembre o habían prolongado artificialmente su agonía para hacer coincidir el fallecimiento con la fecha del fusilamiento de José Antonio Primo de Rivera al inicio de la guerra civil? Es algo que muchos sospechábamos, aunque nunca se pudo comprobar.

Poco después se publicó, no recuerdo dónde, un artículo de Juan Goytisolo en el cual decía, más o menos, que sólo un país radicalmente enfermo habría podido soportar a un ser como Franco durante tanto tiempo, y que le parecía que los españoles tardarían mucho tiempo en expulsar al dictador, «interiorizado» como estaba en el fondo de su alma. Para Goytisolo, la costumbre de doblegarse ante el mandamás o chulo de turno era ya un reflejo habitual de los ciudadanos, costaría un durísimo trabajo deshacerse de ella.

Mi impresión era que una vez más el autor de *Señas de identidad* daba en el blanco y que los viejos hábitos, o muchos de ellos, seguirían actuando por largo tiempo, llegara la democracia o no.

Lo innegable, de todas maneras, era que ya no estaba físicamente el que nunca supo perdonar, ni pedir disculpas; el que durante cuarenta años, apoyado por una jerarquía católica servil, había humillado metódicamente a los españoles. Parecía imposible aquella muerte, pero era un hecho que poco a poco, después del entierro, después de la proclamación de don Juan Carlos, después del primer discurso del rey y luego el mensaje dirigido por el mismo a los españoles aquella Navidad, se hacía cada día más palpable.

¡Ah, aquel mensaje navideño del Rey! Años después se sabría que Arias Navarro, disconforme con el tono y algunas frases del mismo —preparado por el que fuera carismático embajador de España en Londres, Joaquín José Puig de la Bellacasa— había efectuado importantes cambios en el texto. Por ejemplo, allí donde el original hablaba de la necesaria «reconciliación» de los españoles —clara referencia a las heridas de la guerra civil, aún no cicatrizadas ni mucho menos—, Arias había impuesto la palabra «concordia». Para aquel personaje siniestro, nunca iban a *reconciliarse* con los rojos los auténticos españoles ganadores de la guerra. El Rey había utilizado la palabra «injusticia» al referirse a los problemas económicos y otros de muchas familias españolas. ¿*Injusticia* bajo el régimen de Franco? ¡En absoluto! Arias había insistido en que se cambiara el término por «dificultad». Parece ser que, a raíz de aquel incidente, el Rey había decidido deshacerse de Arias en cuanto llegara el momento propicio. Pero todavía no había llegado. Por ahora había que tranquilizar a los potenciales golpistas.

Pese a los retoques al mensaje navideño de don Juan Carlos, el espíritu magnánimo de éste llegó a todos los españoles de buena fe. Exactamente un mes después del entierro del dictador se abrían las puertas a la esperanza.

Para mí aquellas Navidades fueron doblemente felices porque coincidieron con la noticia de que Patrick Bourke, mi valedor de París, acababa de ser nombrado embajador de Irlanda en Madrid, después de haber ocupado durante cuatro años un puesto en Estados Unidos. Nunca había perdido del todo el contacto con él, y Tess y yo le habíamos visto un par de veces en Londres. Poder retomar el hilo de nuestra amistad en la ciudad que él tanto amaba, donde había empezado su carrera diplomática, y que, según todos los indicios, iba a ser ahora escenario de grandes acontecimientos, me parecía providencial.

George Edwards, mi editor, también estaba de enhorabuena: la muerte de Franco, nada más llegar yo a España, era realmente oportuna. En mi libro, como testigo presencial de los acontecimientos, podría dar cuenta de la marcha del país hacia la democracia... o hacia el caos. Ocurriera lo que ocurriese, el interés del público lector estaba garantizado. Sólo había que escribirlo.

Triunfo había sido cerrado por el régimen franquista en septiembre de 1975, cuando tuvieron lugar los fusilamientos, y no había reaparecido a la muerte de Franco, pese al indulto acordado con otras publicaciones progresistas. La revista tuvo que cumplir íntegramente su sanción y no volvió a salir hasta el 10 de enero de 1976. ¿Quién estaba detrás de aquel prolongado veto? ¿El propio Arias Navarro? ¿Manuel Fraga Iribarne, ministro de Gobernación?

¿José Solís Ruiz, el de Trabajo (conocido, cuando era ministro de Franco, como «la sonrisa del régimen»)? Imposible averiguarlo entonces y, que yo sepa, tampoco se averiguaría después. Cuando *Triunfo* reapareció las cosas cambiaban a un ritmo frenético. Existía una libertad de prensa cada vez más desarrollada y se editaban numerosas publicaciones nuevas. Sobre todo hay que recordar que fue en mayo de aquel año cuando empezó su brillante andadura *El País*. Los redactores de *Triunfo* estaban muy solicitados, de repente, en otros medios, y tampoco existía la misma demanda que antes por parte de los lectores de la revista. Poco a poco, pues, *Triunfo* iría perdiendo influencia. Pero, con todo, llegaría hasta 1980, convirtiéndose entonces en mensual para finalmente extinguirse en el verano de 1982.

Llamé a José Ángel Ezcurra y me invitó a visitar la redacción. Fue una alegría volver a verle. Él era consciente de que había pasado ya la época heroica de la revista, y asumía el hecho con ecuanimidad. Por supuesto, sabía que la contribución de *Triunfo* a la transición que ahora empezaba había sido fundamental.

Patrick llegó en febrero, poco después de las elecciones municipales. Qué alegría volver a abrazarle. Le comuniqué que iba a abandonar mi puesto en Marylebone, para poder seguir viviendo a fondo el día a día de la nueva situación en España y terminar mi libro en condiciones. Le pareció bien... pero muy arriesgado económicamente. Tenía razón, pero yo sabía que era la última posibilidad que tenía de escaparme definitivamente de Inglaterra y del mundo del hispanismo profesional. Comuniqué mi decisión al colegio, explicando mis razones. No se trataba de pedir una excedencia —tal posibilidad no existía— sino de dimitir. Michael Walton reaccionó bien, aunque, como Patrick, temía por mi futuro. Me prometió que el colegio seguiría pagando mi salario hasta finales del curso —lo cual era muy generoso— y me deseó todo lo mejor. «Cuando seas famoso —me escribió— brindaremos».

Ya estaba libre de Inglaterra, salvo por mi compromiso editorial. Ahora había que sobrevivir en España, haciendo lo que hiciera falta para poder mantenerme mientras llevaba a buen puerto mi libro; y no pensaba fracasar.

Patrick estaba encantado con estar otra vez en España, esta vez con rango de embajador ¡y en momentos tan decisivos! Tenía muchos proyectos, como siempre: un libro sobre España (me iba a hacer la competencia, me aseguró), viajes a lo largo y a lo ancho del país, indagaciones literarias y... magníficas fiestas en la embajada. En el fondo creo que quería ser otro Walter Starkie, aquel jovial hispanófilo irlandés, director del Consejo Británico de Madrid después de la guerra, que ayudara tan generosamente a muchos opositores del régimen —pese a no ser antifranquista él mismo— y escribiera unos libros bastante divertidos sobre sus andanzas por la piel de toro, violín bajo el brazo.

Durante los siguientes dos años vería a Patrick con cierta frecuencia —aunque no con la que yo hubiera querido, debido a sus muchos compromisos diplomáticos—, y juntos despacharíamos numerosas botellas de rioja y ribera del Duero. También hay que decir que las fiestas de la embajada irlandesa se harían realidad, siendo sonadas en aquel Madrid trepidante y expectante de los años preconstitucionales.

Patrick había releído *Ulises* varias veces desde nuestro encuentro en París, descubriendo, para su sorpresa, que la novela contenía muchísimas referencias a España, país jamás pisado por James Joyce. Al terminar la lectura del libro en Londres, después de mi año parisiense, no me había fijado en tales alusiones. ¡Había tanto en que fijarse! Por ello, instigado ahora por Patrick, decidí volver a escudriñar la novela para así poder comentar el asunto con «el jefe», como ahora le llamaba, además de satisfacer mi propia curiosidad al respecto.

Patrick tenía razón. En *Ulises* había muchas, muchísimas referencias a España. Pero no sólo referencias. Se trataba en realidad del mismo meollo de la narrativa, dado el hecho de que la madre de Molly Bloom es española y de que Molly ha pasado sus primeros dieciséis años en Gibraltar. De hecho, Molly ha heredado de su madre, de nombre Lunita Laredo, no sólo su aspecto andaluz —y cabe pensar que su temperamento—, sino su talento musical. Bloom dice que su mujer ha olvidado «el poco español que sabía», pero el famoso sueño de Molly al final del libro, en el cual vuelve una y otra vez a Andalucía, revela que no es así: sigue pensando en parte en español, y Gibraltar/Algeciras —escenarios de sus primeras e imborrables experiencias amorosas— es su Itaca, su paraíso perdido, el epicentro de su mundo afectivo. Lo subraya Joyce al disponer que la cama de Molly proceda del Peñón.

Molly Bloom se inspira en la mujer de Joyce, Nora Barnacle, oriunda de Galway, ciudad del oeste de Irlanda que siempre mantuvo con Andalucía estrechos contactos comerciales. Hacer que nazca en el sur de España, por tanto, es en parte un homenaje a Nora. Otro motivo es que Joyce se había fijado en que Gibraltar tenía una considerable colonia de judíos sefarditas, descendientes de los hebreos expulsados de España a raíz de la llamada Toma de Granada. Por ello hace que la madre de Molly sea no sólo española sino española de procedencia judía. Puesto que el exilio es uno de los temas fundamentales de *Ulises*, el Peñón le venía a Joyce de perlas. También, claro, por ser un ofensivo enclave inglés.

Terminada mi relectura de *Ulises*, Patrick y yo pasamos muchas horas hablando de la presencia de España en la novela, admirándonos, por ejemplo, de que, en medio de su sueño, Molly hasta recuerde una receta para pisto madrileño. A Patrick, como buen recitador que era —incluso había mejorado desde nuestros tiempos de París— le encantaba entonar el pasaje en el que se elogia, en estilo seudoépico, el voluptuoso cuerpo de la joven Molly gibraltareña:

> Orgullo de la rocosa montaña de Calpe, la hija de Tweedy, la de cabellera corvina. Allá se crió ella hasta alcanzar impar belleza, donde almendro y caqui aroman el aire. Los jardines de la Alameda conocieron su paso; los olivares la conocían y se inclinaban. La casta esposa de Leopoldo ella es: Marion la de las ubérrimas ubres.

Como embajador —y embajador con poderoso don de gentes— Patrick no tardó en hacer numerosas amistades entre la clase política de Madrid. Se cuidó de decirme todo lo que sabía, o iba sabiendo, acerca de la situación real del país, pero sí me transmitió mucha información útil para mi libro y me puso en contacto con personas dispuestas a facilitar mi tarea.

Pese al gran peligro de que se produjera un golpe militar, Patrick tenía confianza en el rey y en los asesores que le rodeaban, en primer lugar Torcuato Fernández Miranda. «Ya verás —me dijo en más de una ocasión—, Juan Carlos no tardará en deshacerse de Arias Navarro». De modo que no me cogió de sorpresa cuando éste «dimitió» el 1 de julio de 1976. Al saberse que, para ocupar su lugar, el rey había nombrado a Adolfo Suárez, la decepción de la izquierda era palpable. ¿Elegir como primer ministro al secretario general de aquella entelequia trasnochada llamada Movimiento, con todos los antecedentes que ello suponía? Parecía mentira. Patrick me aseguraba, sin embargo, que se vería pronto que la elección de Suárez había sido una jugada genial, entre otras razones por su conocimiento de la televisión, su atractivo físico —que tendría mucho peso con las mujeres— su talante dialogante y, por supuesto, su inteligencia. Y así sería. Entretanto yo había logrado entrevistar a Felipe Gónzalez, Alfonso Guerra y otros dirigentes del PSOE. Jóvenes, inteligentes, atractivos, europeos, no dudaban de que llegaba su momento. Me impresionaron mucho y, escuchándoles, comprendí por qué en Suresnes había sido imprescindible romper con el socialismo histórico, tan obsesionado con el pasado y tan poco en contacto con las realidades actuales del país. La victoria socialista en Portugal, aquel abril, había actuado como un poderoso acicate para las ambiciones del nuevo PSOE. Y la cordial entrevista que mantuvieron Suárez o González en agosto evidenció que el cambio iba en serio.

No voy a repasar aquí, obviamente, todo lo que ocurrió durante aquellos meses en que vimos la legalización de los partidos políticos, el espaldarazo dado por la Comunidad Económica Europea a Suárez, las agresiones ultraderechistas y la rocambolesca vuelta, detención y luego liberación de Santiago Carrillo, personaje tan nefasto a ojos de los franquistas. Pero no puedo dejar de recalcar la enorme trascendencia de la Ley de Reforma Política, debatida en las Cortes en noviembre de 1976 y que dio como resultado el harakiri de las mismas, la supresión del Consejo del Reino y el propósito de establecer dos Cámaras elegidas por sufragio universal. Tan enorme avance se consiguió casi exactamente un año después de la muerte del dictador. Era difícil creer que se hubiera avanzado tanto en tan poco tiempo. Con el beneplácito otorgado a la Ley de Reforma Política por el pueblo, en el referéndum de diciembre de 1976, se justificaba plenamente el comentario de Suárez: «Ha ganado el sentido común. Ahora sabemos de verdad y claramente lo que quieren los españoles».

No todos lo españoles, por supuesto. Los ultras, rabiosos ante lo que consideraban la traición del Rey, planeaban su revancha, y, como se sabría posteriormente, no pocos destacados militares estaban ya muy inquietos ante lo que ocurría. Un mes después, en enero de 1977, se produjo la matanza de Atocha. La manifestación de protesta y de solidaridad, en la cual participé, fue grandiosa. No la podré olvidar nunca. Me convenció de que, pasara lo que pasase, los españoles nunca iban a permitir que volviera la barbarie fascista. ¡Cuánto me alegré en aquellos momentos, mezclado con cientos de miles de ciudadanos cuyos anhelos de democracia compartía, de estar en Madrid y no en Londres! Había hecho bien en romper con todo menos con mi empeño de ser hispanista y escritor por libre.

Entretanto ETA seguía jodiendo la marrana. Alguien me dijo, poco después de Atocha, que si quería tomarle el pulso al ambiente *abertzale*, nada mejor que visitar Mondragón. Así lo hice, siguiendo un impulso. El lugar me infundió auténtico pavor. Nunca había tropezado con una intransigencia tan radical. Aquellas gentes, empeñadas en no ser españoles, eran fanáticos. Les daba igual que el resto del país hubiese sufrido tanto como ellos, y tal vez más, bajo el régimen franquista. A veces, cuando me hablaban de Madrid, sus facciones se torcían de odio. No parecían entender que, si algún día conseguían su soñada independencia, tampoco iba necesariamente a solucionar sus problemas. Me cuidé mucho de decirles que, con gente como ellos en el poder, menuda democracia tendría Euskadi. Era horrible ver su disposición a atemorizar a los que no pensaran como ellos. La situación iría a peor, como sabemos, durante los años siguientes.

Otra cosa era el nacionalismo catalán, mucho más ponderado, razonado, pausado. Fui varias veces a Barcelona. De todos los políticos catalanes del momento, quien más me impresionó fue Miquel Roca, que por algo sería uno de los padres de la Constitución. Roca, que tenía un gran sentido del humor, elogió en una ocasión la que llamó «austeridad benedictina» de Cataluña, austeridad, o sea, compatible con cierto buen gusto y comodidad. Creo que el comentario era bien hallado.

A todos los viajeros británicos del siglo XIX les había llamado la atención la seriedad y sensatez de los catalanes. En vez de guitarras y toros, o de la holgazanería de Madrid, topaban con fábricas, burgueses sensatos y una ética del trabajo que en absoluto se esperaban. El «fet diferencial» de Cataluña les cogía de sorpresa.

Tal «fet», me parecía a mí, no se daba en Euskadi, pese a las constantes reivindicaciones de los nacionalistas radicales. Yo nunca tuve la sensación de que el País Vasco no fuera plenamente España. En cambio, cada vez que iba a Cataluña, sentía que allí la gente era distinta. Lo cual no implica ninguna crítica, por supuesto, sólo que mi España, la España donde yo me encontraba en mi salsa, era la otra. No habría podido vivir del todo a gusto en Cataluña, estoy convencido de ello. Para mí no encajaba bien la noción de una región, encuadrada dentro del Estado Español, donde no existiera la costumbre de invitar a copas, y donde la obsesión con el ahorro, con el no gastar dinero, estuviera tan arraigada. Pero al margen de estas consideraciones, admiraba de los catalanes su rechazo hacia cualquier fanatismo.

Madrid me recibió, como a todo el mundo que llega de fuera, con los brazos abiertos, y nunca pude olvidar, ni quise, mientras España caminaba hacia la plena democracia, la heroica resistencia de la ciudad durante la guerra. Resistencia que luego pagó con creces.

En aquella época se hallaba en la capital un yanqui llamado Alan Stacey, cuyo padre había luchado con las Brigadas Internacionales. Stacey, que enseñaba en un colegio norteamericano, pasaba los fines de semana explorando los campos de batalla que circundaban la capital y donde todavía se podían encontrar restos de la lucha: cascos, botones y hasta fusiles oxidados. Algunas veces fui con él a recorrer las orillas del Jarama o los alrededores del Cerro de los Ángeles. Era penoso pensar en la muerte de tantos extranjeros que, en su gran mayoría, no eran sino demócratas, hombres y mujeres convencidos de que había que oponerse al fascismo, sobre todo en vista de la vil traición hecha a la República por los gobiernos de Francia e Inglaterra. Yo solía llevar conmigo en estas excursiones las *Poesías completas* de Machado, y releer, allí donde se había vertido tanta sangre, sus versos de guerra.

Había decidido, siempre en contacto con George Edwards, mi editor en Londres, que el libro que preparaba sobre la transición no sería un mero recuento de los acontecimientos acaecidos desde la muerte de Franco, sino una narrativa cálida y comprometida, aderezada de anécdotas, conversaciones, paisajes y paisanajes. Madrid, por su carácter abierto, acogedor y noctámbulo, se prestaba admirablemente a tal propósito.

¿Cómo elegir ahora entre tantos recuerdos de aquellos apasionantes años preconstitucionales? De los escritores que tuve la suerte de conocer entonces recuerdo sobre todo a Daniel Sueiro y Eduardo de Guzmán, ambos desaparecidos antes de tiempo.

Daniel, tan sensible, tan compenetrado con los que sufrían, tan enemigo de los matones de toda laya, escribió libros admirables —uno de ellos sobre el Valle de los Caídos— y, de haber vivido, habría llegado a ser un escritor consagrado, de los grandes. Su muerte en 1986, a los cincuenta y cuatro años, sería una tragedia.

Eduardo de Guzmán, de una generación anterior, había luchado en la guerra y conocido no sólo el horror de las cárceles franquistas sino la brutalidad de estar dieciocho meses bajo pena de muerte. ¡Dieciocho meses sabiendo que cada noche le podía tocar entrar en capilla! Yo no conocía caso tan cruel, y ello en una España cuyo régimen se proclamaba cristiano. ¡Qué sarcasmo!

Antes de la guerra, Eduardo había sido periodista del diario anarquista *La Tierra*. Una vez liberado de la cárcel, no le dejaron volver a su profesión, naturalmente. Por ello se inventó otra cosa para poder sobrevivir. Y esa otra cosa era la confección de pequeñas novelas policíacas y de *westerns*. Eduardo estimaba, con razón, que los lectores españoles de novelas de vaqueros daban más crédito a tales relatos si creían que sus autores eran yanquis y que leían la traducción de un original inglés. Por ello se escondió detrás de dos seudónimos, para mi gusto divertidísimos: Edward Goodman —Guzmán suena a Goodman, es decir «Hombre-bueno»— y Eddie Thorney —traducción al inglés de su segundo apellido, Espinoso—. Me dijo que nunca había estado en Estados Unidos pero que todos los topónimos de lugar utilizados en sus libros, ya fueran de ciudades, arroyos o calles insignificantes, eran siempre auténticos, gracias al sencillo procedimiento de consultar guías, mapas y callejeros. Había publicado más de 400 novelas cortas, logrando subsistir así en las más apuradas circunstancias. Me pareció un tipo admirable y la verdad es que nos hicimos buenos amigos.

Seguía en auge la demanda de libros sobre la República y la guerra. Particularmente excepcional fue la colección *Espejo de España*, de la Editorial Planeta, fundada por Rafael Borrás en 1974, justo antes de la muerte de Franco. Uno de los grandes méritos de la colección fue que, en un país donde habían escaseado siempre los índices onomásticos —y donde seguirían escaseando—, cada tomo de *Espejo de España* llevaba el suyo. Mencioné en un artículo periodístico de entonces esta particularidad de la colección, que por otro lado contribuyó enormemente al conocimiento de la Segunda República, la guerra Civil y el franquismo.

Madrid ya no era la pequeña ciudad tranquila que yo había conocido por vez primera en 1962. La población seguía aumentando a un ritmo vertiginoso, y también el número de coches, cuya calidad media empezaba a mejorar considerablemente —muy pronto llegarían los primeros Peugeot fabricados en España. En civismo los madrileños dejaban todavía mucho que desear. Las calles estaban muy sucias en comparación con las de Barcelona.

Incluso la gente a menudo tiraba papeles o cajetillas de tabaco vacías desde los coches. Se saltaban metódicamente los semáforos y se aparcaba en cualquier sitio.

De hecho, la España cotidiana de entonces resultaba todavía difícil, arisca, para alguien que llegaba desde fuera, pese a los cambios que se efectuaban a paso de gigante. A veces había que soportar situaciones impensables en otros países europeos. Un día me invitaron a un programa de televisión en Prado del Rey. Realmente no me apetecía, pero insistieron mucho en que fuera y accedí para complacerles. Se trataba de participar en un espacio sobre la opinión que tenían los extranjeros sobre lo que ocurría en España. Después del programa, una de las personas que trabajaba allí me preguntó: «¿Cómo es posible que, después de ser hispanista y llevando aquí varios años, todavía tengas muchísimo acento?». Me pareció chocante, hiriente. Después me harían la misma pregunta muchas veces. Al comentarlo con un amigo marroquí, hispanista como yo, que hablaba un español muy fluido, me dijo que le pasaba habitualmente lo mismo. «Es increíble —me dijo—. Yo he vivido cuatro años en Francia y hablo muy bien el francés pero, naturalmente, con algo de acento. Allí nunca me han dicho que tengo acento. Todo lo contrario. Me han elogiado siempre mi francés. Pero aquí cada día alguien me pregunta por qué tengo acento. Y eso que ellos no acostumbran a hablar una palabra de inglés o de francés o de cualquier otro idioma. Además yo les digo siempre que ellos también tienen acento: se nota enseguida si son catalanes, gallegos o sevillanos».

Yo asistía con frecuencia a presentaciones de libros. A menudo eran un desastre, ya que se solía cometer el error de servir copas antes de que empezara el acto, con el resultado, inevitable, de que todo el mundo se ponía a hablar animadamente y nadie escuchaba la presentación. A veces los organizadores tenían que pedir silencio, y entonces bajaba durante unos minutos la marejada sonora para luego subir otra vez. Recuerdo que Anthony Burgess se quejó mucho en una presentación suya. Le dije después lo de Ganivet, de que cada español tiene un pasaporte en el cual consta que al titular del mismo le está permitido todo. Rió mucho la ocurrencia del malogrado granadino.

Burgess hablaba bastante bien el español, que había aprendido en Gibraltar durante la guerra, y era muy entretenido. Había sido un poco de todo, pianista de *jazz* incluido, y contaba estupendamente las anécdotas. Vivía en el sur de Francia, adoraba el Mediterráneo y me dijo que había hecho muy bien en escaparme de Inglaterra.

El ruido en Madrid era, de verdad, ubicuo. Ruido de cláxones de coches; de motos y ciclomotores sin silenciadores; de sirenas de ambulancias o bomberos; de gente hablando alto en las calles por la madrugada o pisando fuerte en el suelo de arriba (tu techo); de máquinas tragaperras; de los pitidos estridentes de la policía de tráfico y del metro; del televisor de la casa de al lado... Pudiendo dormir bien, el problema no era tan grave. ¡Pero qué difícil a menudo lograr conciliar el sueño! Y lo peor era que, si uno protestaba, corría el riesgo de un altercado, sobre todo siendo de fuera. Nadie encajaba una crítica, había una agresividad latente a flor de piel. Y una vitalidad tan tremenda que, los sábados por la noche, daba la sensación de que podía ocurrir cualquier cosa.

Yo pasaba muchas horas en el Prado, atraído sobre todo por uno de los cuadros que más admiro en el mundo: *El jardín de las delicias*. Al margen de los posibles significados del maravilloso tríptico, sobre los cuales los especialistas no parecen haberse puesto de acuerdo, el cuadro ofrece algunas de las más bellas representaciones del cuerpo femenino jamás pintadas por artista alguno, amén de una extraordinaria panoplia de animales y pájaros, unos reales, otros inventados. Como ornitólogo empedernido, me fascinaba el extraordinario esmero con el cual El Bosco ha pintado el grupo de pájaros que ocupa parte del panel central del tríptico, donde, mezclados con las figuras humanas, apreciamos un pato real, un jilguero, un martín pescador, un petirrojo, un pito real, un arrendajo, un carbonero común y una abubilla, cada uno pintado con una exactitud digna de cualquier guía de campo de la avifauna europea publicada hoy día. Cuando cierro los ojos vuelvo a ver aquellos pájaros, aquellas deliciosas mujeres

—algunas de ellas negras— y entiendo por qué a los grandes artistas se les llamaba antes «divinos».

Otro lugar madrileño hacia el cual dirigía con frecuencia mis pasos era el cementerio civil, donde reposan los liberales y los republicanos, los ateos, los agnósticos y los protestantes. Si el mausoleo de Pi y Margall —«¡España no habría perdido su imperio colonial de haber seguido su consejo!»— y el de otro presidente de la Primera República, Nicolás Salmerón —«Dejó el poder por no firmar una sentencia de muerte»— eran bien visibles y bien conocidos, uno tropezaba con las tumbas mucho más humildes de otras figuras señeras de la heterodoxia española, desparramadas por el recinto. Y había verdaderas sorpresas. Un día, sin buscar nada en especial, me encontré frente a la tumba del teniente Castillo, el guardia de Asalto asesinado en vísperas de la guerra civil por los fascistas, muerte que, a su vez, provocó la de José Calvo Sotelo. Otro día me topé con la tumba de Julián Grimau, fusilado por Franco en 1963.

Ya he comentado la profunda impresión que me causó, al poco tiempo de empezar mis estudios de español, la lectura de *Al sur de Granada*, de Gerald Brenan. Creo que desde el mismo momento en que terminé el libro —tal vez antes, quién sabe— ya estaba escrito, allí donde se forjan los destinos, que un día yo también viviría en un pueblo granadino no lejos del Mediterráneo, el mítico mar azul con el que sueñan todos los ingleses, condenados de por vida a cielos encapotados y eternas lluvias.

Los deseos auténticos tienden a realizarse. En marzo de 1977 un amigo de Joaquín me habló con entusiasmo de un valle bellísimo ubicado, como las Alpujarras, al sur de Granada, pero mucho más cerca de la capital provincial, a mitad de camino entre ésta y la costa. Mi deseo de tener casa en Andalucía era ya imperioso y, aunque disponía de pocos medios, decidí explorar el lugar cuanto antes. Así que, unas semanas después, coincidiendo con los eufóricos días de la abolición de los sindicatos verticales y la legalización del Partido Comunista, cogí el avión de Granada.

No había estado en la ciudad de la Alhambra desde mi luna de miel con Tess. Cuando llegué hacía una mañana estupenda. El cielo estaba absolutamente despejado, puro; brillaba un sol espléndido; y allí arriba, altísimo, relumbraba el picacho de la Veleta. Tenía la seguridad, al ir a recoger mi coche alquilado, de que iba a ser un día señalado.

Así fue. Nada más salirme de la carretera general que bordeaba la vertiente suroccidental de Sierra Nevada e ir penetrando en el valle que me habían recomendado, me encontré rodeado de una inaudita mezcla de naranjos, limoneros y enormes olivos. ¡Bosques de olivos y agrios! ¿En qué otro lugar del mundo se daba una combinación tan insólita? El aire estaba impregnado del olor de azahar —estábamos ya en abril—, y, mientras iba bajando despacio al fondo del oasis, las naranjas, maduras y subidas de color, resaltaban con nitidez contra el trasfondo nevado. Era el ímpetu, potente y arrollador, de la primavera.

No recordaba haber visto en mi vida un paraje tan hermoso. No me cabía duda. Era aquí donde quería tener mi casa. ¿Para qué buscar más?

Sin hablar con nadie, casi sintiéndome un intruso, fui viendo uno por uno, someramente, los pueblos del lugar, para cosechar unas primeras impresiones. Descarté de entrada los más cercanos a la carretera general, al constatar que desde ellos no se obtenían las magníficas vistas de la sierra que regalaban los ojos desde el regazo del valle y las pendientes que bajaban hacia éste en el borde sur de la hondonada. Yo quería poder contemplar desde mi casa la imponente mole del Caballo, cuya cumbre —la tercera más alta de Sierra Nevada— alcanzaba, según mi mapa, una altura de 3.014 metros sobre el mar. No me iba a conformar con menos.

Me faltó tiempo para descubrir que sólo dos pueblos del entorno reunían aquella posibilidad: El Pinar e Ibricos. El primero resultaba demasiado destartalado para mi gusto, y además me parecía muy expuesto, por su situación, a los embates del viento, que había empezado a soplar fuerte. El segundo, ubicado en la linde de vega y montaña, y por ende más al socaire de los elementos, me cautivó inmediatamente, impresión confirmada al comprobar que desde el pueblo se apreciaba el Caballo en toda su majestuosidad. Además, Ibricos tenía la ventaja de encontrarse en la confluencia de dos ríos, que, ya unidos, pasaban debajo de un bello puente de piedra. El lugar era idílico.

Volví a la mañana siguiente y me topé por casualidad con el alcalde, que en aquel momento salía del ayuntamiento. Me presenté. Me dijo que tenía que ver una obra y que, si quería, le podía acompañar. Accedí gustoso.

Recurro a mi diario:

> Hay un cerro detrás del pueblo, con unas casas arruinadas y un pequeño santuario dedicado a la Virgen. Desde allí el panorama que se ofrece a los ojos es inimaginable. Al fondo de todo, hacia el noreste, se levanta el inmenso Caballo. Directamente en frente se extiende una colina larga y arcillosa. El alcalde, con una pronunciación que me cuesta trabajo descifrar, me explica que se llama La Loma y que sirve como una barrera contra el viento norte, con el resultado de que aquí hay microclima y se pueden criar los naranjos y los limoneros que he visto, imposibles en Granada, donde las heladas son fuertes.
>
> Detrás de nosotros, hacia el sur, se alza una larga sierra cubierta de pinos, y allá por la parte este, figurando la espalda de una enorme ballena fosilizada, una montaña azul con cumbre redondeada y pelada.
>
> —La Sierra de Lújar —me asegura el alcalde.
>
> Lo que más me llama la atención del magnífico panorama, con todo, es el brusco contraste que presenta entre la sequedad de las pendientes circundantes y la delicada gama de verdes del valle, debido no sólo a sus espesos bosques de olivos y agrios sino a los álamos, sauces y otros árboles que embellecen las orillas de sus ríos y arroyos. Se trata de un oasis de verdad. Me imagino que sólo al otro lado del Estrecho puede haber algún lugar comparable.
>
> Le explico al alcalde que busco casa con jardín y que no me contentaré con menos. Me asegura que será difícil, ya que la mayoría de las viviendas no tienen ninguno, como mucho a lo mejor, un patio interior. Luego, reflexionando, me dice que sí,

que hay una casa con dos *majales*, pero que no está en venta. ¿Majales? Resulta que un majal son 525 metros cuadrados. Se trata, obviamente, de una voz árabe. Me dice que la casa está debajo de nosotros, en medio de un olivar. Que si quiero, me llevará ahora mismo a verla, «*pá* tener una idea».

Digo que sí quiero, claro. Nada más abrirnos el dueño, constato que la finca reúne casi exactamente las condiciones que busco. La vivienda, de dos plantas, no es nada del otro jueves: pobremente construida, da la impresión de que caería a la más mínima sacudida de uno de los famosos terremotos granadinos. Pero no importa, lo llamativo es la extensión de tierra que la rodea, dispuesta en dos paratas o bancales, y las imponentes vistas de que disfruta.

«¡Claro! —dice el dueño, setentón de pelo gris que se llama José Piñas—; ¡si se trata de la casa más alta del pueblo!

Al lado de la vivienda hay varios almendros, una frondosa mimosa que roza sus muros, y un gigantesco olivo que, según José, es «del tiempo de los moros». No lo dudo. Hay olivos milenarios en Grecia y este hermoso ejemplar andaluz, todavía lozano, puede fácilmente haber sido plantado por los musulmanes. «Además —añade el hombre— aquí cerca estaba el cementerio de ellos». Me explica que el olivo, como todos los del valle, es de la variedad *lechín*, que quiere decir de Écija, y que produce un aceite excelente aunque tal vez un poco fuerte para el gusto de los forasteros. El jardín también luce dos naranjos, cubiertos de fruta, y un limonero grande.

—Es un limonero lunero —me dice, orgulloso, José—. Tiene limones *tó* el año.

Me pareció enseguida que el jardín ofrecía muchas posibilidades y que se podría convertir en «huerto cerrado» digno de *El cantar de los cantares*.

Viendo mi interés, José Piñas no hace más que remachar que no vende la casa. Resulta que era de su mujer, a quien acaba de perder.

—¡Gustaba *muncho* a la Juana y aquí lo pasábamos en grande! —dice una y otra vez—. ¡No me desprendo de ella por *ná* del mundo!

Y con un pañuelo se seca unos lagrimones.

Nos despedimos. Mientras bajamos al pueblo el alcalde me dice que tal vez más adelante cambie José de opinión, aunque tampoco se sabe.

Volví a Madrid seguro de haber encontrado mi pueblo andaluz y con la esperanza de que José Piñas accediera a hablar. Si lo hacía, sería cuestión de buscar la financiación como fuera.

Hacia finales de abril, a mes y medio de las elecciones generales —las primeras que se iban a celebrar desde las del Frente Popular, en 1936— Patrick Bourke me consiguió la corresponsalía provisional de un diario irlandés, *The Daily News*, que necesitaba alguien que le cubriera los comicios. Me sería muy útil aquella experiencia como periodista.

Empezaba a creer que, después de mi divorcio, nunca iba a encontrar a otra pareja. A veces me asediaban pesadillas en las cuales me perdía por las calles de una gran ciudad y era incapaz de volver a casa, o subía a trenes equivocados que me llevaban a terribles velocidades hacia destinos desconocidos. Pese a tener buenos amigos y un trabajo que me absorbía, me sentía en el fondo desamparado, solitario. Era ya hora de que apareciera la mujer anhelada y me salvara. Y, milagrosamente, apareció. Además, en una fecha muy simbólica. Era el 1 de mayo de 1977. Joaquín y yo habíamos ido aquella mañana a Vallecas para asistir a un mitin de Comisiones Obreras. Allí había mucha gente, muchísima, y el ambiente estaba bastante tenso. Siguiendo a Santiago Carrillo, acababan de volver a España, después de cuarenta años de exilio, destacados comunistas como La Pasionaria, Federica Montseny, Rafael Alberti y María Teresa León, además de centenares de afiliados desconocidos del gran público, y no costaba trabajo alguno imaginar el estado de ánimo de los militares franquistas, ni sus tejemanejes en la sombra. La tensión era palpable en Vallecas aquella mañana. Y más cuando, de repente, aparecieron dos helicópteros de la policía y empezaron a dar vueltas sobre nuestras cabezas. Hubo una airada reacción por parte de la muchedumbre —gritos, puños en alto— contra la que parecía a todas luces una provocación gratuita, innecesaria. Poco después llegaron varias camionetas de los odiados *grises*. No sé qué pasó, pero la gente empezó a correr. Había policías por todos lados, amenazando, gesticulando, amargando la fiesta. Aquello me recordó lo ocurrido en Baeza once años antes. Era como si no hubiera pasado el tiempo, como si no hubiera muerto Franco.

Me di cuenta de que me había separado de Joaquín. Corrían delante de mí dos chicas. De repente tropezó una de ellas y cayó al suelo. Sin pensarlo dos veces la ayudé a ponerse de pie y, cogiéndola del brazo, seguí corriendo. Unos minutos después los tres pudimos refugiarnos en un garaje. Resultó después que no había ocurrido nada grave y que los *grises*, asustados al encontrarse rodeados de tanta gente indignada, habían perdido los estribos, viendo agresividad donde en realidad sólo había una enérgica voluntad de no cejar ya más ante una policía que seguía teniendo reflejos condicionados franquistas.

Al presentarnos me doy cuenta de que la chica a quien he ayudado es muy guapa. Alta y esbelta, un poco tímida, con pelo negro y ojos grandes y oscuros, tiene una sonrisa que me subyuga. Se llama Alicia Martínez y es profesora de inglés en un Instituto madrileño.

Cuando vuelvo a verla unos días después —no me quedo sin su teléfono, naturalmente— y me dice que lleva un año separada de su marido, un hombre de negocios que la ha tratado fatal, casi tengo la seguridad de haber encontrado por fin a la pareja que necesito. Y así será.

Alicia vivía con su madre y un hermano menor en el barrio de la Concepción. Su padre, ingeniero de caminos, había muerto cinco años antes en un accidente de coche. Alicia todavía le echaba mucho de menos y tal vez había buscado en su marido a un sustituto. Si fue así, eligió mal. A lo largo de las siguientes semanas, al irse estrechando nuestra amistad, me habló mucho de Fernando. Celoso, mentiroso, infiel y machista, era de los que todavía creían que el lugar de la mujer era la casa y que, en vez de tener carrera, había que producir hijos. Pero Alicia en absoluto había querido convertirse en madre todavía. Con el paso del tiempo la relación se había vuelto insostenible. Un día le pegó, y Alicia volvió al lado de su madre.

Para finales de aquel mayo de 1977 Alicia y yo éramos ya amantes. Yo no podía creer mi suerte. En su fuero interior ella se sentía muy herida, muy abandonada, muy insegura, y, después de su relación con Fernando, necesitaba ahora sobre todo ternura. Descubrimos con asombro que no sólo nos gustábamos sexualmente sino que compartíamos muchos entusiasmos en literatura, cine, música y hasta en pintura. Ella había luchado y bregado por conseguir un conocimiento aceptable del inglés, así como yo del español. Era divertido y enriquecedor poder cambiar de un idioma al otro, corregirnos mutuamente, comentar palabras, usos, matices, sortear complejidades.

Además de ser casi tan alta como yo, Alicia era muy física. Cuando, de un impulso, me cogía de la mano, me pasaba el brazo alrededor de los hombros o me acariciaba el pelo, se me encendía todo el cuerpo. Mirándola un día me di cuenta de que se parecía un poco a la Liza Minnelli de *Charley Bubbles*, en la cual la actriz desempeña el papel de una estudiante que está haciendo una tesis doctoral sobre un famoso escritor inglés, interpretado por Albert Finney. Había una escena estupenda en la cual Finney, agotado de firmar libros en una feria, yace sobre un diván. Se aproxima la Minnelli, cuaderno de notas en mano, y empieza a acariciarle. «¡Otra vez no, por favor!», se queja el pobre con voz lastimera. ¡El pobre! Cuando vi la película, allá por 1970, habría dado todo por estar en el lugar del afortunado novelista. Y ahora tenía una pareja que se parecía discretamente a la hija de Judy Garland, aunque sin su alocada exuberancia. ¿No era de verdad un milagro? Sí, sin lugar a dudas.

Madrid era entonces algo así como Londres doce o quince años antes. Era el momento del «destape», de la llegada sobre el escenario de *Interviú*. No había chica en Madrid con piernas bonitas —y las de Alicia lo eran— que no luciera minifalda. Ella pasaba de piropos y de machos, y tendía a no exhibirse excesivamente. Yo, sin embargo, orgulloso de tener por fin una novia con piernas largas, quería que las dejara ver. Accedía, no sin timidez, por complacerme.

Muchas veces cuando la estrechaba entre mis brazos y sabía que iba a estar allí todavía al amanecer, pensaba en Tess, en el dolor que le había causado. De vez en cuando nos escribíamos. Ya tenía dos hijos y parecía contenta. Me alegraba de ello desde el fondo de mi ser, pero no podía olvidar el daño que le había hecho.

Estábamos en vísperas de las elecciones. La ignorancia acerca del sistema proporcional que iba a regir las mismas, es decir la famosa Ley d'Hont, era, inevitablemente, enorme, y *El País* —al cual dedicaría todo un capítulo de mi libro— se encargó de explicar a los electores, con gran claridad, cómo funcionaba dicho sistema, para que nadie se llamara luego a engaño.

Cubrir los comicios para el *The Daily News* irlandés fue para mí una gozada. La votación se desarrolló dentro de la más completa tranquilidad. Visité numerosos colegios electorales y no vi más que caras sonrientes. La participación fue masiva —acudió un 71,1% del censo—, y los resultados demostraron sobradamente que lo que querían la gran mayoría de los españoles era moderación. Nada de sobresaltos. No era sorprendente que triunfara la rápidamente formada UCD de Suárez, dado el papel tan relevante desempeñado por el presidente del Gobierno desde su nombramiento en julio del año anterior. Lo realmente llamativo fue el magnífico resultado obtenido por el PSOE y los pocos escaños ganados por el PC. Los españoles optaban por el centro —un poco más a la izquierda, un poco más a la derecha— pero el centro en definitiva.

Después de las elecciones el país tenía unas Cortes democráticamente elegidas pero no una Constitución. La labor más urgente del nuevo Parlamento iba a consistir en elaborar una Carta Magna, pese a no haber provisión alguna para actuar así en la Ley de la Reforma Política con la cual se había autoinmolado la Cámara de Franco. Estaba claro que, si no se producía antes un golpe militar que todo lo echara a perder, mi libro se cerraría con la promulgación de la nueva Constitución, cuya elaboración, según todos los indicios, se llevaría a cabo con la máxima celeridad.

¡Ah, si no se producía un golpe de Estado! Con las vacaciones de verano ya encima, era imposible creer, aquel junio de 1977, que no nos esperara todavía un buen susto, y tal vez más de uno. No nos equivocábamos.

Poco después de las elecciones mi hermano me llamó desde Cornualles y me dijo, con voz entrecortada, que nuestro padre acababa de morirse, y de la manera más absurda e inesperada imaginable. Resultaba que, mientras cortaba un trozo de madera con un hacha, a C le había entrado una astilla en un ojo. Mi padre, que nunca se quejaba de nada —soportando todos sus sufrimientos estoicamente—, tampoco había dicho nada a nadie esta vez, sin duda esperando que la naturaleza se encargara ella sola de curarle. Unos días después mi madre notó que C tenía un ojo muy hinchado, y mi padre no tuvo más remedio que confesar lo ocurrido. Horrorizada, G lo llevó inmediatamente a nuestro viejo médico de cabecera. Éste se quedó consternado al constatar el daño sufrido, y C fue hospitalizado inmediatamente. Mientras le operaban a la mañana siguiente tuvo, de golpe, un infarto tremendo —nunca se pudo saber por qué—, y se murió casi en el acto sin que los cirujanos pudiesen hacer nada. Tenía 68 años.

Fui a Inglaterra para asistir al entierro. Mi madre estaba deshecha. Había deseado muchas veces que se muriera C y ahora que lo había hecho, y tan inesperada y repentinamente, no sabía qué hacer, ni qué decir, ni qué pensar. Además, lamentaba no haber estado con él durante la intervención, por el temor que le inspiraban los hospitales. No podía por menos que compadecerla. Yo me había liberado de mi familia y me había vuelto más comprensivo con el tiempo. Al fin y al cabo, mi madre, como yo, como cualquier ser humano, era víctima de sus circunstancias.

Los metodistas no velaban los cadáveres. A lo más se visitaba rápidamente el tanatorio, y punto. Fui a ver a mi padre. Allí, en un ataúd abierto, envuelto en una especie de sábana blanca con borlas, yacía el autor de mis días. Terminados los sufrimientos, acabadas las visitas solitarias a las marismas de Tregawny, con los graznidos de los ánsares como única compañía. Me invadió una punzante tristeza. Le besé en la frente y estaba fría, fría, como una piedra. Sentí pena por su vida tan triste al lado de una mujer que no le quería, y sin la más mínima posibilidad de sustraerme a su sino. Y sentí pena por no haber sido un hijo más cariñoso con él.

Había mucha gente en el entierro y, entre ella, bastantes personas a quienes mi hermano Bill me dijo no reconocer. Luego resultó que, sin que nadie en la familia lo supiera, mi padre había ayudado económicamente, a lo largo de los años, a varias asociaciones caritativas, en Bridgetown y más allá, interesándose sobre todo por un orfelinato que se encontraba en una población cercana. Ello explicaba la presencia de los desconocidos. ¡Pobre C! Casi incapaz de intimar con sus propios hijos, se identificaba con el desamparo de los que habían perdido a sus padres, dándoles algo del cariño que, por su acuciante timidez, le había costado tanto trabajo expresar a los suyos.

En el cementerio, mientras bajaban el ataúd, observé a mi tío Ernest, acompañado de su mujer, la poco agraciada yanqui a quien había conocido en Suiza. El hombre estaba profundamente afectado. En cuanto a Arthur Wagstaff, el intolerable y pomposo marido de mi tía Matilde, que tanto me había hecho sufrir durante mi juventud, no parecía especialmente afectado. Mi madre no asistió, según su costumbre de no afrontar las situaciones emotivas. Mi hermano Bill daba la impresión de no saber qué pasaba, como si le hubiesen dado en la cabeza con un palo. Mis dos hermanas lloraban amargamente. Después toda la familia se reunió en nuestra casa. Yo me sentía bastante distanciado de ellos, con la excepción de Bill, y en el fondo sólo quería escaparme cuanto antes y volver a Madrid y a Alicia.

Me parecía evidente que la muerte de nuestro padre sería para mi hermano un alivio. Bill se llevaba bien con el tío Ernest —que, como él, había abandonado tiempo atrás las filas de Rearme Moral—, y juntos podrían dirigir la empresa con mayor soltura. Además Bill ya vivía más cómodamente su homosexualidad y tenía una pareja estable, aunque todavía no había dado el paso definitivo y montado con él su propia casa. Ello vendría después. Volví a España con la seguridad de que con la desaparición de nuestro padre la vida sería menos complicada para Bill. Me alegraba por él, ya que mi hermano era un tipo simpático y había tenido que sobrellevar, en mi ausencia, todo el peso de aquel matrimonio mal avenido. Respecto a mi madre, disfrutaba de una situación económica desahogada y ahora podría dedicarse a sus cosas sin estar todo el día criticando a su pareja. Quienes más iban a echar de menos a mi padre eran, sin lugar a dudas, mis hermanas, ninguna de las cuales se había casado todavía.

¿Había decidido C que quería morirse? ¿Se aprovechó su inconsciente del accidente de la astilla para provocar el infarto? Es posible, ya que, tres meses antes, no sólo había revisado su testamento sino destruido muchos papeles. No quedaba nada, ni una carta, ni un dietario, ni unas notas. *Tabula rasa*. Ello me indujo a creer que intuía su próximo fin.

Cuando se conoció el testamento de C resultó que a mí me había dejado un paquete de acciones nada desdeñable. Yo nunca había pensado en la posibilidad de heredar mucho, y desde luego tan temprano, dada la robusta salud de mi padre. Me enterneció el hecho de que hubiera invertido en la Bolsa pensando en mí, y por supuesto también, claro, en los otros miembros de la familia. Aquel legado me iba a resultar ahora providencial, casi tan providencial como la aparición de Alicia el 1 de mayo pasado en Vallecas, con los helicópteros atronando encima y, detrás de nosotros, la carga de los *grises* sin la cual ella no habría tropezado, ni yo la habría podido ayudar.

Durante los últimos meses me había sido imposible regresar a Ibricos, dada la intensidad con la cual vivía la marcha de los acontecimientos en Madrid. Hablé varias veces con el alcalde por teléfono. Siempre me decía lo mismo, que José Piñas seguía en las mismas, que no quería oír hablar de vender, que la Juana, que sus hijos... y que lo mejor sería buscar en otro sitio.

Alicia se desvivía por conocer el valle y el pueblo de los cuales no hacía más que cantarle las excelencias. Llegó la oportunidad a principios de septiembre cuando un día, inolvidable para mí, me llamó inesperadamente el alcalde. Me dijo que José había decidido, casi acabado el verano, que ya no aguantaba más aquella finca sin su mujer, y que había decidido finalmente venderla y largarse a Barcelona a vivir con sus hijos y nietos. El hombre le acababa de pedir que me pusiera al tanto. Según el alcalde, quería bastante más dinero de lo que valía realmente aquello, y me aconsejó que hablara con él cuanto antes.

Dos días después estábamos en Granada.

A Alicia le encantó Ibricos y su entorno, como no podía ser de otra manera.

Nada más ver a José comprendí que, efectivamente, me iba a sacar todo el dinero posible. Sabía que yo era escritor, me había visto en un programa de televisión, y había llegado a la conclusión de que lo que menos me faltaban eran pesetas. Cuando me dijo lo que quería casi tuve ganas de pegarle una bofetada. Pero no había manera de apearlo de allí. Insistió mucho en la amplitud del terreno, en que apenas había casas con jardín en el pueblo, en que la vista era muy «guapa»... total, que lo pedido o nada. Mientras me decía esto no dejaba de mirar a Alicia, para ver si la convencía. Le dije que era imposible, que no podíamos pagar tanto. No era verdad, dada la herencia de mi padre, pero en absoluto estaba dispuesto a que aquel hombre abusara de mí. Nos fuimos bastante cabreados. Dos semanas después me llamó José y me anunció que había consultado con sus hijos. No podía cambiar el precio, me volvió a insistir, pero me dejaría pagar en cinco plazos a lo largo de año y medio. Le contesté que ni así, y que si aparecía por allí algún potentado alemán en busca de casa, que se la vendiera a él. En fin, que no tenía los medios.

Entretanto seguía con mi libro. En octubre estuve en Barcelona para presenciar la vuelta de Tarradellas, genialmente orquestada por el Rey y Adolfo Suárez. Aquello fue apoteósico. Cuando apareció el «honorable» en el balcón de la Generalitat, en la plaza de Sant Jaume, y exclamó «¡Ja sóc aquí», hubo abundantes lágrimas.

Allí se palpaba la grandeza de Cataluña. No pude por menos de recordar la aparición de Franco en aquel otro balcón, madrileño, después de los fusilamientos de 1975. Qué contraste.

Fue una tragedia que el País Vasco no tuviera en aquellos momentos su Tarradellas. La violencia de ETA, que no acababa, amargaba cada día más la transición. ¡Pobre Euskadi!

A mediados de diciembre estaba husmeando otra vez por el valle, que ya consideraba «mío» aunque por el momento no conseguía lo que quería. Asistí a una comida ofrecida en Granada por la Diputación Provincial a unos deportistas extranjeros. Sentada a mi derecha estaba la persona que me había invitado al acto, funcionario de Deportes, que llevaba meses asegurándome, sin resultado alguno, que pronto me encontraría algo en Ibricos a un precio razonable. A mi izquierda, un culturista francés me explicaba cómo se mantenía en tan magnífica forma, las píldoras que tomaba, las cosas que no comía y su gancho con las mujeres, gracias a su estupenda musculatura. El tipo me pareció imbécil, narcisista, ridículo y patético, y yo no hacía más que preguntarme interiormente qué coño hacía yo allí, perdiendo mi tiempo.

Pero no fue una pérdida de tiempo, sino un revulsivo. Media hora después, en el hotel, decidí de repente que no había más remedio y que iba a darle a José Piñas lo que me pedía. No aguantaba más. Era una insensatez esperar. Había llegado el momento de la verdad. Ahora o nunca.

Cojo el teléfono y le llamo. ¿Ha vendido usted la casa? No, no la ha vendido. ¿Mantiene la oferta? Sí. ¿Puedo verle mañana? Por supuesto.

A las once estoy delante de su puerta.

Me abre risueño, acogedor, zalamero. El muy zorro sabe que va a salirse con la suya. Ya está contando su dinero. Lo primero que me dice es que tengo una novia muy guapa.

—Tiene usted una buena hembra —me asegura—, aspirando la hache.

—Tiene razón —le digo—. Bueno, ¿hablamos?

Nos acomodamos debajo del viejo olivo, cubierto de aceitunas negrísimas.

—Vamos a ver —le digo, tratando de darle la impresión de que controlo la situación—. Usted sabe que quiero comprar la casa y que lo que usted pide me parece demasiado. Usted piensa que soy un ricacho y no es así...

—Yo no sé si usted es un ricacho —me contesta—, pero esta finca vale *muncho* dinero y valdrá *muncho* más dentro de unos años. Yo no puedo venderla por menos. Ya le hice una oferta muy buena, usted me paga en cinco plazos y en paz.

—Bueno, José, si es así no hay más remedio. Veo que usted no va a bajar. Pues, ya está. Acepto. Tendré que hablar con mi abogado en Madrid. Habrá que preparar un papel. Luego, dentro de una semana, vendré con el primer pago y hacemos el trato. ¿De acuerdo?

—De acuerdo, hombre.

Y nos damos la mano.

Regresé justo después de Navidad. El coche que me habían reservado en el aeropuerto resultó esta vez rojo. Nunca he tenido un coche rojo. No me gustan, me parecen exhibicionistas y vulgares. Además, quienes los conducen suelen ser unos chulos de cuidado. En esta ocasión única, sin embargo, parecía buen augurio que me hubiera caído en suerte uno no sólo rojo sino rojísimo. ¿No iba a comprar mi soñada casa en el Sur? Presentarme en un coche rotundamente afirmativo y triunfal era justo lo que pedían las circunstancias.

Me corroía una duda. ¿Habría cambiado de parecer José, habría decidido que quería más dinero? ¿Se negaría en el último momento?

Cuando aparqué delante de la terraza de Los Geranios, en el pueblo colindante, donde habíamos acordado vernos, ya estaba instalado José en una mesa, acompañado de otro hombre.

—Pedro Gómez —me dice—. El testigo.

Me siento. Saco el papel que me ha preparado mi abogado y se lo entrego. Lo escudriña.

—Bien —me dice—. ¿Y ha traído usted el primer talón?

—Claro que sí, hombre. Por supuesto.

Lo saco y se lo muestro.

—Pues vamos a firmar —dice.

Estoy nerviosísimo y trato de no aparentarlo.

Firma primero José. Luego yo. Después Pedro, el testigo.

—Aquí tiene el talón —le digo— y se lo entrego.

Y nos damos la mano los tres. ¡La casa es mía!

El dueño nos trae una jarra de vino mosto del lugar y brindamos.

¡Mañana inolvidable! Desde el instante en que firmé aquel papel me invadió un inmenso alivio. ¡Era como renacer! ¡Qué regalo de Navidad me había hecho! No me cabía la menor duda de que el sitio era el idóneo, ni de que vivir en contacto con aquel paisaje, aunque sólo fuera durante unos meses al año, me ayudaría a sentirme más tranquilo y a crear obra —así lo esperaba— de calidad.

José Piñas no quería creer que, pese a haber cobrado la entrada, su casa no seguía siendo suya. De algún resquicio de su mente había sacado la idea de que iba a poder continuar ocupándola hasta no recibir la cantidad total de la venta, dieciocho meses más tarde. Tuve que quitarle la venda de los ojos, añadiendo que, si quería, se lo explicaría mi notario en Madrid. A la mención de un notario se asustó. No, no, está bien, dijo. Lo siguiente fue convencerle de que tenía la obligación de llevarse de allí, cuanto antes, todas sus cosas.

Cuando volví a mediados de enero la casa estaba vacía, no quedaba nada, y a José no se le veía el pelo. Contemplé la escena con una mezcla de desánimo —no había ni una cama, ni una silla, ni una lámpara— y de euforia. Por fin tenía mi casa andaluza pero quedaba por delante bastante trabajo para hacerla habitable.

Me habían recomendado un excelente albañil, de nombre Higinio García. Fui a verle. Me pareció agradable e inteligente. Tenía unos treinta años y una cara tan oscura que en el pueblo le llamaban el Moro. Vimos juntos la casa y se comprometió a un presupuesto para llevar a cabo las pequeñas obras imprescindibles, sobre todo remodelar el baño —¡todavía abierto al cielo!— y la cocina.

Lo que yo quería era poder pasar un mes o dos en Ibricos aquel verano con Alicia, trabajando firme en mi libro y poniendo en marcha el jardín interior que me había imaginado la primera vez que viera la finca. Higinio, que como todo el pueblo sabía lo que había pagado por ésta y le parecía una barbaridad, me prometió que no habría problemas y que para mayo o junio estaría todo hecho.

Hacía un tiempo delicioso. La mimosa del patio, cargada de flores amarillas, vibraba con el zumbido de miles de abejas. Los almendros que poblaban las laderas del valle empezaban a florecer, y cantaban serines y carboneros comunes en el viejo olivo, animados por el hálito casi primaveral que respiraba el ambiente, aunque pronto vendrían fríos y vientos.

Había traído desde Madrid un colchón inflable y unas mantas, y pasé dos noches tumbado en el suelo de la cocina. Por la mañana desayunaba en el bar del pueblo. Estaba en la gloria.

Pedro Gómez, el testigo del contrato, me explicó que José, nada más vaciar la casa, se había ido a Barcelona, encargándole a él de cuidarme el jardín. ¿Estaba yo de acuerdo? Añadió que en febrero, con la luna menguante, habría que podar el pequeño viñedo abandonado que había detrás de la casa, porque, si no, no produciría uvas.

Yo no me había fijado en que detrás de la casa había una viña, prácticamente cubierta de malas hierbas. Subí casi corriendo a verla.

Pese a morirse sin probar una gota de alcohol, mi padre amaba la vid por su simbología bíblica, y me había dicho muchas veces, cuando yo era niño, que le gustaría tener unas cepas a orillas del Mediterráneo, por el simple placer de cuidarlas. No había podido cumplir su deseo. Ahora voy a hacerlo por ti, pensé. Además es lo menos que puedo hacer ya que la herencia que me dejaste me va a ayudar a pagar la casa.

Pedro me aseguró que con las treinta cepas que allí había podríamos hacer un buen mosto. Le dije, entusiasmado, que me las podara con la luna de febrero en su justo punto.

A Pedro apenas le entendía nada. Podría haber estado hablando árabe. «Aquí en verano hay *muncho zo*», me dijo mientras veíamos el viñedo. Yo creía que a lo mejor se trataba de algo que atacaba la uva; o de algún animal o pájaro que sólo visitaba la comarca en ciertas épocas, tal vez por la noche, como los jabalíes. ¿Una especie de pequeño zorro, tal vez? Luego resultó que el «zo» era el sol. Así de sencillo. También me dijo algo de la «paé». ¿La paé? No me sonaba. «¿Usted no sabe lo que e una paé? —me preguntó—, atónito. ¡Si to er mundo sabe lo que e una paé!» La paé era la pared, claro está. Confié en que, con el tiempo, llegaría a entenderle un poco mejor. Me costaría más trabajo de lo que pensaba.

Aquel enero de 1978, coincidiendo con mi adquisición de la casa de Ibricos, se publicó el primer borrador de la Constitución, al que luego seguirían miles de enmiendas. Mi impresión era que la Carta Magna que se preparaba resultaría un texto, por magnánimo que fuera, con más concesiones a la derecha que a la izquierda. ¿Cómo podía ser de otra manera? A diferencia de lo ocurrido con los regímenes de Hitler y Mussolini, en España no se iba a pedir cuentas a los que, después de levantarse en 1936 contra la legalidad republicana, bañaran de sangre el país y luego instauraran una brutal dictadura. La gran mayoría de los cómplices del régimen franquista no sufrirían represalia alguna con el cambio del sistema, excepción hecha —eso sí— de tener que pagar por fin algunos impuestos. Se iba a correr una cortina de silencio sobre los abusos de cuarenta años.

Durante aquellos años el régimen había tenido tiempo de sobra para imponer su propia historiografía de la guerra, impidiendo la publicación de textos discrepantes y, por supuesto, la distribución de libros editados en el exterior que diesen una visión distinta de los hechos. Desde la muerte del dictador habíamos visto un alud de libros sobre la Segunda República y la guerra, cierto. Pero ¿se iba a revisar suficientemente a fondo, en consecuencia, la asignatura de historia contemporánea española en las escuelas? Lo dudaba.

«Quemar etapas»: la frase estaba muy de moda, así como la palabra «recuperación». Pero ¿cómo se podía recuperar lo perdido para siempre con la guerra y con el exilio, externo e interno? Si el pueblo español quería perdonar a Franco y a los que durante décadas le apoyaran, bien. Pero ¿y las derechas? A mi juicio no se reconciliarían jamás con los vencidos, no admitirían jamás que los militares sublevados no hubiesen tenido motivos más que sobrados para levantarse. ¿Cómo pedir que, acostumbradas desde siempre a mandar, sintiesen ahora un sincero anhelo de reconciliarse con sus adversarios? ¿Cómo compaginar los puntos de vista de un Fraga Iribarne, por ejemplo, con los del PSOE? ¿Era posible creer que Fraga, cuyas actuaciones bajo el franquismo no olvidaba nadie —sobre todo sus actuaciones contra los periodistas—, se hubiera convertido súbitamente en paladín de la democracia? Me parecía difícil por no decir imposible. ¿O me equivocaba?

Creo que el tiempo demostraría que tenía entonces en parte razón. Cuando, después de trece años en el poder del PSOE, el Partido Popular ganó las elecciones en 1995, se negaría repetidamente a condenar en las Cortes la acción de los generales sublevados y el régimen que sobrevino después. Por un lado porque de aquel régimen procedían muchos de ellos; y por otro para no alejar las simpatías de sus electores.

Tengo delante un recorte de *El País* correspondiente al 7 de noviembre del año 2000. Se trata de una carta al director:

> Las víctimas del franquismo supieron ser generosas y frenar sus demandas en la transición para permitir la buena marcha del proceso político hacia la democracia. Pero cuando van a cumplirse 25 años de la muerte de Franco, los restos de miles de españoles que lucharon por la democracia siguen abandonados en cunetas y montes...

El autor de la carta acababa de contemplar, bajando por la noche a Madrid desde Navacerrada, la cruz del Valle de los Caídos totalmente iluminada, como si se tratara de un monumento histórico cualquiera y no del símbolo más llamativo del régimen de Franco.

El espectáculo le había parecido, con razón, bochornoso.

Ante las dudas que yo le exponía, Patrick Bourke opinaba que, con todas las reservas que se quisieran hacer sobre la Constitución, la transacción y la sensatez iban a ganar la partida. ¿No me había fijado, me dijo una noche, mientras charlábamos en el bar del Palace, en que la palabra inglesa *compromise* (transacción, consenso) invadía cada día más el significado de la voz española *compromiso*? Era cierto. A Patrick, como a mí, le habían impresionado los llamados Pactos de la Moncloa, firmados en octubre de 1977 entre el gobierno y los principales partidos de la oposición. Allí sí habían prevalecido el consenso, la transacción, el toma y daca. ¿Anticonceptivos, divorcio, derecho a la huelga? Pues sí, a cambio de congelación salarial, restricción crediticia, aumento de impuestos... Después de las miserias de cuarenta años parecía asombroso que los políticos de un signo y otro pudiesen por fin estar hablando entre sí, buscando soluciones de compromiso. Pero era una realidad.

Si Bourke estaba seguro de que la transición iba a salir adelante, era, sobre todo, por la cuestión económica. Como embajador estaba en contacto no sólo con muchos políticos del momento sino con numerosos empresarios, y el mensaje que recibía de éstos era que, con tal de que no les tocasen demasiado en lo fundamental, es decir en sus beneficios, todo iría bien. Los empresarios, además, querían que España fuera miembro cuanto antes de la Comunidad Económica Europea y sabían, como todo el mundo, que no sería posible hasta que el país no tuviera plena democracia.

En cuanto a los militares, mi amigo estaba convencido de que España entraría rápidamente en la OTAN. Sería la manera más eficaz de poner a los altos mandos en contacto con la modernidad, darles algo que hacer y frenar sus instintos golpistas. Con España en la OTAN sería prácticamente imposible, a su juicio, el éxito de una intentona.

Era difícil estar en desacuerdo con la lógica de tales razonamientos.

Como buen irlandés que era, Bourke seguía muy de cerca la política de la Iglesia católica española ante los cambios que sobrevenían, y logró entablar una relación cordial con el cardenal Tarancón, arzobispo de Madrid, presidente de la Conferencia

Episcopal y uno de los hombres clave de la transición. Consiguió que yo pudiera estar presente, como corresponsal de prensa (seguía haciendo artículos sobre la actualidad española para *The Daily News*) en una de sus entrevistas con el cardenal. Tarancón era una figura imponente, incluso físicamente. Cordial, sagaz, muy seguro de sí mismo —o por lo menos así parecía—, con sentido del humor, admiraba profundamente a Pablo VI y, ya antes de la muerte de Franco, opinaba con el Papa, que el Vaticano debía ir distanciándose del régimen español, cada vez más desacreditado y obsoleto. Incluso había llegado a decir públicamente que «con gobiernos menos católicos la Iglesia vive mejor», o algo por el estilo. Tarancón estaba convencido de que la separación Iglesia-Estado era inevitable y necesaria en la nueva España. La ultraderecha le odiaba, le consideraban un traidor, y por todo Madrid había pintadas que gritaban «¡Tarancón al paredón!» y «¡Tarancón cabrón!»

No me parecía fácil que la Iglesia encajara del todo su separación del Estado después de haber disfrutado durante tantos años del trato especial acordado por el franquismo. ¿Cómo se podía esperar de los obispos un repentino viraje hacia actitudes democráticas? Con el tiempo, además, se sabría hasta qué punto Adolfo Suárez les caía mal.

Entretanto seguían matando los asesinos de ETA, cuyos atentados horrorizaban al país y daban argumentos a los violentos del otro lado y a los militares opuestos a la transición. Y eso cuando España renunciaba a la pena de muerte, y los reyes acababan de homenajear en Mauthausen a los republicanos españoles martirizados por los nazis. Era evidente que teníamos a los fanáticos de ETA para rato.

A lo largo de esos meses había bajado unos fines de semana a Ibricos para comprobar la marcha de las obras encargadas a Higinio. Para principios de junio estaban terminadas. Poco después alquilé una camioneta y llevé al pueblo unas camas y cuatro o cinco muebles imprescindibles. Luego, a mediados de julio, Alicia y yo llegamos a Ibricos para pasar nuestro primer mes en la casa.

Mes inolvidable. Urgía pasar a limpio el borrador del libro, dejando para el otoño el último capítulo, así que me levantaba cada día a las seis de la mañana para enfrascarme en mi tarea, saliendo primero, con una taza de café humeante en la mano, al jardín, donde escuchaba la alborada de los pájaros y, sentado bajo el viejo olivo, seguía meditando sobre el trazado del huerto que íbamos a crear allí. Luego volvía a mi libro. Y así durante cinco o seis horas cada día. Me costaba trabajo estar dentro, y necesitaba toda mi voluntad, y las amonestaciones de Alicia, para concentrarme en mi faena. Un día subimos a Yegen para visitar la casa donde había vivido Gerald Brenan. La carretera era todavía malísima y nos costó un esfuerzo considerable llegar al pueblo en mi ya viejo Peugeot. Pero llegamos. Mientras mirábamos con emoción el exterior del edificio, salió una vecina y empezó a quejarse de algunas cosas que dice Brenan en *Al sur de Granada*, según ella muy exageradas. Luego añadió: «Claro, ya sabemos que la gracia del cuento está en el aumento». Nos reímos a carcajadas. Ni Alicia ni yo conocíamos el dicho. Yo me ratifiqué, aquel día, en que prefería nuestro valle a las Alpujarras, tan aisladas. Además tantas curvas me mareaban.

Era imposible conseguir *El País* en Ibricos y los pueblos colindantes. Había que ir a Granada, y así lo hacíamos cada dos o tres días, aprovechando para explorar la ciudad.

Allí volví a ver a Herman Cohen, que una vez más había llegado a la ciudad con un grupo de alumnos norteamericanos. Obsesionado más que nunca con sus criptojudíos y sus conversos, a Herman no parecía interesarle la situación política actual de España: no estaba al tanto de nada, y, si le sonaba poco el nombre de Adolfo Suárez, el de Felipe González le era absolutamente desconocido. Recuerdo que me interrumpió, cuando trataba de decirle algo acerca de los debates sobre la Constitución, con la pregunta: «¿Sabes por qué a los españoles les gusta tanto el jamón?» Le contesté que a mí también me gustaba mucho. No me hizo caso. «Para demostrar que no son judíos», sentenció. Cada loco con su tema. Más triste, más viejo, menos divertido y un poco de vuelta de todo, ¿le había sobrevalorado en nuestro primer encuentro? ¿O es que yo ya sabía más que antes? Las dos cosas, probablemente. Un día nos visitó en Ibricos y, cuando le expliqué que íbamos a crear allí un «huerto cerrado» bíblico-islámico, se entusiasmó. Al poco tiempo volvió con un generoso regalo: una lila, un macasar y un granado. Puesto que ya habíamos marcado con pequeños ladrillos árabes el trazado de la vereda serpenteante que iba a conducir a la tapia al final del jardín, aún sin levantar, los plantamos enseguida. Nuestro huerto secreto estaba en marcha.

Pedro Gómez, que ya se había convertido en mi brazo derecho, estaba muy contento con sus trabajos en el viñedo. Había numerosos racimos y nos aseguraba que aquel otoño podríamos hacer mosto. Para finales del mes ya entendía mejor lo que me decía. A veces le acompañaba al bar del pueblo. Allí, con la gente hablando alto y la tele puesta, nunca llegaría a captar más de la mitad de lo que se me decía. Ello me hizo reflexionar sobre las muchas conversaciones recogidas por los viajeros británicos que recorrieron España a lo largo del siglo XIX. Caí en que aquellas charlas eran en su mayor parte invenciones, pues los viajeros sólo conocían los rudimentos del idioma y habrían sido incapaces de entender lo que les decía la gente, muchas veces en un castellano fonéticamente distorsionado, además de hablado deprisa. ¿Cómo iban a poder tener una conversación pormenorizada con los indígenas? Imposible. El caso de un lingüista genial como George Borrow era sin duda una rarísima excepción a la regla, aunque dudo que ni él hubiera conseguido descifrar el habla de Pedro. Me preguntaba cómo había sido yo tan ingenuo.

Antes de volver a Madrid a principios de septiembre, proyectamos con Higinio una pequeña extensión al lado de la casa que nos permitiera tener un cuarto de baño en la primera planta, al lado de los dormitorios, y, encima de este, una azotea. Se trataba de una obra muy sencilla que mejoraría mucho la vivienda. También le encargamos que levantara la tapia para cerrar nuestro huerto. Nos prometió que todo estaría listo para Navidad.

Había empezado la cuenta atrás de la Constitución.

Lo más destacable de aquellos meses era, por un lado, el temor a que pudiera producirse una intentona antes del referéndum, y, por otro, el malestar general que creaban el abstencionismo del PNV y la violencia de ETA. La abortada Operación Galaxia demostró que los golpistas no dejaban de trabajar en la sombra para «salvar» la patria, y ello en vísperas de la simbólica fecha del 20 de noviembre.

No pude resistir la tentación de hacer un viaje relámpago a Ibricos para comprobar la marcha de la extensión de la casa. Todo iba a buen ritmo e Higinio ya levantaba los muros de la azotea. Llovía, hacía frío, el Caballo estaba cubierto de nieve y por la mañana subían nubes bajas y afiladas desde el mar y se metían como cuñas de ectoplasma entre los pinos que revestían las faldas de la sierra. En el pueblo de al lado repicaban las campanas, pero como ensordecidas, recordándome *La Cathédrale Engloutie* de Debussy. El verde subido de las naranjas empezaba a desviarse, y el más claro de las pequeñas aceitunas ya iba siendo invadido por manchas amoratadas. Cantaban petirrojos entre el ramaje, recién llegados del norte. En otoño el valle me parecía casi más bello que en verano.

Con la Carta Magna refrendada mayoritariamente por los españoles el 6 de diciembre —pese a una considerable abstención, y no sólo por parte del PNV—, la solemne promulgación de la misma el día 27 y el consiguiente apoyo internacional, los golpistas iban a tenerlo mucho más difícil en adelante. Tres años después de la muerte de Franco, España ya tenía una magnífica Constitución consensuada, aunque algo escorada a la derecha. Quedaba consagrada la separación de Iglesia y Estado y abolida la pena de muerte (excepto en el ejército en tiempos de guerra); se daba paso libre a las autonomías; se garantizaban los derechos de todos los españoles... Parecía de verdad milagroso.

Mientras terminaba a marchas forzadas el último capítulo de mi libro, era muy consciente de que había sido un enorme privilegio vivir día a día los acontecimientos de aquellos tres años. En España nada podía ser ya nunca lo mismo, pasara lo que pasase más adelante. Quedaba muchísimo por hacer, por supuesto, entre otras cosas, seguramente la más importante, la entrada en la Comunidad Económica Europea. Mientras celebrábamos la proclamación de la Constitución, decidí que mi libro podría tener una segunda parte y determiné hablar de ello con George Edwards, mi editor, que había prometido pasar la Nochevieja con nosotros en Ibricos camino de Tánger, donde tenía una cita con Paul Bowles.

Llegamos un día antes que George. Hacía un tiempo espléndido y nuestro incipiente «huerto cerrado», cuidado con esmero por Pedro, nos pareció bellísimo: el macasar que nos había regalado Herman Cohen estaba en flor (por algo este hermoso arbusto se llama *Chimonanthus praecox*), y sus pequeños pétalos amarillentos y cerosos emitían un olor balsámico y sensual. Los naranjos y el limonero estaban repletos de fruta y, pese a sus muchos siglos, el viejo olivo ostentaba una abundante cosecha de aceitunas negrísimas. Lo mejor de todo era que Higinio, fiel otra vez a su palabra, había terminado la pequeña extensión acordada el pasado verano. Subimos con emoción a la azotea, comprobando que desde ella se veía todo el magnífico panorama del valle, con la sierra al fondo. La bauticé en el acto La Torre.

A George le entusiasmaron la casa, el pueblo y el valle.

El último día del año subimos con él a Sierra Nevada y desde lo alto del picacho de la Veleta tuvimos la suerte de ver las costas de África, normalmente veladas en esta época por nubes o neblinas. Nos quedamos los tres impresionados ante la grandiosidad del espectáculo. Luego volvimos a Granada y, después de almorzar en el Parador de San Francisco, con sus excepcionales vistas del Generalife y del Albaicín, visitamos los palacios nazaríes. Para George fue, otra vez, el deslumbramiento.

A la mañana siguiente, para celebrar el año nuevo, bajamos a la playa. Seguía el buen tiempo, con cielo despejado y una temperatura casi de verano. Las naranjas relumbraban, y habían brotado las primeras flores de los almendros. Ya cerca de la costa, el Guadalfeo rebosaba agua —había llovido mucho durante las semanas anteriores—, y en los caballones abiertos en las hazas que se extendían a lo largo de la ribera izquierda del río apuntaban hileras de lechugas. Cruzó la carretera una bandada de garcillas blancas. Un poco más abajo, a ambos lados de la carretera, había bosques de chirimoyos y de aguacates. George lo miraba · todo, profundamente impresionado.

Almorzamos en «El Chanquete», chiringuito pintoresco situado a orillas del mar. George apenas podía creer que existiera en el punto casi más sureño de Europa una comarca donde por la mañana se podía esquiar en altísimas montañas y por la tarde sentarse al lado del Mediterráneo.

A media comida George se sumió de repente en una de aquellas extrañas ensoñaciones suyas, conocidas de todos sus amigos, durante las cuales parecía ausentarse psíquicamente de su entorno para luego «regresar», como si no hubiera ocurrido nada, reanudando la conversación allí donde la había dejado minutos atrás. Cuando volvió en sí anunció, dirigiéndose a mí:

—Acabo de imaginar tu próximo libro. Puede ser un auténtico bombazo. Se titula... ¡*Un año en Andalucía*!

Ante mi extrañeza siguió:

—Pero ¿no lo estás viendo? Un año en Andalucía, un dietario, mes por mes, de los acontecimientos del pueblo, de las fiestas, de las efemérides, de las bodas, de la creación de vuestro jardín interior... Los ingleses ya no aguantan más el pésimo clima que les ha tocado en suerte, en mala suerte. Todo el mundo quisiera tener una casa en el sur, con limoneros y jazmín y cielo azul. Tú lo has conseguido. La gente suele pensar primero en La Provenza. Pero ya hay muchos libros sobre Provenza. Andalucía es diferente, con paisajes mucho más llamativos. Está casi en África, ayer lo comprobamos, tiene una fascinante mezcla de Oriente y Occidente, gente muy acogedora, sol fuerte garantizado, vino, toros... Haces el libro que te digo y te forras. O sea, ¡nos forramos!

Pedimos otra botella de Rueda y seguimos hablando. A cada minuto que pasaba estaba yo más convencido de que George tenía razón y de que no sería difícil escribir un libro hecho a medida para las víctimas del clima más deprimente de Europa.

—Todo esto lo planearemos cuidadosamente —continuó George, dejando claro que iba a ser un esfuerzo de equipo—. Lo haremos mes por mes, como ya he dicho. No tiene por qué ceñirse a la estricta realidad. Sobre la base del calendario real y de personajes reales podrás ir inventando e hilvanando lo que te dé la gana. ¡Ojo! Nada de explicar detalladamente la historia de la comarca, nada de largas explicaciones socioculturales. Sólo unos apuntes, ¿sabes?, metidos casi entre líneas. Los pájaros y las flores y las frutas de tu jardín, las reuniones que organizas allí, las gentes que vienen a veros, visitas como hoy a la playa en pleno invierno, cuando apenas hay turistas, o a Sevilla y Córdoba, alguna excursión allí arriba, por Sierra Nevada, alguna fiesta flamenca en el Sacromonte, o en Marbella, ¡ah!, unas alusiones a Lorca... esto es lo que hay que relatar. ¡Si lo podría escribir yo!

George se sumió luego en otra ensoñación. Cuando salió de su ensimismamiento esta vez lo tenía aún más claro:

—No basta con que seas un escritor inglés en Andalucía —sentenció—. Ya está allí el libro de Brenan. Tú tienes que ser diferente, necesitas una actividad relacionada con la horticultura, por ejemplo, algo un poco exótico. Criar naranjas o limones u olivos o...

—¡Aguacates! —exclamé, contagiado por su entusiasmo y sorprendido yo mismo con la corazonada. ¡Aguacates!

—¿Cómo, aguacates? ¿Hay por aquí aguacates?

—Sí, hombre, sí, los vimos al lado de la carretera, ¿no te diste cuenta? Hay cada vez más, se cultivan estupendamente. ¡Higinio, mi albañil, tiene una finca con más de cien!

—Aguacates —musitó George— aguacates. ¡Sí, sí, aguacates! ¡Ya está! Están muy de moda en Inglaterra. No se concibe un cóctel de gambas sin aguacate. ¡Vas a ser cultivador de aguacates! ¡Ya está! Naturalmente no lo tendrás que hacer en realidad. Te informas, estudias el tema con tu albañil —la polinización y estas cosas— y vas contando cómo se crían, cuáles son las dificultades para su cultivo, los instrumentos que se utilizan para la poda... pero, ¡ojo!, todo entremezclado con conversaciones, copas de vino y anécdotas. ¡Un huerto de aguacates en el sur de Europa, con la nieve de la sierra y la Alhambra al fondo! ¡Genial!

Parece increíble ahora, pero fue exactamente así como nació *Un año en Andalucía*.

Decidimos que el libro debía salir en diciembre del año que empezaba. El próximo invierno, a no ser que se produjera un inesperado cambio climático, y soñando con sus vacaciones de verano, con la alegría de volver a ver el sol en algún lugar del sur de Europa. *Un año en Andalucía* sería el perfecto regalo de Navidad.

Ello significaba que el manuscrito tendría que estar listo para principios de septiembre, como muy tarde. Puesto que debía cubrir un año entero, de enero a enero, haría falta trucar un poco los últimos cuatro meses del mismo, utilizando mis impresiones de visitas anteriores, consultando con los vecinos e inventando lo necesario. A George no le parecía deshonesto tal proceder, con tal de que el libro fuera auténtico en lo fundamental.

En cuanto al tamaño del mismo, propuso un máximo de 60.000 palabras.

—Ni una palabra más —insistió—. Tiene que ser un libro asequible, fácil de leer, breve. Además llevará dibujos muy bonitos. Yo me encargaré de encontrar al artista idóneo.

El único inconveniente era que tendría que instalarme casi inmediatamente en Ibricos. ¡Y Alicia no podría reunirse conmigo hasta el fin de curso! Pero habría varios puentes, las vacaciones de primavera, y nada nos impedía vernos algún que otro fin de semana. La posibilidad de ganar dinero con el libro era tentadora y Alicia me apoyó desde el primer momento, aunque ni a mí ni a ella nos gustaba nada la idea de tener que separarnos, aunque fuera provisionalmente.

Cuando George se fue a Tánger unos días después, con el último capítulo de *El milagro español. De la dictadura de Franco a la democracia* bajo el brazo, mi próximo proyecto literario estaba decidido. El número de palabras no era nada exigente, tenía ocho meses de dedicación plena para escribirlo y habíamos acordado un anticipo aceptable que me permitiera trabajar sin preocupaciones económicas.

Recordé en aquellos momentos las palabras puestas por Shakespeare en boca de Julio César: «Hay un fluir en los asuntos de los hombres que, aprovechado en época de marea alta, puede conducir a la fortuna». Sí, había llegado el momento de ir a por todas. Mi libro sobre la transición saldría en abril. Con un poco de suerte tendría un éxito de crítica, pero más no se podía esperar. Yo necesitaba ahora un proyecto económicamente válido. Ya lo tenía. Me sentía como el asno con la clásica zanahoria. No había tiempo que perder. Dos semanas después volví desde Madrid con mi máquina de escribir, varios paquetes de folios blancos, tres cajas de libros y una maleta llena de ropa. Pero sin Alicia.

Un año en Andalucía

Al establecerme en Ibricos, a mediados de aquel enero de 1979, ya había elaborado un riguroso plan de trabajo. Llevaría a rajatabla un dietario de mi vida en el pueblo —conversaciones, paseos, descubrimientos, lecturas, observaciones ornitológicas y botánicas, etc.— para tener una base sólida sobre la cual erigir los capítulos correspondientes de *Un año en Andalucía*. Al mismo tiempo, como el libro iba a cubrir un año entero y había acordado con George que se lo entregaría a finales de agosto, me pondría al corriente por Pedro, Higinio y otros vecinos de cómo se desenvolvía la vida local entre septiembre y diciembre, añadiendo detalles personales de mis esporádicas visitas anteriores a la compra de la casa. Quedaba claro que el libro no iba a ser una mera reproducción del dietario, sino una mezcla de experiencias realmente vividas y de otras inventadas. Y todo ello pensando en los desafortunados ingleses, tan necesitados de sol y de sur y, por ende, potenciales lectores y lectoras míos.

No tardé en echar mucho de menos a Alicia. El magnífico tiempo de finales de diciembre había dado paso a unas lluvias torrenciales, que duraron diez días, y desde mi improvisada mesa de trabajo en la cocina —una tabla de aglomerado colocada sobre dos caballetes—, contemplaba deprimido el jardín convertido en barrizal. La sierra estaba envuelta en densas nubes, la mimosa chorreaba agua, y me preguntaba, alicaído, qué coño hacía allí solo. Por suerte funcionaba muy bien la chimenea —Pedro se había encargado de conseguirme un buen surtido de leña de olivo) y podía hablar con Alicia por la noche desde la cabina pública del pueblo; más tarde me instalarían mi propio teléfono. Decidí que, para compensar la ausencia real y efectiva de mi pareja, no faltaría a mi lado en *Un año en Andalucía.*

Un día hacia finales del mes amaneció de repente despejado. Salté de la cama y subí casi corriendo los quince peldaños que conducían a la torre. Desde el fondo del valle se elevaban los cantos de millones de grillos, aliviados sin duda al poder salir por fin de sus agujeros después del diluvio. Completamente cubierto de nieve, el Caballo, invisible durante casi dos semanas, se erigía fantasmal hacia el cielo que, al salir el sol, fue recobrando su límpido azul habitual.

Salí al jardín. Cubría el suelo una tupida alfombra de aceitunas, desprendidas por la embestida de la lluvia, y las flores del macasar, la mayoría ya casi marchitas, emitían unos últimos vahos de aroma bíblico. Numerosos pájaros se movían excitados entre las ramas de los árboles, y una pareja de serines ensayaba un alocado vuelo nupcial alrededor del viejo olivo. Recobré enseguida mi optimismo.

Aquel día tuve una idea que resultó muy acertada. Se me ocurrió preguntarle a Dolores, la mujer de Pedro, si estaría dispuesta a subir a casa unas horas cada día para prepararme la comida y ocuparse un poco de los demás quehaceres domésticos. Alicia y yo habíamos hablado varias veces con ella durante el verano y nos había parecido una persona excelente, muy sensata y práctica. Se lo propuse, pues, ofreciéndole una retribución en condiciones. Aceptó encantada. Dolores era una mujer de campo sana y fuerte, de risa pronta y palabra fácil. Estaba al tanto de todo lo que ocurría en el pueblo y disfrutaba con el chismorreo. Tendría cuarenta años, más o menos, había trabajado unas temporadas en Francia —como Pedro—, y cogió las riendas de la casa con tanta pericia como su marido las del jardín.

Dolores podría haber sido una criada de García Lorca, por su vitalidad, su alegría y la cultura popular que le bullía en la sangre. De las virtudes curativas de las plantas sabía mucho (manzanilla para los orzuelos y otras infecciones de los ojos, abrótano macho para la calvicie, anís «estrellao» para el estómago...), y tenía la cabeza tan llena de refranes, aptos para cualquier circunstancia, como el mismísimo Sancho Panza. Para ella no era cuestión de «recordar» refranes o versos: formaban parte de su mismo ser.

Una mañana, nada más llegar a Ibricos aquel enero, había preguntado a una vecina si a veces caía escarcha en el pueblo: «¡Ya viene la Candelaria!», había contestado. ¿La Candelaria? Alguien nos interrumpió en aquel momento y no pude pedirle que me aclarara la significación de lo que me acababa de decir. Ahora se lo pregunté a Dolores. Por toda respuesta empezó a recitar:

> *Ya vienen la Candelaria,*
> *San Cecilio y San Blas,*
> *Ya vienen estos tres días*
> *para cantar y bailar.*
> *El que tenga amores nuevos,*
> *¡qué contentito estará!*

Luego me explica que el día de San Cecilio, el patrono de Granada, se celebra el 1 de febrero, el de la Candelaria —que resulta ser la Purificación de la Virgen— el 2, y el de San Blas el 3. Tres días seguidos de fiestas, pues, lo cual, antiguamente, era motivo de mucha alegría en los pueblos. Tres días por más señas —y ahí estaba la cuestión— en que solía hacer mucho frío y a veces escarchaba. «Por ello se decía —remacha Dolores—, ‹la Candelaria se lleva la flor de la almendra›».

Y era verdad, porque hacía algunos días una escarcha había hecho mucho daño a las «allozas» —la palabra, de origen árabe, que utilizaban, en vez de «almendrujos», los vecinos de Ibricos—, dándole la razón a mi vecina.

Dolores era en verdad un compendio de sabiduría popular, el folklore andaluz hecho carne. Además le hacía mucha gracia que yo le preguntara cosas, cosas que a ella le parecían obvias pero a mí no. Cuando yo volvía sobre algo que me había dicho, siempre recordaba algún detalle más. Hablando en otra ocasión de la Candelaria, por ejemplo, me dijo que los gitanos decían antaño:

> ¡Ay la Candelaria, santo fulero,
> ¿ande están aquel Pedrico y aquel San Juanico?

Ante mi extrañeza, Dolores me explicó que los gitanos, que antes dormían en cuevas y pasaban mucho frío, no hacían más que pensar en las fiestas de San Juan y San Pedro, celebradas en junio cuando ya hacía calor.

«Es que no te puedes fiar de febrero —siguió Dolores—. ¿No sabe usted lo que dice el refrán? Pues dice:

> Febrerillo loco
> que sacó a su padre al sol
> y lo apedreó.»

«¿Y marzo?», le pregunté. No dudó un momento:

> Marzo ventoso
> abril lluvioso
> sacan a mayo
> florido y hermoso.

Pude transmitir algo de la gracia de Dolores, de su ángel popular, en *Un año en Andalucía*, pero sólo algo porque, traducidos al inglés, aquellos dichos y refranes perdían casi toda su frescura.

Me pasó lo mismo con los versos de su primo, Maximiliano Jiménez. Maxi, como le conocía todo el mundo en el pueblo, había empezado como adolescente a componer romances de tema cinegético —la caza era su pasión—, y ahora que habían pasado a mejor vida aquellos tiempos heroicos, le encantaba recitar sus poemas, algunos de los cuales eran larguísimos. Maxi, según él mismo gustaba de confesar, había sido uno de los furtivos más hábiles de la comarca, con la Benemérita siempre pisándole los talones. Sus anécdotas eran muy divertidas.

El hombre había leído muy poca poesía —todo le venía de la tradición oral, como a Dolores—, y la verdad es que a veces era difícil mantener la compostura cuando recitaba, porque algunas de sus expansiones líricas eran para morirse de risa. Integraba cada composición una secuencia de coplas más o menos octosilábicas. Como los siguientes —las dos primeras fueron compuestas, me explicó, durante una infeliz estancia en la Villa y Corte:

Me gustaría tener tiempo
para cazar y escribir
pero la cosa no es fácil
cuando vives en Madrid.

Te levantas con los nervios
por la mañana temprano
y cuando llega la noche
la gente está más liada
que la pata de un romano.

Al final llegó Manolo
y nos pusimos en marcha.
Javi va con el Land Rover
y de ayudante una muchacha.

Abandona el jabalí
y se lanza esmancipao
dándole la vuelta al pueblo
otra vez por el cercao.

Maxi era un tipo estupendo, y muy ocurrente. Iba a pasar muchas horas a su lado, a veces andando por el campo, y sería uno de los personajes más populares de *Un año en Andalucía*.

Con la luna menguante de febrero Pedro volvió a podar el viñedo. El año anterior no habíamos podido hacer vino, dada la premura de mi trabajo en Madrid, pero era evidente que para el libro habría que inventar una cosecha. Por ello empecé a enterarme de todo lo relacionado con la elaboración del mosto, preguntando al respecto no sólo a Pedro sino a otros vecinos de Ibricos y de los pueblos colindantes, probando sus caldos e incorporando mis descubrimientos a los capítulos del libro correspondientes al otoño. Adelanto que mi descripción de cómo logramos producir ochenta litros de mosto, imprimiendo para las botellas, en honor a mi padre, unas etiquetas con el lema «Cortijo de San Cirilo, Ibricos», gustó enormemente a mis lectores. Estoy seguro, por más señas, que a C le habría divertido que su nombre figurara sobre unas botellas de vino, en absoluto tan inocuo como aquel que, según él, se elaboraba en Palestina cuando andaba por allí Jesucristo.

La casa estaba orientada hacia el norte. Por ello Higinio había abierto algunas ventanas traseras nuevas para que entrara más luz. Se trataba de las típicas ventanas del lugar, hechas de madera de pino, con contraventanas para reducir el fuerte impacto del sol de verano. Quedaron preciosas. Los carpinteros nos habían preguntado si, para las cerraduras, queríamos poner fallebas. ¿Fallebas? Ni a mí ni a Alicia nos sonaba la palabra. Nos mostraron unos ejemplares, muy hermosos y muy orientales. Consultado el diccionario de la Real Academia, pude comprobar que, efectivamente, se trataba de una palabra árabe. ¡Claro que había que poner fallebas!

La ventana del dormitorio principal daba al bancalillo que había detrás de la casa, proporcionando, además de una hermosa vista del viñedo, un espectáculo ornitológico insólito, pues numerosas especies comían las aceitunas que, a partir de noviembre, empezaban a caer del olivo que había allí, casi tan viejo como el de nuestro incipiente jardín interior. Gorriones, estorninos, verderones, colirrojos tizón, currucas, mirlos, vistosos jilgueros, pinzones... la variedad de pajaritos era extraordinaria. Me divertía verlos con aceitunas en el pico. Nunca se me habría ocurrido que se alimentasen de ellas.

Alicia decidió en una de sus visitas de fin de semana que quería convertir unos cincuenta metros cuadrados del bancalillo en huerto. A Pedro le pareció una excelente idea y puso manos a la obra enseguida. Allí criaríamos habas, tomates, berenjenas, rúcula, escarolas, espinacas, ajos y lechugas.

Las gentes del pueblo eran un poco reacias a introducir nuevos cultivos en sus paratas, y había una tendencia a plantar siempre lo mismo. Así que, cuando le dijimos a Pedro que queríamos sembrar también algunas variedades de lechuga distintas a la corriente, al principio se opuso con un terco «esto no se da aquí». Insistimos, y, pese a sus pronósticos negativos, todo salió bien. Tanto Alicia como yo opinábamos que una buena ensalada, debidamente aliñada, era uno de los placeres más exquisitos de la mesa. Mantengo esta opinión, por supuesto. Las servidas en los restaurantes granadinos que conocíamos nos parecían casi siempre nefastas. Nunca se mezclaban hojas distintas, y de aliños no se sabía nada. El horrible y ubicuo convoy era a nuestro juicio una monstruosidad. Cuando se pedía una ensalada «ya preparada», la contestación solía ser: «Les traigo el aceite y el vinagre y ustedes mismos los ponen a su gusto». Pero ¿cómo diablos se podía mezclar vinagre y aceite directamente sobre las hojas? ¡Qué barbaridad! La experiencia nos enseñó pronto, además, que había que evitar sobre todo la omnipresente ensalada mixta, con su mezcolanza de maíz, remolacha y medio huevo duro apiñada encima de la lechuga monocromática y a menudo cortada en trozos pequeños, lo cual destrozaba toda la belleza de la hoja. Finalmente, desesperado, adopté la costumbre de mezclar mi propio aliño antes de ir a comer y de llevarlo conmigo en una pequeña botella. Pillado a veces en el acto de verterlo sobre la ensalada, mi excusa era que se trataba de un aceite especial prescrito por mi médico. Reconozco que la idea no era original: un amigo mío, vinicultor de Colmenar de la Oreja, cerca de Madrid, llevaba su propio vino consigo cuando iba de vacaciones, disfrazado en botellas de aspecto farmacéutico. Explicaba, cuando le cogían *in fraganti*, que su médico le había prohibido el vino y que se trataba de un tonificante imprescindible para su salud.

Confiábamos en poder ofrecer a nuestros invitados, con los productos del bancalillo, las mejores ensaladas de la comarca. Y lo conseguimos porque, además de magníficos tomates, Pedro llegaría a criar luego, en sus caballones esmeradamente cuidados y regados, espléndidas hileras de hoja de roble, *lollo rosso*, batavia y otras lechugas desconocidas en los alrededores.

Mientras Pedro se ocupaba de sus menesteres en el jardín, yo le acribillaba a preguntas sobre la vida en el pueblo, contrastando sus puntos de vista con los de Dolores y otros vecinos —él a mí nunca me preguntaba nada, supongo que le habría parecido una descortesía—. Lo iba apuntando todo en mi dietario. Me interesaba especialmente la Luna. Yo ya sabía que los ciclos lunares tenían para la vida campesina una importancia de primer orden. Pero sólo lo sabía *intelectualmente*. Escuchando a Pedro, y contemplando la cambiante faz del astro noche tras noche desde la torre, empecé a sentir el misterio lunar como algo que me atañía personalmente.

«Se pueden plantar plantas, pero no semillas en la luna de abril —me dijo Pedro un día—. Si las habichuelas se siembran en la luna de abril, echan flores pero no cuajan». Luego añadió que no había que plantar nunca con luna creciente, porque «en esa luna las plantas no pillan, se suben». Pero había una excepción, pues, según Pedro, cualquier viernes era bueno, menos en abril, porque, los viernes, «la luna está parada, no se mueve». ¡De modo que la luna descansaba los viernes! No cabía tal cosa en mi cabeza de hombre de ciudad, ni tampoco cabe ahora, pero Pedro me aseguraba que era así. Le escuché incrédulo.

Yo entendía ya casi todo lo que me decía Pedro, sin tener que rogarle que me lo repitiera. Además de ponerme al tanto de lunas y cosechas, tormentas y escarchas, no se cansaba de explicarme las particularidades del «viento marea» (el del mar) y del «viento solano» (el del noroeste), nuestros dos vientos habituales, que incidían considerablemente sobre la vida de la comarca. El solano, de cuyos rigores se había guardado de ponerme al tanto José Piñas, el muy pillo, al venderme la casa —y eso que, siendo la más alta del pueblo, estaba muy expuesta a él—, el solano, digo, soplaba caliente en verano —por ello se llamaba así— y frío, persistente y desagradable en otoño e invierno, durante rachas que podían prolongarse cuatro o cinco días seguidos. Así fue aquel marzo cuando, mugiendo como una manada de vacas alocadas por esquinas y tejados y sacudiendo las contraventanas, puso de muy mal humor a los vecinos, y a mí también. Por algo, según la copla de Dolores, se calificaba de ventoso dicho mes. Pero lo peor del solano era que cuando arreciaba muy fuerte solía haber cortes de luz: habitualmente sólo duraban unos minutos, pero a veces se mantenían durante horas.

Yo quería que los lectores de *Un año en Andalucía* disfrutasen con la llegada a Ibricos de la primavera, llegada mucho más impetuosa que la que se daba en la pobre Inglaterra, privada de sol. Buscaba cada día las señales de la explosión vegetal que se avecinaba. Coincidiendo con la poda del viñedo, a mediados de febrero, apareció el primer cigarrón del año, volando con el característico *clac-clac* de las alas entre los almendros. Luego vino una semana fría y el cigarrón desapareció, como si se hubiera equivocado. Entretanto, con las recientes lluvias, las plantas silvestres que había en el jardín crecían alocadamente y Pedro me señaló varias matas de collejas que habían brotado en uno de los balates. ¿Collejas? Nunca había oído la palabra. Fui corriendo otra vez a consultar mi diccionario. La voz procede del latín *caulicus*, diminutivo de *caulis*, «tallo». Dolores me dijo que en el pueblo las comían en tortillas. Me hizo una enseguida. El sabor de las collejas resultaba muy sutil, algo así como el de las acelgas, pero menos acentuado. Dolores también me hizo unos estupendos potajes de hinojos, que también brotaban ya en el jardín. Eran realmente riquísimos. Todo esto iba directamente al libro.

Para finales de febrero ya apuntaban lentamente las hojas del macasar, de un precioso verde claro, así como las del granado, verde teñido de rosa. Y fue entonces cuando recibí una invitación para visitar la estación biológica de Doñana.

Yo llevaba mucho tiempo soñando con el Coto, desde que, a los quince años, mi tío Ernest me regalara un ejemplar del célebre libro de Chapman y Buck, *Unexplored Spain* (*la España no explorada*), en el cual, con profusión de ilustraciones, los dos cazadores-naturalistas recordaban sus aventuras a principios de siglo por las marismas del Guadalquivir.

Lo que más me había impresionado del libro era la información que prodigaban sus autores sobre la invernada en Doñana de decenas de miles de ánsares comunes. ¿Ánsares en el sur de España? Yo creía hasta entonces, ingenuamente, que pasaban el invierno exclusivamente en las Islas Británicas, en humedales como mi querido Tregawny. Ahora veía que estaba muy equivocado. ¡Había ánsares en el sur de España!

Me había quedado fascinado al enterarme de que los gansos de Doñana volaban cada amanecer a las dunas que separaban las marismas del mar, y ello para comer arena, necesaria para poder digerir las castañuelas que formaban su alimentación principal. Según Chapman y Buck, el espectáculo de aquel vuelo, con las primeras luces del día, era poco menos que la octava maravilla del mundo. Era evidente, pues, que no podía desperdiciar la oportunidad que ahora se me ofrecía para presenciarlo personalmente. Además la visita me vendría de perlas para *Un año en Andalucía*, dada la gran afición de los ingleses a la naturaleza, y sobre todo a los pájaros. Así que una mañana de principios de marzo salí de Ibricos camino del Coto.

Doñana superó con creces mis expectativas: nunca había visto tal abundancia de aves raras, entre ellas varias parejas de águilas imperiales. Doñana se había salvado para la humanidad justo a tiempo, gracias a los concertados esfuerzos de un grupo de naturalistas españoles y extranjeros. Cenando aquella noche con el personal de la estación biológica, se habló mucho de José María Valverde, sin cuya dedicación, en circunstancias difíciles —la falta de preocupación de la dictadura de Franco por el medio ambiente era escandalosa—, aquel sueño jamás se habría hecho realidad.

Me despertaron a las cinco de la madrugada, cuando todavía era de noche, y a las siete nos encontrábamos ya instalados en un cobertizo medio enterrado entre las dunas. Sentía una emoción tan fuerte que, pese al tremendo frío, que me helaba los pies, los latidos de mi corazón casi me dolían. Poco antes del amanecer oímos los primeros graznidos anunciadores, y no tardó el cielo en poblarse de ánsares, al principio grupos aislados, luego bandadas inmensas. Mientras iba clareando el día pudimos ver cómo seguían llegando a las dunas hilera tras hilera de aves, miles de ellas. Algunas se posaron tan cerca de nosotros que no hacía falta utilizar los prismáticos para apreciar cada detalle de su plumaje y movimientos mientras comían aquella arena tan necesaria para su sistema digestivo.

Doñana me llegó al fondo del alma —¿o estaba ya allí?—, y comprendí, al volver a Ibricos, que no se había tratado de una simple visita sino de la versión ornitológica del peregrinaje a Meca. Un día, resolví, viviría parte del invierno de cada año en los alrededores del Coto para poder estar cerca los ánsares y oír sus voces por la noche desde mi cama.

Yo ya tenía claro que uno de los temas principales de *Un año en Andalucía*, al cual se prestaba además su estructura de dietario, iba a ser el de la metamorfosis, del lento girar de las estaciones. Del tiempo, en fin, que, trabajando sobre seres y cosas, todo lo va modificando, a veces imperceptiblemente. Meditando sobre ello, recordaba mi visita relámpago del otoño pasado para comprobar la marcha de la extensión de la casa, y cómo había notado entonces los cambios que empezaban a producirse en el aspecto de naranjas y aceitunas. Cuando Alicia y yo habíamos llegado a finales de diciembre para pasar la Nochevieja con George, las olivas se había vuelto ya azabache y las naranjas, aún verdes dos meses antes, lucían orgullosas el brillante color de su nombre. Sí, era evidente que la metamorfosis, la vida como rueda que gira eternamente, tenía que ser tema capital del libro. Y, como para confirmarme en tal resolución, dos versos de Antonio Machado se hicieron insistentes en mi cabeza:

Todo se mueve, fluye, discurre, corre o gira:
cambian la mar y el monte y el ojo que los mira.

Convivir ahora día a día con tantas especies botánicas, notando las transformaciones que se iban produciendo lentamente en ellas, era para mí una experiencia nueva y gratísima. Fui comprendiendo hasta qué punto el hombre contemporáneo, cada vez más distanciado del campo, sentado ante sus aparatos y anegado por la marejada de imágenes impuestas por los medios de comunicación, había perdido el sentido de lo maravilloso cotidiano. Yo empezaba, con íntimo gozo, a recobrarlo.

Para finales de marzo podía alardear de haber redactado un borrador bastante verosímil, aunque todavía muy incompleto, de los últimos cuatro meses de *Un año en Andalucía*, gracias sobre todo a Dolores y Pedro pero también a mis conversaciones casi diarias con otros vecinos del pueblo, así como a los apuntes que había tomado durante mis visitas al valle durante sendos otoños de 1977 y 1978. En cierto modo lo más difícil estaba ya hecho. Al mismo tiempo había escrito cada noche en mi dietario y esbozado el contenido de los primeros tres capítulos del libro, correspondiendo a enero, febrero y marzo. Es decir que estaba prácticamente al día. Tenía casi la certeza, por ello, de que iba a poder terminar el libro —libro pequeño, al fin y al cabo— para finales de agosto, tal como le había prometido a George Edwards.

La llegada de la primavera confirmaba que nuestro valle era un paraíso ornitológico. Numerosos pájaros pequeños se movían entre la densa vegetación, delatándose por sus voces pero difíciles de observar de cerca. Había que estarse quieto y esperar sin moverse. De repente se oía un mínimo aleteo y se dejaba ver un segundo, nada más, un mosquitero o una oropéndola, para luego desaparecer rápidamente. A primeros de abril, cuando ya casi no hacía falta encender la chimenea por la noche, llegaron bandadas de abejarucos, tal vez los pájaros más vistosos de Europa, llenando el ambiente de su canto líquido. Descubrí que anidaban en agujeros abiertos en un acantilado arcilloso que había detrás del pueblo. África nos devolvía por las mismas fechas las abubillas, cuya voz, un *pu-pu-pu* inconfundible, hace las veces en Andalucía, como nuncio de la primavera, de la del cuco en Inglaterra. Una mañana una pareja de águilas culebreras me regaló, justo encima de la casa, el inaudito espectáculo de su vuelo nupcial, emitiendo agudos *quíis* y efectuando caídas en picado y otras llamativas evoluciones aéreas. Pedro, que estaba en el bancalillo, no parecía darse cuenta de nada, sólo atento a sus legumbres. Cuando le advertí de la presencia de las rapaces, echó una ojeada, declaró que se trataba de unos «aguiluchos», y volvió a su trabajo.

A Pedro, en realidad, los pájaros le traían sin cuidado. Toda su vida había sido una lucha por sobrevivir, y en el fondo sólo le preocupaba lo que él consideraba útil. Un pájaro era para comerlo. Y punto.

Yo había notado una tendencia parecida en otros vecinos. La idea de plantar un árbol que no produjera fruto, por ejemplo, le parecía ridícula a Higinio, cuyos aguacates yo visitaba con cierta frecuencia para poder hablar de ellos en *Un año en Andalucía*. La vida de los vecinos había sido hasta hacía poco tiempo muy dura, sin darles respiro para consideraciones estéticas. Y, por desgracia, habían recibido poca formación escolar.

A Pedro, cuando no discurría sobre cosas de campo, le gustaba rememorar sus tiempos de forzado exilio en Francia. Muchísimos vecinos de Ibricos, así como de los pueblos circundantes, habían estado en Europa, sobre todo en Francia, Alemania y Suiza donde, haciendo de tripas corazón, habían logrado no sólo mantener cuerpo y alma sino reunir unos ahorros. Escuché múltiples anécdotas relacionadas con aquellas andanzas laborales por el norte, e incorporé no pocas al libro.

Casi cada vecino de Ibricos tenía apodo, por el cual se le conocía preferentemente. Pedro era el tenazas, apodo heredado de su padre difunto. El amargao, el papa, el cacharrao, el trompa, alemán... para poder seguir el chismorreo había que almacenar en la memoria cincuenta o sesenta apodos, puesto que, si ya era difícil entender lo que decían los vecinos cuando se juntaban, todo se complicaba por la constante utilización de aquéllos.

Poco a poco, a fuerza de preguntar y escuchar, me fui adentrando en la intrahistoria de Ibricos y, a la par, sintiendo el pueblo como más mío, aunque sabía que nunca podría serlo del todo, al no haber nacido ni haberme criado en él. Toda la vecindad de más de sesenta años sabía dónde había estado cada uno durante la guerra... y después. Se palpaba todavía un miedo residual, pese a que Franco ya llevaba tres años muerto y se acababa de aprobar la Constitución. Miedo, sí, porque nadie podía olvidar la brutalidad de la represión llevada a cabo a lo largo de la dictadura. Más de veinte vecinos del pueblo habían sido fusilados por los nacionales al inicio de la contienda por el solo hecho de pertenecer a un sindicato del campo, y se sabía perfectamente quiénes habían puesto denuncias y quiénes, después de la contienda, se habían comportado mal con los vencidos. Existía el temor de que en cualquier momento todo volviera a ser como antes. En ello la gente no andaba demasiado equivocada, como se vería dos años después con la intentona de Tejero y sus cómplices, amén de otros incidentes de signo fascista.

Era obvio que en *Un año en Andalucía* tendría que aludir frecuentemente a Granada y, sobre todo, a la Alhambra y al Generalife, pues ¿no estaba pensado el libro para los ingleses, para quienes la ciudad y sus monumentos representaban la esencia de la España romántica? Por otro lado tal requisito era un magnífico incentivo para familiarizarme con los palacios y jardines nazaríes, así como para explorar el Albaicín y el Sacromonte. A ello dediqué muchas horas, a veces volviendo a Ibricos muy tarde por la noche. ¡Cuántas veces me congratulaba entonces de no haber seguido el ejemplo de Gerald Brenan, instalándome en un pueblo aislado de las Alpujarras! Mi libro, a diferencia de *Al sur de Granada*, se movería entre ciudad y campo, en un ir y venir constante que diera variedad y movimiento a la narración.

En Granada trabé amistad con algunos profesores de la universidad, así como con varios personajes llamativos, pintorescos, y otros que por motivos distintos se encontraban en aquellos momentos allí.

Entre ellos había un joven arabista francés de la Sorbona, Michel Dubois, que trabajaba entonces en su luego famoso libro sobre los jardines de la Alhambra. Dubois, que tenía tal vez ocho años más que yo, era un tipo simpático y jovial a quien fascinaba la Edad Media española, con su mezcla de culturas, y que —como Herman Cohen— despreciaba a los que veían en la Toma de Granada el símbolo de la superioridad cristiana. Si el desconocimiento por parte de los filólogos españoles del hebreo era grave, Dubois consideraba que el del árabe medieval era poco menos que escandaloso. Intrigado como yo por la transición a la democracia, consideraba que una de las principales innovaciones que habría que introducir en el *currículum* del bachillerato era la enseñanza del árabe magrebí. Ello no sólo iniciaría el necesario proceso de recuperación de la cultura hispanoárabe reprimida durante cinco siglos, sino que prepararía el camino para que España volviera a ser puente entre Europa y África. Dubois era un idealista, un utópico, y no apreciaba hasta qué punto estaba arraigada en la mentalidad española la renuncia a asumir el pasado musulmán del país —pese a la presencia de ocho mil palabras árabes en el diccionario.

Fue para mí una gozada tratar a aquel francés enardecido, corpulento y *bon viveur,* quien, además de abrirme puertas sobre la cultura española medieval, me enseñó mucho de botánica, sugiriéndome numerosas plantas capaces de acrecentar la exuberancia y belleza de nuestro jardín de Ibricos y regalándome un ejemplar del magnífico libro de Henri Pérès, *El esplendor de Al-Ándalus,* que demostraba, con profusión de citas, que, de todos los temas tratados por la lírica musulmana en España, el de los jardines era tal vez el más querido. Me impresionó la destreza metafórica de aquellos poetas. A uno de ellos le había rogado el visir que encontrara una comparación para el limón. «Me quedé callado un momento —cuenta el vate— y después le dije: ‹Se

parece a un cascabel de plata recubierto de un amarillo de oro›»
Pude comprobar, contemplando nuestro limonero lunero, que
el poeta musulmán tenía razón: los limones que pendían de las
ramas se parecían, exactamente, a cascabeles color oro pálido.

El jardín estaba casi terminado. Para cubrir la tapia levantada
por Higinio, y que lo cerraba por el este, habíamos plantado una
madreselva, jazmines azules, solanos blancos y, por sus brillantes
flores rojas en otoño, una variedad de bignonia llamada *Tecoma-
ria capensis*. Y con el propósito sobre todo de atraer al jardín al
mayor número posible de pájaros, abejas y mariposas, se había
introducido entre los árboles frutales una selección de arbustos
—lauros, adelfas, genistas, buddleias, lantanas y arrayanes—,
además de acantos, matas de romero, nardos, tomillo, alhucema
y otras especies aromáticas. Recordando mi luna de miel con
Tess en la pensión Matamoros, tampoco me olvidé de traer unos
bojes, cuyo olor, como dije antes, simbolizaba para mí el verano
granadino.

Estaba muy ilusionado con lo conseguido. Ahora sólo había
que esperar a que todo creciera.

En cuanto a la vereda serpeante diseñada el verano anterior,
la hice revestir de alpañata, la tierra gredosa y rojiza, mezclada
con cemento, que desde los tiempos de los musulmanes se ha
utilizado en la Alhambra. Fue un acierto.

Cuando llegó Alicia para las vacaciones de Semana Santa y vio
el jardín, con la vereda recién terminada, apenas podía creerlo.
Faltaba todavía un elemento imprescindible en cualquier jardín
granadino: un surtidor. Alicia hizo un croquis de uno que nos
había encantado en los jardines del Parador de San Francisco,
y encargamos el trabajo a un especialista de Armilla. Hecho de
mármol gris de Sierra Elvira (la montaña pelada que se levanta en
el borde norte de la Vega de Granada), el surtidor, con el glu–glu
de su mínimo chorro, iba a refrescar las noches de la canícula y
nos induciría a meditar —como a los musulmanes— sobre la
fragilidad de la vida y el tiempo que fluye inexorable.

Veo que estoy dando la impresión de que sólo me interesaba
el pasado islámico de Granada. No fue así. Michel Dubois había

atraído mi atención sobre el hecho de que, muchos siglos antes de la llegada de los árabes, Granada era una importante ciudad romana, asentada sobre la colina del Albaicín. Se comprendía la ignorancia de la gente al respecto, la mía incluida, porque existían poquísimos restos romanos visibles, debido al caserío posterior superpuesto. Dubois me aseguraba que cada vez que se iniciaban obras en el Albaicín aparecían restos de aquella época, entre ellos los de un anfiteatro.

En cuanto a nuestro valle, había vestigios de un sistema de irrigación romano, luego mejorado por los árabes, así como los de una villa de grandes dimensiones, aún no excavada, de entre los cuales los lugareños habían extraído numerosas monedas, de la época de Constantino, así como una preciosa estatuilla de Venus que vi en una colección privada. Yo me preguntaba si los dueños de la villa habían sido lectores de poesía. Me hacía ilusión pensar que sí. Al adentrarme en las *Églogas* y *Geórgicas* de Virgilio, no podía por menos de pensar en aquellos agricultores grana-dinos de hacía dos mil años de quienes no se conocía un solo testimonio escrito.

Leídos en Inglaterra, los poemas de Virgilio, con el azul del Mediterráneo al fondo, y su evocación de feraces campiñas bañadas de sol, provocaban una especie de intolerable nostal-gia o añoranza de sur. Disfrutarlos ahora a dos pasos del *Mare Nostrum*, en un paraje bellísimo donde Venus había sido objeto de culto, era convencerme una vez más de que había hecho bien en huir hacia el mediodía. Y si las *Églogas* evocaban una Arcadia idealizada, más griega que italiana, con sus cantos alternativos de pastores amorosos, las *Geórgicas* demostraban que Virgilio tenía un conocimiento extenso y práctico del campo y de sus usos y productos. Gocé enormemente leyéndole, y mejorando al mismo tiempo mi latín.

Aquellos poemas me hicieron amar aún más, si cabía, el viejo olivo de la casa de Ibricos, al cual determiné conceder su debida importancia en *Un año en Andalucía*. Por algo el olivo era el árbol de Palas Atenea, diosa griega de la sabiduría, la razón y la reflexión. Por algo simbolizaba la paz. Después de siglos el vetusto olivo nuestro producía todavía copiosas cosechas de fruta vivificante, dando cobijo entretanto no sólo a muchas aves, residentes y migratorias, sino a incontables insectos. Plantado cientos de años antes de nuestra llegada al valle, estaría todavía allí cientos de años después, a no ser que algún insensato o desaprensivo lo abatiera a deshora. Toma la vida con calma, parecía estar aconsejando. Tranquilos. No tengáis prisa. Disfrutad las cosas sencillas. Sed como yo.

Pedro recogió varios sacos de aceitunas caídas del olivo y los llevó a la cooperativa. Unas semanas después volvió, muy contento, con el aceite, contenido en tres o cuatro garrafas de plástico. Al principio resultaba muy fuerte pero poco a poco me fue gustando. Tener aceite de oliva propio me producía una satisfacción inmensa y hacía que me identificara aún más con el mundo bucólico de Virgilio.

Era imposible olvidar, además, que, cuando Andalucía era la provincia romana de Baetica, el aceite de estas tierras se había exportado no sólo a Roma sino a los pueblos «bárbaros» del Norte, Inglaterra incluida. Vivir al lado de aquel olivo, alimentarse de él en todos los sentidos, suponía un enorme enriquecimiento emocional y cultural y me ratificó en mi vocación mediterránea. Sabía ya que nunca abandonaría Andalucía.

Leyendo a Virgilio caí en que faltaban en nuestro jardín el oloroso eneldo e, imperdonablemente, el laurel —árbol consagrado a Apolo—, fallos que rápidamente corregí. Y descubrí que había acertado, sin saberlo del todo, al plantar varios arrayanes, ya que, según apunta el poeta, este arbusto es el predilecto de Venus. ¿Por qué? No lo pude averiguar. Tal vez, pensé, más por la deliciosa fragancia del aceite almacenado en sus hojas verdes y puntiagudas que por sus minúsculas flores blancas, no especialmente llamativas. Las bayas del arrayán, pequeñas y azuladas, son buenísimas al paladar. Con ellas Alicia elaboraría más adelante unos pasteles deliciosos, tal vez emulando, sin saberlo, a gastrónomos romanos o musulmanes. «Pasteles de Venus» los bautizamos.

Dolores me decía a menudo que la vida era más *tranquilica* en Ibricos que en ningún lugar del mundo. Pero había algo que no resultaba tan tranquilo. ¡Los perros! El pueblo albergaba muchos, casi cada vecino tenía uno o dos, y siempre había algunos sueltos por la noche, armando a veces tal follón a las tres o las cuatro de la madrugada que me despertaban. Mucho peores que los perros sueltos, sin embargo, eran los dos que estaban encadenados justo detrás de mi casa, en una finca vecina. Allí no vivía nadie, pero había un cobertizo donde el dueño guardaba sus herramientas, y sendas casitas para los animales. Por la tarde subía un pariente del dueño para darles de comer y soltarlos un poco. Luego los encadenaba otra vez y se iba. El concierto nocturno de los dos perros solía empezar a la una o las dos de la madrugada, y, a veces, podía seguir esporádicamente durante tres horas. El ruido de los ladridos era ensordecedor en el silencio de la noche, y apenas ayudaba cerrar las ventanas. Solían callarse diez o quince minutos, para luego, cuando uno ya se dormía otra vez, volver a empezar. Era un calvario.

Fui a protestar ante el alcalde, teniendo lugar el siguiente intercambio que apunté en mi dietario y que reproduje en *Un año en Andalucía*:

—¿Aquí no hay legislación contra los ladridos de los perros por la noche?

—¡Qué va! ¡Si aquí nadie oye nada!

—Pero el ruido de los perros que hay detrás de mi casa es tremendo. ¡Me despiertan cada noche!

—Pues aquí abajo no creo que *naide* se entere.

—Yo sí me entero. ¿De modo que no se puede hacer nada?

—Lo que hacemos *nosotro* cuando hay una cosa así —y aquí noto que el alcalde se está sonriendo— es coger un trozo de carne, meterle veneno dentro y tirarlo al *lao* del perro. Lo mata enseguida. *Naide* se entera de quién ha *sio* y *tóos* tranquilos.

—¡Y usted, que es alcalde del pueblo, me dice esto!

—Sí, señor, *ansí* no se entera *naide* y no hay problemas... Es lo que yo le recomiendo a usted.

Me quedé de una pieza. Yo era incapaz de envenenar a un perro, haciendo que sufriera. Tampoco podía matar al dueño. Noche tras noche, despertado por los malditos canes, meditaba sobre la manera de deshacerme de ellos. ¿Cloroformizarlos, meterlos en el coche y luego soltarlos en otro pueblo suficientemente alejado para que no pudiesen volver? ¿Conseguir una escopeta con silenciador y matarlos? ¿Matarlos abiertamente, aceptando las consecuencias? ¿Contratar a un asesino de perros?

Un día me atreví a protestar ante el dueño de los animales, que, según me decía todo el mundo, era de trato más bien difícil. Le expuse mi situación, le rogué que hiciera algo. Me contestó molesto que él estaba en su derecho al tener allí los animales. Estaban encadenados, no molestaban a nadie, y los necesitaba para proteger sus herramientas. Además, si los metía dentro, ¡se mearían por todas partes! Total, que no estaba dispuesto a colaborar.

Desesperado, fui a la Guardia Civil y puse una denuncia. No surtió efecto alguno.

Decidí que la única solución, a la espera de mejores tiempos, era recurrir a los tapones de cera. No me gustaban pero por lo menos me permitían dormir. La falta de civismo de aquel personaje me decepcionó profundamente, así como la indiferencia del alcalde.

A finales de abril, cuando nuestro valle imitaba ya con éxito *La primavera* de Botticelli, me fui a Londres a presentar mi libro sobre la transición. Acudió un numeroso público mitad español mitad inglés al Instituto de España, donde tuvo lugar el acto, y la verdad es que fue una velada sumamente agradable. En los meses anteriores a la aprobación de la Constitución los medios de comunicación británicos habían seguido con creciente interés la nueva situación española, y mi libro —el primero en salir en Inglaterra sobre el cambio— era muy oportuno. Hubo reseñas en toda la prensa, en general muy positivas, fui invitado a la radio y a la televisión, y George Edwards tuvo motivos más que suficientes para estar contento con el libro, y yo también, aunque en absoluto cabía la posibilidad de estar en la lista de los más vendidos.

Asistieron a la presentación varios ex colegas de Irving y Marylebone, entre ellos Ned Willis y Michael Walton. Ambos expresaron su satisfacción por el éxito de mi proyecto y me confesaron que les había parecido una locura abandonar mi carrera de hispanista profesional para tratar de sobrevivir como escritor. Ahora que parecía que las cosas no me iban mal, estaban sinceramente contentos.

También asistió al acto Polunin, mi agente literario, muy contento con el libro pero sobre todo con la marcha de *Un año en Andalucía*, de cuyas posibilidades de éxito comercial estaba tan convencido como George. Le invité, así como a Edwards, a la gran fiesta que yo había decidido dar en Ibricos la noche de San Juan y que, gracias a Dolores, iba a ser uno de los acontecimientos clave del libro.

Dolores me había hablado muchas veces del día de San Juan y de cómo se celebraba antes en el pueblo. A menudo me recitaba la copla:

> *El día de San Juan*
> *cuaja la almendra y la nuez;*
> *y también cuajan los amores*
> *de los que se quieren bien.*

Unas inesperadas lluvias por San Juan podían traer consecuencias nefastas para las cosechas, como señalaba otra coplita que formaba parte del acervo folklórico de Dolores:

> *El agua en San Juan*
> *quita el aceite, el vino y el pan.*

Dolores insistía mucho —y era lo que más me cautivaba de todo ello— en que el sol, la mañana de San Juan, salía *sin reflejos*, es decir, sin rayos. «Sale la bola *ná más*, sola, sin reflejos, no como siempre, que lleva su reflejo —remachó un día, desplegando su amplia sonrisa—. La mañana de San Juan sale el sol sin reflejos, ese misterio lo tiene la mañana de San Juan». Luego me contó cómo, antaño, las muchachas de Ibricos iban muy temprano aquella mañana a un manantial que había cerca del río y allí llenaban sus cántaros de «agua virtud», o sea con agua que, de alguna manera, se había purificado durante la noche. Subían el agua al pueblo, se lavaban la cara con ella y luego había ruedas y cantos en la plaza. Todo ello se había perdido ya. Era una lástima.

Resultaba, pues, que la mañana de San Juan, además de comportarse el sol de una manera insólita, el agua de aquel manantial se transformaba en líquido mágico y curativo. La relación del rito del «agua virtud» con los bautismos practicados por San Juan en el Jordán parecía evidente.

Y había algo más. Dolores me dijo que a las doce en punto de la noche de San Juan era costumbre echar un huevo en un vaso y dejarlo fuera, «al relente», antes de ir a dormir. Luego, durante la noche, la clara de aquel huevo se levantaba ¡y se convertía en las velas de un barco! Dolores insistía en que el fenómeno sólo se producía la noche de San Juan.

Por otros vecinos me enteré de que en las Alpujarras los huevos utilizados en dicho rito tenían que proceder de una gallina negra y haber sido puestos, preferentemente, la víspera. Dolores me aseguraba que en nuestro valle no era así. ¡Cualquier huevo servía!

También me informó alguien de que en la mañana de San Juan, y sólo entonces, las abejas libaban el néctar de la adelfa, flor venenosa que normalmente nunca tocaban. ¡Qué cosa más rara! ¿Sería verdad?

Por todo ello, y por el hecho de ser además el día de mi santo —¿no me llamaba Juan?— yo había decidido organizar una gran fiesta en Ibricos para celebrar la noche más corta del año. Quería ver con mis propios ojos el fenómeno de los barquitos de huevo y el apuntar del sol sin reflejos.

Hecha la presentación del libro volví enseguida a España y retomé el hilo de *Un año en Andalucía*.

Había mandado algunas muestras del libro a George antes de ir a Londres, y allí me las había comentado pormenorizadamente. En general le gustaban, pero se quejaba de que mi prosa era a veces demasiado plana. A su juicio debía introducir más símiles y metáforas para sacudir al lector, más comparaciones llamativas. Recuerdo que encontró muy blanda, por ejemplo, una frase que rezaba más o menos así: «Después del verano, y bajo un cielo gris, los jardines del Generalife tenían un aspecto triste y abandonado». George sugirió: «Desvaídos bajo el cielo gris de otoño, los jardines del Generalife se parecían a una novia que acababa de ser abandonada». No estaba mal. También me citó una imagen del escritor inglés Laurie Lee, para quien Cádiz, desde lejos, le había semejado «una traza blanca sobre un folio de cristal azul». Con indicaciones así, perfectamente justificadas, George me estimuló a agudizar más mis cinco sentidos, sobre todo el visual, y a plasmar relaciones insólitas entre las cosas. Mi prosa descriptiva mejoró en consecuencia, aunque es innegable que algunas de las imágenes de *Un año en Andalucía* eran más rebuscadas que realmente experimentadas.

A mediados de mayo brotaron las flores escarlata del granado que nos había regalado Herman. Me parecieron incomparablemente bellas, y me extrañó que no tuviesen olor alguno. El cáliz llamaba la atención. Más rojizo que escarlata, se apreciaba enseguida su fuerza, necesaria para sostener luego el peso de la granada. Yo sabía que, según los expertos, la manzana otorgada a Afrodita por Paris, en prueba de su suprema belleza, era en realidad una granada (así como la mordida por Eva). Tenía, pues, en mi jardín dos preciosos árboles relacionados con la diosa del amor.

Por las mismas fechas acompañé a Higinio y a un primo suyo, dueño de El Jazmín, uno de los bares del pueblo, a Sanlúcar de Barrameda, donde cada año, en esta época, compraban manzanilla a granel.

Llevaba mucho tiempo deseando conocer Sanlúcar, tal vez desde el día lejano en que había tropezado por vez primera con el pequeño poema de Antonio Machado:

¡Oh Guadalquivir!
Te vi en Cazorla nacer,
hoy en Sanlúcar morir.

Un borbollón de agua clara,
debajo de un pino verde,
eras tú. ¡Qué bien sonabas!

Como yo, cerca del mar,
río de barro salobre,
¿sueñas con tu manantial?

¡Tanta enjundia, tanta sensación del tiempo que pasa, en tan pocas palabras! Contemplar, por vez primera, la desembocadura del inmenso río habría sido una experiencia inolvidable para cualquiera, aun sin conocer los versos de Machado. Pero acompañados por ellos, como fue mi caso, lo era doblemente. Sigo convencido de que Sanlúcar de Barrameda es uno de los lugares más mágicos del mundo. Aquella tarde, en un chiringuito de Bajo de Guía, frente a Doñana, brindé emocionado por don Antonio, recordando su nacimiento en Sevilla, río arriba, y su triste final en Collioure. Juré que no tardaría en hacer un peregrinaje a las fuentes del Guadalquivir, allá por Cazorla y los montes de Jaén. Pero pasarían quince años antes de que pudiera cumplir con mi compromiso.

La primavera, perfumada por el azahar de millones de naranjos, se iba fundiendo imperceptiblemente con el verano. Cada noche, antes de acostarme, subía a la azotea para contemplar el cielo y oler el aire puro de la sierra. Pronto vendría Alicia a completar mi felicidad. Sobre todo me gustaba contemplar desde allí la luna. ¡La luna sobre las tierras del sur! ¡Y qué tierras, Dios mío! ¡Tierras milenarias y míticas, pobladas desde la prehistoria por distintas razas y, en la Edad Media, crisol de una de las civilizaciones más ricas de Occidente! Yo esperaba de todo corazón que, con la Constitución y el nuevo ordenamiento territorial del país ya aprobados, volviera a surgir una Andalucía culta y floreciente.

Llegó Alicia tres días antes de San Juan, terminado el curso, y gracias a Dolores y Pedro pudimos culminar con el tiempo justo los preparativos para nuestra gran fiesta, a la cual habíamos invitado a gente de Ibricos y de los pueblos colindantes.

También llegó, enviada por George —que no iba a poder asistir, como tampoco Polunin—, la artista encargada de preparar las ilustraciones para *Un año en Andalucía*. Se llamaba Ángela y era muy divertida y mona. Empezó enseguida a dibujar y vimos que tenía mucho talento.

El 23 de junio amaneció sin una nube en el cielo. ¡Este año la lluvia no nos iba a quitar el aceite, el pan y el vino! Estábamos seguros de que nuestra fiesta se desarrollaría en condiciones óptimas. Y así fue.

Se me había ocurrido preparar una pequeña sorpresa para nuestros convidados, que empezaron a llegar hacia las diez de la noche. Después de la barbacoa —dirigida expertamente por Higinio—, y de encender la hoguera de rigor, Maxi Jiménez recitó unos versos en honor a San Juan, compuestos adrede, que fueron recibidos con regocijo por la concurrencia. Luego Alicia y yo y dos o tres improvisados actores del pueblo —reclutados un mes antes— representamos, con la ayuda de un guitarrista gitano a quien yo había conocido en una taberna del Albaicín, dos escenas, debidamente cortadas y arregladas, del *Sueño de una noche de verano*.

Se filtraba la luz de la luna por las ramas de los árboles, no había el menor soplo de brisa y, detrás de la casa, cantaban unos mochuelos. Habría sido difícil imaginar un escenario más idóneo para una representación de la obra de Shakespeare.

Yo desempeñaba el papel de Teseo, duque de Atenas, y Alicia el de Hipólita, mi prometida, reina de las Amazonas. Hacía de Puck una irlandesa que pasaba el verano en otro pueblo del valle. Se llamaba Rosalinda, era linda de verdad, e hizo aquella noche un Robin Buen Chico inolvidable, moviéndose misteriosa —mezcla de gata, hada y serpiente—, entre las largas ramas plateadas de los olivos, que casi rozaban el suelo. Nadie podía sospechar que un año más tarde nos dejaría, fulminada por un cáncer de intestino.

El deseo erótico, protagonista de *Sueño de una noche de San Juan*, hace su aparición en las primeras palabras de la obra, donde Teseo expresa su rabia al faltar todavía cuatro días para su matrimonio con Hipólita. Y es que el hombre apenas se puede contener. Tampoco los amantes que se persiguen por el bosque encantado, confundidos por el filtro de Puck, filtro que, además, obra el milagro de que Titania se enamore nada menos que de un asno. Y es que, como nos viene a recordar Shakespeare, el amor es ciego.

A medianoche no nos olvidamos de romper varios huevos según las instrucciones de Dolores, dejando fuera los vasos para ver si ocurría algo.

Pasamos el resto de la noche más corta y dionisíaca del año cantando, bebiendo y bailando alrededor de la hoguera. El vino soltaba los labios y disipaba timideces, y noté que Rosalinda y Ángela estaban rodeadas de libidinosos machos, entre ellos el guitarrista del Albaicín.

A eso de las seis de la madrugada fui a ver qué tal se comportaban los huevos. ¡Y era verdad! ¡Se habían levantado las claras, convirtiéndose en algodonosas velas de fragata o bergantín! No me lo creía, pero el hecho estaba allí, delante de mis ojos. Llamé a Alicia y los demás. Tampoco se lo creían. ¡Resultaba que la noche de San Juan era realmente mágica y que no era ninguna mentira!

Al irse aproximando el amanecer subió con Alicia y conmigo al cerro detrás del pueblo un abigarrado grupo de gentes para ver levantarse el sol. Personalmente nunca supe después a ciencia cierta si lo que vi ocurrió realmente, o si fue consecuencia de las numerosísimas libaciones de la noche. Pero el hecho es que a mí me pareció que el disco del sol se elevó sobre la sierra costera, en medio del más absoluto silencio, exactamente como había dicho Dolores, sin rayos, sin reflejos, raro y misterioso, para luego, después de tal vez quince minutos, ir recuperando su aspecto normal.

En cuanto a los demás, cada uno tenía su versión. Alicia juraba que el sol, al salir, tenía color azul. Otros decían que daba como vueltas. Yo sólo creí ver que no emitía rayos. A todos nos impresionó, y nos acostamos, muy contentos, con la seguridad de haber presenciado algo raro.

Pasado San Juan, y con el alivio de tener otra vez a mi lado a Alicia, acometí la recta final de *Un año en Andalucía*. Sólo hubo una interrupción, que además me sirvió para el libro: las fiestas del pueblo en julio.

A Higinio le tocó aquel año ser uno de los mayordomos, y, dada la buena relación que nos unía, me dejó estar a su lado en algunas de sus reuniones. Una noche me dijeron que tenían que ir a Almería y que si quería acompañarles. ¡A Almería! ¡Pero si Almería estaba a ciento cincuenta kilómetros de Ibricos! Luego resultó que no se trataba de Almería sino de una *armería* que había en uno de los pueblos colindantes. Otra vez había caído en la trampa fonética que me tendía día tras día el habla local.

Higinio no comprendía cómo yo, que había sido profesor de español durante muchos años, no entendía enseguida todo lo que se me decía. No había manera de explicárselo. Y es que en Ibricos las consonantes se pronunciaban tan débilmente que yo, por lo menos, sólo percibía secuencias de vocales. Era como si tuviera los oídos llenos de algodón. A veces me daban ganas de llorar.

Yo le decía siempre a Higinio que, en circunstancias más favorables, él habría podido ser catedrático, pues tenía una inteligencia muy aguda. Se encogía de hombros y contestaba que nunca le había gustado estudiar.

Puesto que, según las instrucciones de George, era importante que el autor de *Un año en Andalucía* fuera cultivador de aguacates, visitaba dos veces al mes la finca de mi amigo. No estaba ubicada en nuestro valle, sino un poco más al sur, donde empezaba la zona subtropical. Desde ella se atisbaba el azul del Mediterráneo, como en un cuadro de Cézanne. Me gustaba mucho el sitio.

Mientras acompañaba a Higinio en sus tareas me iba explicando las particularidades del aguacate. Yo apuntaba lo que me decía en mi cuadernito, incorporando luego al libro los detalles de poda, polinización, riego, cosecha y comercialización que me parecían de más interés. Todo para complacer a George, y sin mucha convicción por mi parte.

Higinio era cazador empedernido y, cuando hacía falta, ilegal, y tenía roces constantes con la Guardia Civil —como le ocurriera, en sus tiempos juveniles, a nuestro poeta Maxi Jiménez—. Le acababan de retirar la escopeta por haber sido cogido con dos conejos abatidos fuera de temporada, y el hombre estaba muy contrariado.

La verdad es que había mucho furtivismo en nuestro valle. Lo que más me dolía era la masacre de pajarillos insectívoros con escopetas de plomillos, e incluso con palos, mientras dormían en los naranjales. A veces, como variante, se encendía azufre debajo de los árboles para que las avecillas, respirando aquellos humos, cayeran aturdidas al suelo. Había participado en una de estas cacerías nocturnas para estar al tanto y, naturalmente, sin aparentar mi repulsa. Delante de mí se mataron cincuenta o sesenta pájaros. No me gustó nada el espectáculo. El franquismo, ecológicamente insensible, no había hecho nada por fomentar el respeto a la naturaleza, y, aunque los tiempos cambiaban, quedaban las inevitables secuelas de tanta barbarie. Por otro lado, ¡eran tan ricos los pajaritos, fritos o metidos en una cazuela de arroz! Más adelante, con la entrada en Europa, el endurecimiento de la ley, la creación de Seprona —la sección de protección medioambiental de la Guardia Civil—, y la progresiva concienciación ecológica del país, la matanza de pájaros en nuestro valle disminuiría, así como el furtivismo en general. Era otro síntoma de progreso después de los interminables años del franquismo.

Trabajando día y noche, y achuchado por Alicia, logré terminar y revisar el libro para finales de agosto, agregando unos detalles totalmente ficticios para no tener que salir ya más de excursión. Así me inventé, por ejemplo, la fiesta en Marbella (nunca había estado allí), la visita —con unos camioneros amigos— al *puticlub* Marilyn, en la carretera de Jaén (donde sí había estado, aunque sólo en función de observador) o la boda en Granada del hijo de uno de nuestros vecinos.

Para la primera semana de septiembre George Edwards ya tenía en su poder el manuscrito.

La editorial llevaba meses trabajando en el diseño del libro. Ángela había vuelto a Londres en julio con una carpeta llena de dibujos, a los cuales había añadido luego otros basados en indicaciones mías. Todo estaba listo para componer el texto. Para el 10 de octubre las pruebas estaban corregidas y a mediados de noviembre me llegó el primer ejemplar.

Un año en Andalucía era físicamente muy atractivo. Para la cubierta Ángela había hecho una preciosa acuarela, entre abstracta e impresionista, de un típico paisaje de nuestro valle, con su mezcla de olivos altísimos, limoneros y naranjos, y, al fondo, el Caballo, debidamente nevado. Cada uno de los doce capítulos iba encabezado con un dibujo suyo en blanco y negro, ilustrativo de algún aspecto del mes correspondiente, además de otro a toda página. Entre éstos, para junio, uno precioso de Rosalinda-Puck bailando bajo la luna durante nuestra modesta representación de *Sueño de una noche de verano*.

Todo iba ya a una velocidad vertiginosa. La impresión de los vendedores, según George, era muy positiva. Se preveía que por Navidad iba a hacer un tiempo pésimo, y había una creciente demanda de libros de viajes y de guías. Es decir, que los ingleses ya pensaban en sus vacaciones veraniegas del año siguiente. Nada de ello garantizaba el éxito de *Un año en Andalucía*, desde luego, pero los augurios no podían ser mejores.

El libro estaba en las librerías a principios de diciembre. Aprovechando sus múltiples contactos con los medios de comunicación, George había montado una enérgica campaña de promoción, con presentación en la sede editorial, entrevistas en la radio, prepublicación de unos extractos en un destacado suplemento dominical, etc. Era un genio de la publicidad, sobre todo cuando tenía fe en el producto que vendía, y esta vez le sobraba. ¡*Un año en Andalucía* había sido idea suya!

La tarde de la presentación se puso a llover torrencialmente y temimos que se aguara seriamente la fiesta. Pero fue mucha gente a pesar de la tormenta. El embajador español, a quien George había hecho llegar el libro diez días antes, lo elogió calurosamente sin haberlo leído, y pasó a evocar, en un inglés muy eficaz, los encantos de su Córdoba natal, olvidándose de Granada. Tampoco importaba mucho. Luego hablaron George y yo. A continuación los invitados atacaron con brío los canapés y dieron buena cuenta del excelente rioja que con ellos se sirvió. Fue una presentación muy simpática.

Resultó muy importante para la promoción de *Un año en Andalucía* mi comparecencia en un famoso *chat show* radiofónico de la BBC. Dicho *show* se emitía todos los lunes a las nueve de la mañana y era escuchado por millones de británicos, muchos de ellos en su coche camino del trabajo. Aquella mañana hacía un tiempo especialmente vil y parece ser que la entrevista, bastante divertida, hizo que mucha gente decidiera visitar España el verano siguiente.

Lo más importante, con todo, ocurrió después de Navidad. La BBC tenía entonces un programa de radio muy popular, *Un libro al acostarse*, que se emitía cada noche del año y consistía en la lectura, por el propio autor, de algunos capítulos del título de turno. Resultó que aquel febrero, no recuerdo por qué motivo, falló en el último momento el autor previsto. El director del programa, al tanto de que acababa de salir *Un año en Andalucía*, pidió un ejemplar y lo leyó de un tirón. Le parecía el sustituto apropiado y se puso en contacto con George. ¿Estaría yo dispuesto a colaborar? No lo pensamos dos veces, naturalmente, y viajé otra vez a Londres.

Aquel programa fue la llave que nos abrió la caja del éxito. El momento no podía ser más idóneo: el tiempo era infecto, llovía todos los días, y, cuando no lo hacía, tampoco salía el sol, oculto detrás de interminables capas de nubes. La gente se iba deprimida a la cama, sin esperanza alguna de que a la mañana siguiente se despejara el cielo. Ello creó una demanda formidable de literatura escapista, y mi libro, escrito adrede para satisfacer tal demanda, era exactamente lo que hacía falta. Disfruté enormemente leyendo en la radio aquellos capítulos.

Las ventas se dispararon y, llegada la primavera —la incierta primavera inglesa—, el libro estaba ya en la lista de los *best sellers*. Se prodigaban invitaciones para dar conferencias bien remuneradas y firmar ejemplares, e incluso —algo que nunca me había esperado— Polunin consiguió un contrato estupendo para una edición norteamericana, que saldría el otoño siguiente. ¿Qué necesidad podían tener los yanquis de un libro sobre un pueblo de Andalucía? ¿No tenían ellos California? No lo entendía.

Yo me sentía un poco cabizbajo. Había hecho un libro a la medida del mercado anglosajón, con material absolutamente auténtico mezclado con cosas inventadas o soñadas. Había evitado cualquier referencia a la situación española actual, menos alguna pequeña alusión, para que la narrativa resultara atemporal. En comparación con *Al sur de Granada*, de Brenan, el libro era indudablemente superficial —algún crítico lo señalaría y algún hispanista también—, pero satisfacía la sed de Mediterráneo que latía en el subconsciente de los británicos, y en este sentido cumplió con su misión.

Mientras las reimpresiones se multiplicaban y se preparaban traducciones a otros idiomas, me encontré de repente con un nombre y en vías de ganar mucho dinero. ¡Incluso se vendía el libro en todos los aeropuertos ingleses, al lado de las novelas basura del momento! Era maravilloso y atroz al mismo tiempo.

La noticia del éxito de *Un año en Andalucía* llegó, naturalmente, a España. Algún editor mostró interés por traducirlo, pero me negué. Pensado exclusivamente para el mercado británico, en español no habría tenido sentido alguno. Y, aunque había disfrazado hasta cierto punto la identidad de Ibricos, dándole el nombre de Almunia —palabra árabe que significa huerto o alquería—, sabía que, si el libro salía en español, los del pueblo sospecharían enseguida que los había retratado a ellos, o a algunos de ellos, y que, dado mi peculiar sentido del humor, británico al fin y al cabo, habría malentendidos.

Pero no había contado con la reacción de mis lectores ingleses. Hacia mediados de junio empezaron a llegar numerosos coches con matrícula británica al valle en busca de Almunia. Al no dar con ningún pueblo de tal nombre, no tardaron en deducir la identidad del mismo. Y una vez comprobada ésta, no era difícil encontrar mi casa.

Aquellas gentes, contagiadas por mi libro, querían experimentar por sí mismas el misterio de la noche de San Juan bajo la luna andaluza, constatar con sus propios ojos el fenómeno de los huevos convertidos en barcos veleros y, al amanecer, contemplar el apuntar del enigmático sol sin reflejos.

Alicia y yo no estábamos entonces en Ibricos, por suerte, pero Pedro nos contaba por teléfono que no había semana que no llegaran grupos de extranjeros al pueblo. En El Jazmín preguntaban insistentemente por mí, ostentando su ejemplar de *Un año en Andalucía*.

Pasó lo inevitable. Como había en Ibricos chicos y chicas de Instituto que estudiaban inglés, alguien consiguió un ejemplar del libro y se lo llevó a clase, donde se comentó con la profesora. Al enterarse los vecinos del pueblo de qué iba, todo era tratar de averiguar quiénes figuraban en el texto y quiénes no, y qué era exactamente lo que yo decía de cada uno. Y comenzó a correr la voz de que en el libro yo criticaba el pueblo, o algunos aspectos del pueblo, lo cual en absoluto era verdad —con la excepción de los perros—. Los elementos de la derecha que había en Ibricos, aunque minoría muy pequeña, no tuvieron mayores problemas a la hora de sembrar cizaña a costa mía, y cuando aquel octubre volví a mi casa me encontré con cierta hostilidad. Fui a ver al alcalde enseguida y le expliqué que no había nada contra la gente de Ibricos en el libro, y que además, cuando me refería a personas reales, había cambiado sus nombres.

No parecía muy convencido.

Entretanto el editor neoyorquino de *Un año en Andalucía* me invitó a promocionarlo en Estados Unidos. No tuve más remedio que aceptar y allí fui aquel noviembre. Di la misma conferencia —escandalosamente bien pagada— en unas quince ciudades, y aparecí en numerosos programas de televisión. Cada vez que lo hacía me sentía más asqueado de mí mismo y de la superficialidad de las preguntas que tenía que contestar. ¡Si aquella gente no sabía dónde estaba la península Ibérica y mucho menos Andalucía! Cuando volví a España en diciembre estaba hecho polvo.

Dada la situación en el pueblo, Alicia y yo decidimos quedarnos por el momento en Madrid.

Por otro lado era un alivio poder retomar el hilo de la vida intelectual de la Villa y Corte. Reanudé mis contactos con escritores y políticos, con vistas a poner en marcha la segunda parte de mi libro sobre la transición. Y, más importante, decidí ya mi biografía de Rubén Darío.

Estábamos en enero de 1981. Un mes después Antonio Tejero, pistola en mano, irrumpió con sus hombres en las Cortes elegidas por los españoles. Durante aquella larga noche parecía que todo se podía volver atrás. Por suerte no fue así. Habíamos presenciado el último coletazo del golpismo fascista; milagrosamente, no había habido derrame de sangre; y, gracias sobre todo a la decisiva actuación del Rey Juan Carlos, el desarrollo democrático de la nación, una vez terminada la pesadilla, seguiría el mismo camino.

El país iba a acometer ahora su gran revolución pendiente: la de la normalización. Y yo, libre por fin de Inglaterra, seguro de mi vocación de hispanista independiente, quería aportar mi grano de arena. Además tenía pareja, raíces en el Sur y nuevos proyectos literarios. ¿Cómo no afrontar el futuro con optimismo y con gratitud? España —no parecía exageración— me había salvado.

ACABOSE DE IMPRIMIR LA PRIMERA EDICIÓN
DE ESTE LIBRO, POR ENCARGO DE EDITORIAL
ALMUZARA, EN LOS TALLERES GRÁFICOS DE
TALLER DE LIBROS, EL 18 DE MAYO DE 2007.
AÚN FALTAN MESES PARA QUE LOS MAJESTUO-
SOS ÁNSARES REGRESEN A DOÑANA, CUAN-
DO SU INSTINTO LES DIGA QUE, UNA VEZ MÁS,
HAN DE SEGUIR SU *VIENTO DEL SUR*.